Hajo Funke
Black Lives Matter in Deutschland

Hajo Funke ist Professor (i.R.) für Politikwissenschaft an der Freien Universität Berlin. Von ihm erschienen zuletzt die VSA: Flugschrift: »Die Höcke-AfD. Eine rechtsextreme Partei in der Zerreißprobe« (aktualisierte Auflage 2021) und »Kampf um die Erinnerung. Hitlers Erlösungswahn und seine Opfer« (2019).

Hajo Funke

Black Lives Matter in Deutschland

George Floyd und die Diffamierung
von Achille Mbembe als Antisemit –
eine Streitschrift über (post)koloniale Konflikte

VSA: Verlag Hamburg

Ich danke Tina Töpfel für weiterführende Diskussionen und eine dichte, kluge Bearbeitung des Manuskripts, Micha Brumlik wie stets für freundschaftliche und kritische Gespräche zur Thematik und Marion Fisch, VSA: Verlag, für das umfangreiche und inspirierende Lektorat.

Berlin, April 2021

www.vsa-verlag.de

Umschlagfotos: Das linke Foto zeigt die Statue Otto von Bismarcks (1815-1898), der für die Ausrichtung der Kongokonferenz von 1884 verantwortlich war, am Wannsee in Berlin, das rechte die Skulptur des ersten Ministerpräsidenten des freien Kongo, Patrice Lumumba (1925-1961), in der Nähe des Hackeschen Marktes, ebenfalls in Berlin. Die Fotografie der Skulptur Lumumbas wurde am 17. Januar 2021, dem Tag der 60-jährigen Wiederkehr seiner Ermordung, aufgenommen (beide Fotos: Hajo Funke).
Druck- und Buchbindearbeiten: Beltz Grafische Betriebe GmbH, Bad Langensalza
ISBN 978-3-96488-102-1

Inhalt

Einleitung

»All Lives don't matter until Black Lives Do.«
Plakataufschrift von Nina F. auf der Black-Lives-Matter-Demonstration am 6. Juni 2020 in Berlin

Die Tötung von George Floyd durch einen US-amerikanischen Polizeibeamten am 25. Mai 2020 in Minneapolis hat zu einer weltweiten Bewegung, einer der größten transnationalen antirassistischen Bewegungen seit Jahrzehnten, geführt. Die Reaktion auf diesen rassistischen Mord in einer von dem damaligen US-Präsidenten Donald Trump demagogisch aufgeheizten rassistischen Stimmung hat wie nie zuvor in den letzten 50 Jahren das Thema des historischen und aktuellen Rassismus auf die Tagesordnung der Öffentlichkeit gebracht. In hunderten Städten in den Vereinigten Staaten kam es unmittelbar nach dem Mord zu Demonstrationen der Black-Lives-Matter-Bewegung,[1] ebenso in Europa und auch in Deutschland.

Am 31. Mai 2020 trafen sich Tausende vor der US-Botschaft in Berlin, und am darauffolgenden Samstag, dem 6. Juni, nahmen über hunderttausend Protestierende bundesweit teil. Sie zählten somit zur größten Demonstration des Jahres 2020 in Deutschland – noch dazu unter den Einschränkungen der Coronapandemie. Seither kann die Kritik an Rassismus und rassistischer Gewalt weder in Deutschland und Europa noch in den Vereinigten Staaten verdrängt werden:

Am ersten Tag seiner Präsidentschaft beendete Joe Biden mit einem Federstrich eine noch von Trump im Herbst 2020 eingesetzte Historikerkommission, die die Geschichte der Vereinigten Staaten schönfärben sollte, um sie vom Rassismus reinzuwaschen.[2]

In Deutschland kommt es zu einer breiteren Debatte um rassistische Morde und um Polizeigewalt, wie bereits im Januar 2005 in Dessau, wo Oury Jalloh (* 2. Juni 1968) unter ungeklärten Bedingungen im Polizeigewahrsam umgekommen war. Gefordert wird nun noch vehementer, dem Rassismus in den Sicherheitsinstitutionen nachzugehen. Im Spätherbst 2020 gestand schließlich auch Bundesinnenminister Seehofer ein, dass es nicht reicht zu behaupten, es gebe keinen Rassismus in der Polizei, nur weil dieser verboten sei. In Städten wie Hamburg (wo

---

[1] Zur (Vor-)Geschichte dieser Bewegung siehe insbesondere Teil 6 in diesem Band.

[2] Näheres hierzu wird ebenfalls in Teil 6 ausgeführt.

die größte Bismarckstatue des Landes steht) wird über das kolonialrassistische Erbe Otto von Bismarcks diskutiert.

In klassischen Kolonialländern wie in Großbritannien und Frankreich, aber auch in Belgien kommt es zu Angriffen auf Statuen, die die Geschichte des Kolonialrassismus repräsentieren, so in London und in Brüssel. Am 1. Juni 2020 erklärt schließlich der gegenwärtige *König Belgiens* seinen Abscheu über einen seiner Vorgänger, König Leopold II., der für den Genozid an der kongolesischen Bevölkerung im späten 19. und frühen 20. Jahrhundert verantwortlich war.

Einen unmittelbaren Anlass für die vorliegende Streitschrift bildeten zudem die Angriffe des Antisemitismusbeauftragten der Bundesregierung, Felix Klein, auf den in Südafrika lebenden politischen Philosophen und Historiker Achille Mbembe im Frühjahr 2020: Es ist ein Ausdruck von Ignoranz, wenn weltweit gegen Rassismus demonstriert wird und zugleich in Deutschland ein international anerkannter Rassismuskritiker monatelang mit unbelegten Antisemitismusvorwürfen blockiert wird. Dies führte zu einer ebenfalls mehrmonatigen erregten Debatte, in der dem Antisemitismusbeauftragten unseriöses Verhalten im Stile eines *»McCarthyismus«* (Brumlik 2021) bescheinigt worden ist.

Mit dieser Debatte ist das Kernthema Achille Mbembes, seine Kritik an einem jahrhundertelangen Rassismus insbesondere gegenüber Afrika, in den Hintergrund gedrängt worden. Erst mit der *Freilegung* dieser Blockade kann es zu einer angemessenen Erörterung des Kolonialrassismus und seiner Folgen kommen.

Intention und Gang der Argumentation

Im ersten Teil diskutiere ich *Felix Kleins Agenda und seine Kritik an Achille Mbembe.* Dies schließt eine Erörterung dessen, was Antisemitismus ist und was nicht, ein.[3] Es erfordert zudem einen eingehenderen Blick auf die Politik der rechtsgerichteten israelischen Regierung gegenüber den Palästinensern sowie auf die daran geäußerte Kritik, wobei diese Kritik eben nicht gleich als antisemitisch begriffen werden

[3] Auf ein eigenes Kapitel zur Erörterung der Begriffe Antisemitismus und Rassismus wurde in diesem Rahmen verzichtet. Für den Antisemitismusbegriff sei besonders verwiesen auf die Darstellungen in Funke 2019a und Brumlik 2020 und 2021; für den Rassismusbegriff auf Geiss 1988, Zerger 1997, Fredrickson 2004, Deutsches Institut für Menschenrechte 2018.

kann. Auch wenn umstritten bleibt, ob die israelische Politik gegenüber der Westbank Elemente von Apartheid enthält, ist eine solche Debatte selbst keineswegs antisemitisch. Ohnehin geht die innerisraelische Debatte längst von solchen Begriffen aus.

Die Rekonstruktion der vor allem vonseiten Felix Kleins geäußerten Vorwürfe gegen Achille Mbembe soll zeigen, dass Klein von einem einseitigen Verständnis des Antisemitismus ausgeht und dabei im Kern die Deutung des rechten Flügels zum sogenannten israelbezogenen Antisemitismus in der Israel-Administration übernommen, die umstrittene BDS-Resolution des Bundestags forciert und diese dann wiederum genutzt hat, um Mbembe fälschlich des Antisemitismus zu bezichtigen. Das macht es sinnvoll, diese Deutung anhand einer Erörterung des israelisch-palästinensischen Verhältnisses selbst zu diskutieren: Es gehört zum Hintergrund dieser Debatte, ob und wie man die gegenwärtige (rechtsgerichtete) Politik Israels gegenüber den Palästinensern kritisiert. Daher skizziere ich – auf der Basis meiner Recherchen und Studien in Israel und den besetzt gehaltenen Gebieten – kurz die anhaltend schwierige Lage im Konflikt zwischen der israelischen Politik und den Palästinensern sowie im Ringen um einen Kompromiss.

Im zweiten Teil, *Die rassistische »Unterwerfung der Welt«*, gehe ich auf die Geschichte des 500-jährigen systemischen Rassismus ein. Wir können Felix Kleins Abwehrreaktion sozusagen auch »dankbar« dafür sein, dass sich – auch angesichts der *Black-Lives-Matter*-Bewegung – die weithin verdrängte Debatte um das jahrhundertelange Verbrechen des Rassismus selbst in Deutschland nicht mehr aufhalten lässt. Unabhängig davon, ob sich darin auch eine Verdrängung der Rassismusthematik in Teilen der deutschen Öffentlichkeit ausdrückt, geht es mir in dieser Schrift darum, angesichts der Einengungen der Diskussion Argumente für eine differenziertere Antisemitismus- und Rassismusdebatte zu liefern.

Denn noch problematischer als die Kritik Felix Kleins und einiger anderer an Achille Mbembe ist die damit verbundene gleichzeitige Verdrängung seiner Analysen zum kolonialen Rassismus insbesondere in Deutschland. Die Abwehr gegenüber diesem Thema ist in großen Teilen der deutschen Öffentlichkeit weiterhin erheblich – und Ausdruck einer verbreiteten Verdrängungskultur. So hat die damalige Entwicklungshilfeministerin Heide Wieczorek-Zeul (SPD) erst im August 2004, zum 100. Jahrestag der Schlacht am Waterberg, den ersten Genozid des 20. Jahrhunderts, von Deutschen in Deutsch-Südwestafrika (heute Namibia) an Hereros und Nama begangen, als solchen explizit benannt und anerkannt – ohne dass die Bundesrepublik diese Anerkennung bis heute offiziell geleistet hätte. Diese verzettelt sich stattdessen in bräsigen Debatten um die Rückgabe von geraubtem Kolonialgut und zeigt jene Indolenz, Abwehr und Kaltherzigkeit, wie wir sie bei der Auseinandersetzung um die Erbschaft des Holocaust bis weit in die 1980er Jahre zu verzeichnen hatten.

Es liegt daher nahe, auf die verdrängte Geschichte des (kolonialen) Rassismus einzugehen. Durch *Black Lives Matter* ist das genozidale, über Jahrhunderte währende Drama des transatlantischen Sklavenhandels wieder ins Bewusstsein gerückt; das Besondere des US-amerikanischen Rassismus, der von der Trump-Administration wieder hoffähig gemacht worden ist, besteht dabei darin, dass sich die Vereinigten Staaten als Sklavenhaltergesellschaft gegründet und sich dann im Bürgerkrieg blutige Auseinandersetzungen zum Thema Sklaverei geliefert haben, ohne den Rassismus wirklich und wirksam zu beenden. Dieser geht auf die »Unterwerfung der Welt« (Reinhard 2016) seit der spanisch-katholischen Reconquista zurück, die sich gleichzeitig gegen Muslime und Juden gewandt hatte. Hier entstanden die sich zum Verwechseln ähnlichen ersten rassistisch-antisemitischen Konzepte zur Unterdrückung der Juden wie der Indigenen und Schwarzen im weltumfassenden Kolonialprojekt. Im 16. und 17. Jahrhundert rechtfertigten Philosophen wie Hobbes und Locke diesen Kolonialismus in ihren Texten und ihrer Praxis. Im 19. Jahrhundert hat sich durch Bismarck auch das Deutsche Reich spät, aber brutal an der rassistischen Unterwerfung der Welt beteiligt und der Radikalisierung von Rassismus und Antisemitismus im 20. Jahrhundert vorgearbeitet.

Im dritten Teil wird *Achille Mbembes Beitrag zur Analyse des Rassismus* rekonstruiert. Mbembe hat auf die 500-jährige rassistische Unterwerfung, den transatlantischen Handel mit bis zu 30 Millionen schwarzen Sklaven und eine kaum vorstellbare Rechtfertigungsideologie auch bei klassischen Philosophen der frühen Moderne und damit auf die bis heute folgenreiche Verdrängung einer jahrhundertelangen Dominanz- und Unterdrückungsstruktur aufmerksam gemacht. Deswegen, und nicht zu verstehen als Votum für eine Gegen-Gewalt, sind ihm die Beobachtungen des alltäglichen Kolonial-Sadismus in den Schriften von Frantz Fanon wichtig. Anders als in Frankreich und zum Teil in den Vereinigten Staaten hat diese Debatte um Art und Ausmaß rassistischer Verbrechen in Deutschland gerade erst begonnen. Sie auch hierzulande angeregt zu haben, macht den bleibenden Wert der Schriften Mbembes aus. In seiner postkolonialen Perspektive durchmisst er die Dimension des Rassismus der »weißen Vernunft« gegenüber Afrika und seine Radikalisierung in der imperialistischen Phase, des »Scramble for Africa«. Ihm ist wichtig, aus einer fundamentalen Kritik an der rassistischen Geschichte des Westens und Europas Konsequenzen für einen Kosmopolitismus zu ziehen, der wirklich Kolonialismus und Postkolonialismus überwindet, und für eine solidarische Globalisierung einzutreten.

Wie sehr vom *Erbe des Rassismus* der Sklavenhaltergesellschaft auch die sich von der Herrschaft Großbritanniens emanzipierenden Vereinigten Staaten gezeichnet sind, wird im vierten Teil gezeigt. Ohne die starken Tendenzen rassistischer Trennung, die Josef Braml (2020) »Apartheid« nennt, sind die Ausbreitung gewaltrassistischer Massenorganisationen wie Ku-Klux-Klan im frühen 20. Jahrhundert, die Versuche des amerikanischen Faschismus in den 1930er Jahren und die gefährliche rassistische Mobilisierung in den Jahren der Trump-Ära nicht vorstellbar. Erst mit einem beispiellosen Kampf um die Verteidigung der Demokratie und der *Checks and Balances* sowie nach dem knappen Wahlsieg Joe Bidens und seiner nicht zuletzt afroamerikanischen Unterstützer*innen ist die autoritär-rassistische Bedrohung der US-Demokratie zunächst abgewehrt worden.

Im fünften Teil geht es um das *Erbe des Kolonialrassismus in Europa und dem Westen nach 1945:* Das Europa der Nachkriegszeit, das den rassistischen Eroberungszug einst angezettelt hatte und sich nach den Weltkriegsexzessen des radikalen Nationalismus nun als Hort liberaler Demokratie begreift, wird sich der Herausforderung durch Black Lives Matter und der Präsenz des Rassismus konsequenter als bisher stellen müssen. Die »Festung Europa« ist dagegen das Bekenntnis, dass den Herausforderungen gegenüber Afrika und den ehemaligen Kolonien vor allem in Gestalt ökonomisch-politischer Dominanz und militarisierter Abwehr begegnet wird.

Im sechsten Teil, *Black Lives Matter in den USA und Europa,* wird die Bedeutung des Anti-Rassismus, einer anderen Erinnerung und von Reparationen hervorgehoben. Mit dem für viele noch etwas ungewohnten Blick auf Europa, die USA und Afrika seitens afrikanischer Autorinnen und Autoren und der Black-Lives-Matter-Bewegung ist zu hoffen, dass wir den *Blick von außen und von innen* im Sinne eigener Widerständigkeit und »Undienlichkeit« (Därmann) für eine bessere und soziale Demokratie verstehen lernen.

Dieses Buch versteht sich als Plädoyer, insbesondere den Außenblick von jemandem wie Achille Mbembe auf die europäisch-westliche koloniale Dominanz ernster zu nehmen als bisher. Somit geht es im *Fazit* um die Frage, inwiefern durch Black Lives Matter in Deutschland die Chance einer gemeinsamen Erinnerung an (post)koloniale und NS-Verbrechen gestärkt werden kann.

Teil 1:
Antisemitismus? Ein Beitrag zur Sache

Jüdisches Museum Berlin, Detail des Baus von Daniel Libeskind

»Deutsche Institutionen, die mit öffentlichen Mitteln gefördert werden, (dürften) weder Einstein noch Hannah Arendt zu einem Vortrag einladen.«
Susan Neiman, Albert Einstein Stiftung Potsdam, über die Kritik an Achille Mbembe durch Felix Klein, 11.12.2020

1. Felix Kleins Agenda

Unterstützung des israelischen Ministers für strategische Angelegenheiten mit »Gegenangriffen« auf BDS

Schon am 29.11.2018 diskutierte der Antisemitismusbeauftragte der Bundesregierung Felix Klein – gerade einige Monate im Amt – in Frankfurt am Main mit dem Mitarbeiter des unter Geheimhaltung agierenden israelischen Ministeriums für strategische Angelegenheiten, Tzahi Gavrieli, öffentlich über »Strategien gegen BDS«. Dabei erklärte Klein, dass er der israelischen Regierung mit »Gegenangriffen« auf BDS behilflich sein möchte (vgl. *Jüdische Stimme für gerechten Frieden in Nahost e. V.*, 7.7.2019). Geht es – fragt die *Jüdische Stimme* in diesem Zusammenhang – um Antisemitismus-Bekämpfung oder darum, die Interessen der rechtsextremen israelischen Regierung in Deutschland zu vertreten? In dem entsprechenden Panel beim 5. deutschen »Israel-Kongress« 2018 wurde der Aussage des israelischen Regierungsvertreters, die Westbank gehöre zu Israel, nicht widersprochen.[4]

BDS steht hierbei für die Forderung nach *Boykott – Desinvestitionen – Sanktionen* gegenüber der israelischen Politik, solange das Besatzungsregime nicht endet. Die BDS-Bewegung war 2005 aus einem Aufruf palästinensischer Gruppen und Parteien hervorgegangen, die nach der gewalttätigen Intifada-Bewegung den internationalen Boykott gegen das südafrikanische Apartheidregime als Vorbild für einen gewaltfreien Protest gegen die israelische Besatzungspolitik bezeichneten.

Der Likud-Hardliner Gilad Erdan – die rechte Hand Sharons und Netanjahus seit ganz jungen Jahren, erbitterter Gegner jeder Zwei-Staatenregelung seit den 1990er Jahren – erklärte hingegen als Minister für strategische Angelegenheiten 2015 die Kritik an der israelischen Besatzungspolitik zur strategischen Bedrohung für Israel und deren Bekämpfung zum Zentrum seiner internationalen Aktivitäten (vgl. Jerusalem

---

[4] www.youtube.com/watch?v=iCDiRQeGcJ0 (vgl. zum Veranstalter: https://israelkongress.de/)

Post, 25.5.2015). Dieser Politik geht es darum, all jene, die das Besatzungsregime kritisieren, in die Nähe von Terroristen zu rücken. Die von Gilad Erdan international orchestrierte Kampagne zielt darauf ab, Kritiker der israelischen Regierungspolitik pauschal als antisemitisch zu diskreditieren und einzuschüchtern (vgl. Asseburg 2019: 49). Die Folge sind Kampagnen auf allen Ebenen, auch in Deutschland.

Vorbereitung der Anti-BDS-Resolution im Bundestag

Anfang 2019 konnte Felix Klein sein gegenüber dem israelischen Regierungsvertreter in Frankfurt öffentlich verkündetes Versprechen wahrmachen. Die FDP hatte einen Antrag auf Verbot der Unterstützung der BDS-Bewegung für den Bundestag geplant und hierzu im Vorfeld Vertreter*innen aller Bundestagsfraktionen eingeladen, die Moderation der Debatte jedoch der *WerteInitiative*, einer jüdischen NGO in Deutschland, übertragen. In ihr trat an zentraler Stelle Felix Klein auf und warb für eine Verurteilung der BDS-Bewegung als antisemitisch.

Die *WerteInitiative,* deren Impuls, gegen Antisemitismus zivilgesellschaftlich vorzugehen, Beachtung verdient, ist gleichwohl eine einseitige Initiative mit doppelten Standards: Sie will Moscheen und muslimische Verbände verbieten, schließen oder strafrechtlich verfolgen, die »nicht ohne Wenn und Aber hinter Demokratie und Menschenrechten stehen« –, ohne jedoch in gleicher Weise gegen Rechtsaußen-Organisationen vorgehen zu wollen.[5]

Der erste Entwurf der BDS-Resolution kam also von der FDP,[6] danach gab es einen Entwurf der AfD, der BDS sogar illegalisieren wollte, und erst danach kam der gemeinsame Entwurf von FDP, CDU/CSU, SPD und Grünen. Insgesamt wurde die Diskussion über die Köpfe aller Auslandspolitiker*innen der Fraktionen geführt und als Thema zur Bekämpfung von Antisemitismus im Inland behandelt. Dabei sahen sich Teile der Fraktion der Grünen *übergangen*. Schon damals war die Sorge, dass ein entgrenzter Antisemitismus-Begriff missbraucht werden könnte, im Deutschen Bundestag gegenwärtig. Stephan Detjen schrieb dazu: »Abgeordnete schildern das Beratungsverfahren als gut gemeinte Initiative, die in einer Art parlamentarischem Betriebsunfall endete.« (FAZ vom 24.6.2020) Deswegen stimmte ein Teil der Fraktion der Grünen, der Linken und der SPD gegen die Entschließung und weitere, u.a.

---

[5] Hierüber berichtete der Deutschlandfunk vom 17.6.2017 im Vorfeld der Bundestagswahl.

[6] Vgl. www.sueddeutsche.de/politik/bds-kampagne-fdp-israel-1.4410663.

der CDU-Außenpolitiker Norbert Röttgen, verwiesen in persönlichen Erklärungen auf Einwände israelischer und jüdischer Akademiker, die vor einem Irrweg gewarnt hatten (vgl. ebd.). Das israelische Ministerium für Strategische Angelegenheiten erklärte jedoch diese Resolution zu seinem eigenen Erfolg. Felix Klein und Gilad Erdan selbst trafen sich am 25. September 2019 in Sachen Antisemitismusbekämpfung in Brüssel sowie am folgenden Tag in Berlin, dort mit Innenminister Horst Seehofer. In dem von Felix Klein maßgeblich mitbetriebenen,[7] umstrittenen Anti-BDS-Beschluss des Bundestags vom Mai 2019 heißt es: »Seit Jahren ruft die ›Boycott, Desinvestment and Sanctions‹-Bewegung (…) auch in Deutschland zum Boykott gegen Israel, gegen israelische Waren und Dienstleistungen, israelische Künstlerinnen und Künstler, Wissenschaftlerinnen und Wissenschaftler sowie Sportlerinnen und Sportler auf.« (Bundestag, 19.5.2019) Die Nahost-Expertin der Stiftung Wissenschaft und Politik Muriel Asseburg (2019) vermerkt dazu kritisch: »Mit dem Beschluss geriet eine bis dahin kaum zur Kenntnis genommene Solidaritätsbewegung mit Palästinenserinnen und Palästinensern (…) in den Fokus der Diskussion *über den sogenannten neuen Antisemitismus.*«

Der Bundestagsbeschluss rief auch deswegen Erstaunen hervor, weil antisemitische Straftaten ganz überwiegend auf das Konto von Rechten und Rechtsextremen gehen.[8] So waren 2018 rund 90% der antisemitischen Straftaten politisch motivierter Kriminalität von rechts zuzuordnen. Auch nach Einschätzung des unabhängigen *Expertenkreises Antisemitismus* (vgl. Deutscher Bundestag 2017)[9] ist BDS eine zu vernachlässigende Größe. Seit der Anti-BDS-Resolution im Bundestag mehren sich nun die Versuche, Kritiker der rechtsgerichteten Politik Netanjahus mit dem Antisemitismus-Vorwurf mundtot zu machen,

---

[7] »Durchaus als persönlichen Erfolg verzeichnet er (…) den umstrittenen Beschluss des Bundestags, die Boykottbewegung BDS, gegründet aus Protest gegen die israelische Siedlungspolitik, als antisemitisch einzustufen.« Und: »Man müsse (im Hinblick auf seine Schärfe, HF) auch seine Situation sehen: Geltende Beschlusslage sei nun einmal die BDS-Resolution des Bundestags. Es wirkt ein wenig seltsam, wenn Klein sich jetzt argumentativ auf die Zwänge des Anti-BDS-Beschlusses beruft, schließlich war er es selbst, der diesen maßgeblich vorangetrieben hat. Und zwar so vehement, dass einige Parlamentarier sich die Einmischung verbaten.« (Vgl. Spiegel, 5.6.2020). Diese Kritik kam aus Kreisen der CDU, der SPD, der Grünen und der Linken.

[8] Vgl. auch Funke 2019b.

[9] Deutscher Bundestag 2017. Drucksache 18/11970. Unterrichtung durch die Bundesregierung. Bericht des Unabhängigen Expertenkreises Antisemitismus.

wobei Felix Klein in der Regel voranprescht. Das reicht von der Inkriminierung der *Jüdischen Stimme für gerechten Frieden in Nahost e.V.* über den Rufmord an dem renommierten Historiker und Antisemitismuskritiker Reiner Bernstein, die Ablösung Peter Schäfers als Direktor des Jüdischen Museums (unter anderem durch Netanjahu selbst) bis zum Frontalangriff auf den Kolonialismusforscher Achille Mbembe.

Rufmordversuch an Reiner Bernstein (1939-2021)

An einer besonders infamen Diffamierung war Felix Klein indirekt beteiligt: der Denunziation des anerkannten Israel- und Antisemitismusforschers Reiner Bernstein als Antisemit. Bernstein, der sich in brillanten Analysen in den letzten 40 Jahren für Verhandlungen mit den Palästinensern und eine friedliche Lösung im Nahostkonflikt eingesetzt hatte, ist am 18. Februar 2021 gestorben.[10] Arye Sharuz Shalicar, ein deutsch-jüdischer Autor, hat in der Publikation *Der neu-deutsche Antisemit* des Hentrich & Hentrich Verlags Reiner Bernstein zynisch angegriffen und verleumdet: »Bernstein liebt tote Juden in Deutschland und ehrt sie mit Stolpersteinen, aber mit lebendigen Juden in Israel hat er ein Problem, weshalb er eine Organisation unterstützt, die zum Boykott lebendiger

[10] Micha Brumlik schrieb am 21.2.2021 in der Frankfurter Rundschau: »(...) Zikhrono le Brakha – so lautet der jüdische, der hebräische Spruch, wenn eine wichtige Persönlichkeit dahingegangen ist. ›Möge‹, so die deutsche Übersetzung, sein Andenken zum Segen werden: (...) Bis in seine letzten Veröffentlichungen hinein – noch vor drei Jahren erschien die erste Auflage seines Buches »Wie alle Völker. Israel und Palästina als Problem der internationalen Diplomatie« – kämpfte Reiner (...) für nichts anders denn für (...) eine vernünftige Lösung dieses säkularen Konflikts. Freilich scheint gegenwärtig Vernunft – mindestens was den Staat Israel betrifft – in Deutschland nicht gefragt zu sein. Was das bedeutet, musste Reiner wieder und wieder am eigenen Leibe, an der eigenen Existenz erfahren. Widerfuhr ihm doch, dass er in den vergangenen Jahren von Personen, die der israelischen Regierung nahestanden, nur deshalb als Antisemit bezeichnet wurde, weil er die Politik der israelischen Regierung mit guten Gründen kritisierte – eine Schmähung, die er vor Gericht nicht in allen Fällen widerrufen lassen konnte. (...) Noch vor Kurzem, sein Ende bereits vor Augen, veröffentlichte Reiner im Berliner AphorismA Verlag seinen Lebensbericht unter dem Titel ›Allen Anfeindungen zum Trotz‹ – ein Buch, das alle, die sich überhaupt in Deutschland mit dem ›Nahostkonflikt‹ befassen, lesen müssen. Ja, auch wenn es vielleicht pathetisch klingt: ein Großer ist von uns gegangen – der Autor dieser Zeilen ist davon überzeugt, dass Reiner endlich Recht bekommen wird.«

Juden aufruft... Bernstein ist ein selbsthassender Jude, ich glaube, dass er es hasst, Jude zu sein und insgeheim sich wünscht, er wäre kein Jude.«

Bernstein (2021) selbst schrieb dazu: »Erst die Aggressivität in der Schrift ›Der neue deutsche Antisemit‹ von Arye Sharuz Shalicar, Berater des Israelischen Ministeriums für strategische Angelegenheiten und später Mitarbeiter des israelischen Außenministeriums, ließ mich aufhorchen und veranlasste mich zum Einschreiten. In seinem Buch bezeichnete er mich als einen Antisemiten und verband auf perfide Art und Weise mein politisches Engagement für einen Frieden im Nahen Osten mit meinem Einsatz für die Stolpersteine in München. Wie sich herausstellte, erhielt Shalicar von Dr. Felix Klein finanzielle Unterstützung über die DIG (Deutsch-Israelische Gesellschaft) und konnte so seine abwegigen Behauptungen durch Lesereisen unter die Leute bringen. (...)

In den sozialen Medien diffamiert Shalicar nicht nur Kritiker seines Landes, sondern auch die Spitzen der deutschen Politik und Diplomatie, wie Bundespräsident Steinmeier, Bundeskanzlerin Merkel und sogar den mit ihm bekannten Außenminister Maas. Besonders gilt seine Verleumdung unserem VN Botschafter Heusgen. Derartige Einmischung in innere Angelegenheiten würde sich jedes andere Land verbitten. Stellen wir uns vor, ein deutscher Regierungsbeamter wird in Israel sein propagandistisches Unwesen treiben wie der israelische Oberst i.R. in Deutschland.«

Gegen die Behauptung Shalicars, Bernstein sei Antisemit, ging dieser juristisch vor und verwahrte sich gegen Rufmord und Verleumdung. Das Berliner Kammergericht hat in zweiter Instanz Bernsteins Klage mit der Begründung abgewiesen, Shalicars Unterstellungen seien nicht zu beanstanden und Bernsteins Persönlichkeitsrechte würden nicht verletzt. Es handele sich bei den angegriffenen Buchpassagen um zulässige Meinungsäußerungen, die ungeachtet ihrer teilweise scharfen Polemik die Grenze zur Schmähkritik nicht überschreiten würden. Ein Schandurteil.

Das Gericht berief sich dabei u.a. auf die Anti-BDS-Erklärung der Bundestagsmehrheit vom 17. Mai 2019. Die Entscheidung der Richter steht im Gegensatz zu einem Urteil ihrer Kollegen am Stuttgarter Landgericht, das 2019 die »Deutsch-Israelische Gesellschaft Stuttgart« in ihrem juristischen und publizistischen Feldzug gegen Bernstein gestoppt und der Unterlassungsklage Bernsteins stattgegeben hatte. Dabei ging es um ähnliche Verleumdungen Bernsteins durch die DIG Stuttgart.

Reiner Bernsteins Forschungen und Analysen, die ich seit nunmehr knapp 40 Jahren kenne, sind hervorragend und zu keiner Zeit antisemitisch. Im Klappentext von Bernsteins Vermächtnis *Allen Anfeindungen zum Trotz. Deutschland – Israel – Palästina. Meine Bilanz*, findet sich das Zitat: »Kein Frieden für Israel ohne Frieden für die Palästinenser. Kein Frieden für die Palästinenser ohne Frieden für Israel.«[11]

Anfang 2019: Die Causa »Jüdische Stimme«

Am 4. Februar 2019 gab die Stiftung Göttinger Friedenspreis ihren Preisträger für 2019 bekannt: die Organisation *»Jüdische Stimme für einen gerechten Frieden in Nahost«*, den deutschen Ableger der *»European Jews for a Just Peace«*. Unmittelbar darauf reagierte nicht nur der Zentralrat der Juden in Deutschland ablehnend – unter Hinweis auf die Unterstützung für die Boykottbewegung BDS; vielmehr schlossen sich alsbald Göttinger FDP-Politiker und – in erneuter Zuspitzung – Felix Klein mit dem Verdikt »völlig verfehlt« an. Wenig später zogen sich Stadt, Universität und die Sparkasse Göttingen aus der Unterstützung der Preisvergabe zurück.

Dabei sollte der Göttinger Friedenspreis nicht der Organisation BDS verliehen werden, sondern der *Jüdischen Stimme*. Zwar hat diese erklärt, BDS in menschenrechtlichen Angelegenheiten zu unterstützen, aber mindestens ebenso oft hat sie betont, dass sie an dem Existenzrecht des Staates Israel nicht rüttelt.

In einer Erklärung von mehr als 90 namhaften jüdischen Wissenschaftler*innen und Intellektuellen, darunter Noam Chomsky, Eva Illouz, Alfred Grosser, Moshe Zimmermann, Judith Butler und Micha Brumlik, vom 18. Januar 2019 riefen diese die deutsche Zivilgesellschaft auf, die freie Meinungsäußerung jener zu gewährleisten, die sich gegen die Unterdrückung der palästinensischen Bevölkerung wandten. Nachdrücklich machten sie die derzeitige israelische Regierung und ihre Unterstützer dafür verantwortlich, »die Debatte über die systematische Unterdrückung der palästinensischen Bevölkerung und die verheerenden Auswirkungen der seit 51 Jahren andauernden Besatzung zu unterbinden. Zivilgesellschaftliche Organisationen in Israel und weltweit, die sich für die Menschenrechte der Palästinenser einsetzen, werden von israelischen Offiziellen in zynischer Weise als Feinde des Staates, Verräter und zunehmend als Antisemiten abgestempelt. Für kritisches Engagement bleibt immer weniger Raum.«[12]

---

[11] Vgl. diAK: Ein falsches Urteil gegen Reiner Bernstein. 23.6.2020; vgl. auch Bernstein 2021.

[12] Offener Brief: *Der Einsatz für Menschenrechte ist nicht antisemitisch*, 18.1.2019. Jüdische Stimme für gerechten Frieden in Nahost e.V., online: www.

Darüber hinaus warnten sie vor der Zerstörung eines für eine Demokratie zentralen liberalen Diskurses und verwiesen auf die gefährliche autoritäre Entwicklung in den 1950er Jahren in den Vereinigten Staaten und in den 1970er Jahren, mit der Epoche der Berufsverbote in der Bundesrepublik Deutschland. Sie kritisierten das Prinzip der Kontaktschuld, wonach, sobald jemand oder eine Gruppe auch nur den geringsten persönlichen Kontakt zu einer als feindlich definierten Gruppe bzw. ihr nahestehenden Personen hat, es als ausgemacht gilt, dass die Person oder Gruppe selbst eins zu eins in ihren Positionen identisch mit jenen der kritisierten und abgelehnten Person oder Gruppe ist. Ein solches Prinzip wäre, würde es zivilrechtlich oder strafrechtlich geprüft, vor keiner Instanz der dritten Gewalt in der Bundesrepublik durchsetzbar. Es ist autoritär und widerspricht dem Geist des Grundgesetzes und des in ihm dargelegten Grundrechts auf Meinungs- und Wissenschaftsfreiheit.

Weiter heißt es: »Dieses Vorgehen ist alarmierend: Repräsentanten des deutschen Staates, Finanzsektors und der Wissenschaft sind zusammengekommen, um gemeinsam ein Urteil darüber zu fällen, ob eine Gruppe von Juden und Israelis, darunter viele Nachkommen von Holocaust-Überlebenden, antisemitisch sei. Aus gutem Grund weigern sich Mitglieder der Jüdischen Stimme, bei einem solchen lächerlichen und schamlosen Unterfangen mitzuwirken.

Als jüdische und israelische Akademiker und Intellektuelle, die dem Kampf gegen Antisemitismus und alle Formen von Rassismus verpflichtet sind, verurteilen wir die laufende Kampagne, die darauf abzielt, die Jüdische Stimme und ihre Mitglieder zum Schweigen zu bringen, unabhängig davon, ob wir mit allen ihren Positionen übereinstimmen oder nicht.«

Auf die Frage der *taz* (die tageszeitung) – »Sollte die *Jüdische Stimme* den Göttinger Friedenspreis bekommen?« – geht der renommierte israelische Historiker Moshe Zimmermann am 1.3.2019 folgendermaßen ein:

»Die Frage klingt grotesk: Sind der Bürgermeister von Göttingen und die Präsidentin der Georg-August-Universität Göttingen nicht selbst Antisemiten, wenn sie sich aus der Preisverleihung an eine jüdische Organisation namens ›Jüdische Stimme für gerechten Frieden in Nahost‹ zurückziehen? Die groteske Frage aber hat ein umso groteskeres Vorspiel, das den bekannten Vorwurf ›Antisemitismus‹ auf den Kopf stellte: Die Stiftung Dr. Roland Röhl hat sich entschieden, ihren Frie-

juedische-stimme.de/2019/01/18/offener-brief-der-einsatz-fuer-menschenrechte-ist-nicht-antisemitisch/

denspreis 2019 an die ›Jüdische Stimme‹ zu verleihen. Das empfanden ›Israelfreunde‹ als israelfeindlich, weil die ›Jüdische Stimme‹ die BDS-Organisation unterstützt, die angeblich per definitionem antisemitisch sei. Sie bewirkten die Aussetzung der Preisverleihung. Das Groteske: Einem jüdischen Verein, der sich für die Zweistaatenlösung einsetzt, wird Antisemitismus vorgeworfen! Die Göttinger ›Israelfreunde‹, die zur ›Antisemitismuskeule‹ gegen andersdenkende Juden greifen, sind kein Einzelfall. Es reicht, jemand den Vorwurf zu machen, mit BDS kooperieren zu wollen, um ihn zu delegitimieren. Nach der Parole BDS = Antisemitismus ist man schnell mundtot. Hinter dieser Strategie steht die israelische Regierung, die so jede Kritik an ihrer Politik im Keim ersticken möchte, egal ob es um die Besatzungspolitik oder um das gesetzliche Vorgehen gegen israelische Araber geht. Die Geiseln der israelischen Politik, dic Diasporajuden, machen meist mit, und deutsche Politiker kollaborieren.

Das Ganze ist auch kein Einzelfall: Einer anderen deutschen Stiftung reichte ein anonymer Brief, um einen Friedenspreis auszusetzen, der an die amerikanische Women's March vergeben werden sollte; auch dort ging es um diese Kombination: Kritik/BDS/Antisemitismus. Dauert dieser Kampf gegen den vermeintlichen Antisemitismus an, leidet am Ende der Kampf gegen den wahren Antisemitismus!«

Felix Klein erklärt in derselben Ausgabe der *taz* die *Jüdische Stimme* entschieden und in autoritärem Gestus für umstritten, ja für destruktiv; die Preisverleihung trage zur gesellschaftlichen Spaltung bei: »Mir ist keine Aktion bekannt, durch die die »Jüdische Stimme« in konstruktiver Weise zu einer wirklichen Verständigung der Konfliktparteien im Nahen Osten beigetragen oder ausgleichend auf sie eingewirkt hätte. Vielmehr erweist sie durch die Unterstützung der antisemitischen BDS-Bewegung, die Israel systematisch delegitimiert, dämonisiert und zu isolieren versucht, den berechtigten Anliegen der Palästinenser einen Bärendienst und behindert die Suche nach einer Lösung im israelisch-palästinensischen Streit.«

Die Causa Andreas Zumach 2019

Gleichzeitig warf Felix Klein dem Vorsitzenden der Jury zur Göttinger Preisverleihung, Andreas Zumach, vor, er unterstütze den BDS – eine, wie Zumach sagt, glatte Verleumdung. Völlig überraschend erschien in diesem Zusammenhang, mehr als einen Monat nach einer großen Diskussionsveranstaltung mit Andreas Zumach an der Münchner Universität in der *Süddeutschen Zeitung* (SZ) am 28. Januar 2019 ein Verriss von Zumachs Position, allerdings offenkundig mit Falschbehauptungen. Nahezu einmalig in der Geschichte der Gegendarstellungen musste die SZ nach gerichtlichen Auseinandersetzungen Falschbehauptungen über ihn in ihrem Artikel über die BDS-Kampagne vom 28. Januar unterlassen und richtigstellen.

»In dem Artikel ›Hauptsache dagegen – BDS in der Kulturszene‹ in der SZ hatte SZ-Redakteur Thorsten Schmitz über meine Rede vom 7. November 2018 an der Münchner Universität zum Thema ›Israel, Palästina und die Grenzen des Sagbaren‹ berichtet …‹ ›Schmitz stellte mehrere verleumderische Falschbehauptungen über meine Person auf. Dazu hat die SZ in der Print- und Onlineausgabe vom 5. Februar folgende von meinem Anwalt Johannes Eisenberg erwirkte Gegendarstellung veröffentlicht nebst ausdrücklicher Richtigstellung der Redaktion: … Sie schreiben über mich: ›Er zählt auf, was er an BDS gut findet. Israels Regierung sei ›die größte Gefahr für Frieden‹, sagt er.‹ Dazu stelle ich fest: Ich habe nichts genannt, was ich an BDS gut finde. Ich habe nicht gesagt, dass Israels Regierung die größte Gefahr für Frieden sei. Gesagt habe ich: ›Die völkerrechtswidrige Besatzungspolitik der israelischen Regierung ist die größte Gefahr für eine gesicherte und auf Dauer unbedrohte Existenz des Staates Israel.‹ Die SZ-Redaktion erklärte dazu: ›Herr Zumach hat Recht. Die Redaktion.‹ …« (Andreas Zumach in einer öffentlichen Erklärung)

Diese Vorfälle der Einschränkung offener Rede finden sich in einer Reihe von weiteren deutschen Städten. Ein Vortrag von Andreas Zumach sollte an der Reutlinger Volkshochschule verhindert werden, ähnlich im Dezember 2018 in Karlsruhe eine Veranstaltung der evangelischen Erwachsenenbildung, desweiteren in Nürnberg, im September 2018 in der evangelischen Akademie Bad Boll – dort nach einer Intervention des seinerzeitigen Bundesvorsitzenden der Deutsch-Israelischen Gesellschaft, Volker Beck, mit dem absurden Vorwurf, die Tagung sei als antiisraelisches BDS-Happening geplant. Offenkundig folgt diese regelrechte Kampagne einem klaren Muster: »Zuerst wird behauptet, ein Referent, eine Ausstellung, eine Tagung habe etwas mit der Boykottbewegung zu tun. Da diese antisemitisch sei, wird dann erklärt, müsse die Tagung abgesagt, die Ausstellung abgehängt und der Referent zum Schweigen gebracht werden.

Dabei sind weder die Tagung in Bad Boll noch die Nachbarausstellung oder Andreas Zumach Teil der Boykottbewegung. Allein der suggestive Vorwurf, es gebe eine Nähe, reicht aus, um mit der Antisemitismuskeule Druck auszuüben, um Veranstaltungen zu verhindern. Eine

Verbotswelle, die inzwischen von vielen Städten umgesetzt wird.« (Ulrich Bausch in »Kontext« vom 13.2.2019) Der Kritiker weist zudem darauf hin, dass »die beiden wohl prominentesten Vertreter der jüdischen Friedensbewegung in den USA, der ehemalige US-Präsidentschaftskandidat Bernie Sanders und die Frontfrau der US-Demokraten, Dianne Feinstein, in vielen deutschen Städten Auftrittsverbot hätten, denn beide kämpfen leidenschaftlich gegen ein Verbot der BDS-Bewegung, dann wird deutlich, wie gefährlich und zutiefst undemokratisch diese Verbote sind«.

Mitte 2019: Netanjahus Intervention gegen das Berliner Jüdische Museum

Israels Premierminister Netanjahu ging Anfang 2019 noch weiter, als er die Bundesregierung aufforderte, sie möge ihre Unterstützung für das Jüdische Museum in Berlin einstellen, wobei sich diese Forderung unter anderem gegen deren international beachtete Jerusalem-Ausstellung richtete. Im Juni 2019 wurde dann der Museumsdirektor Peter Schäfer, ein anerkannter Judaist, gezwungen zurückzutreten. Ihm war vorgeworfen worden, dass eine freie Mitarbeiterin aus seinem Haus per Twitter einen *taz*-Artikel vom 5.6.2019 mit einer kritischen Stellungnahme zur BDS-Entscheidung des Bundestags gepostet hatte.[13] Wenig später erklärten auch 45 akademische Talmudgelehrte ihre Solidarität mit Peter Schäfer. Micha Brumlik wertet diese Strategie des Verdachts als *»neuen McCarthyismus«* – er nutzt dafür den Begriff für die demagogische Kommunistenjagd in den USA in den 1950er Jahren, bei der bis an Hysterie grenzende *Ängste* in der Bevölkerung ausgenutzt wurden, um Unschuldige oder relativ harmlose Andersdenkende zu verfolgen (vgl. Brumlik 2019). Diesem – noch – auf das Themenfeld Israel, BDS und Antisemitismus begrenzten McCarthyismus sei entschieden entgegenzutreten, da man nur so verhindern könne, dass die mühsam errungene liberale öffentliche Kultur der Bundesrepublik Deutschland insgesamt in Gefahr gerate und auch in Deutschland eine »illiberale« Demokratie drohe (ebd.).

---

[13] Jannis Hagmann: Bundestagsbeschluss zu Israel-Boykott: 240 Akademiker gegen BDS-Votum, taz vom 5.6.2019.

2. Felix Kleins Fundamentalangriff auf Achille Mbembe[14]

Felix Klein hat dem in Südafrika lehrenden Historiker und Philosophen[15] in einer Batterie von unbelegten Angriffen die *Relativierung des Holocaust*, die *Infragestellung des Existenzrechts Israels* und generell *Antisemitismus* vorgeworfen, ohne offenkundig selbst das Nötige dazu gelesen zu haben. Seine Vorwürfe sind widerlegt, dies zeigt auch die anhaltende nationale und internationale Reaktion. Achille Mbembe hat zu keiner Zeit das Existenzrecht Israels in Zweifel gezogen, sondern es im Gegenteil je neu bekräftigt. Wenn er die diskriminierende Behandlung der besetzt gehaltenen Gebiete als schwersten Skandal im 21. Jahrhundert beschreibt, oder gar als eine Form der Apartheid, mag man dies nicht teilen oder mit anderen Begriffen die systematische Diskriminierung der Palästinenser in den Gebieten kritisieren – aber dies ist keineswegs Antisemitismus. Felix Klein hat keine Konsequenz aus einer monatelangen Debatte und aus vielen Gesprächen und Interviews gezogen, sondern eher starr und unbelehrbar seinen unberechtigten und stigmatisierenden Antisemitismus-Vorwurf wiederholt. Der Ablauf wird im Folgenden genauer rekonstruiert.

Klein wirft Mbembe die Relativierung des Holocaust vor – ohne Beleg

Im August 2020 sollte Achille Mbembe als Redner das – später wegen der Coronakrise abgesagte – Kunstfestival »Ruhrtriennale 2020« eröffnen. Gegen seine Einladung protestierte unter anderem Felix Klein. Er bezog sich dabei ohne weitere Prüfung auf eine Äußerung des nordrhein-

---

[14] Vgl. auch eine Reihe von Stellungnahmen zur Politik Felix Kleins zwischen April und Juni 2020 in meinem Blog hajofunke.wordpress.com.

[15] Der 1957 im kamerunischen Malande geborene Achille Mbembe wurde von Dominikanern unterrichtet und studierte an der Universität Yaounde in der Hauptstadt Kameruns. Bereits damals wandte er sich gegen das autoritäre Regime in Kamerun, ehe er ab 1982 in Paris Geschichte und Politikwissenschaft studierte und dort promovierte. Er war Assistent an der Columbia University in New York, forschte und lehrte u.a. am Brookings Institute in Washington, der University of Pennsylvania in Philadelphia und der University of California Berkeley. Zwischen 1996 und 2000 war er wissenschaftlich in Dakar im Senegal tätig, ehe er Professor der Witwatersrand Universität in Johannesburg wurde. Zu seinen wichtigsten, auch in Deutschland erschienenen Werken zählen: *Kritik der schwarzen Vernunft* (2014); *Politik der Feindschaft* (2017); *Ausgang aus der langen Nacht. Versuch über ein entkolonisiertes Afrika* (2016a) und *Postkolonie. Zur politischen Vorstellungskraft im gegenwärtigen Afrika* (2016b).

westfälischen FDP-Politikers Lorenz Deutsch, der dazu eine sehr weitreichende öffentliche Stellungnahme formuliert hatte. Klein[16] nannte in diesem Zusammenhang Mbembes Buch *»Politik der Feindschaft«* (235 Seiten) einen »Aufsatz« und urteilte: »Herr Mbembe ist ein sehr bedeutender Philosoph Afrikas, und von ihm erwarte ich, dass er, wenn er Stellung nimmt zu den Themen Holocaust, Völkermord, Apartheid, da auch genau formuliert. Die Sätze, die er in seinem Aufsatz ›Politik der Feindschaft‹ äußert, sind zumindest missverständlich, wenn er das Apartheidssystem in Südafrika und die Zerstörung von Juden in Europa unmittelbar hintereinander erwähnt und auf die ideologischen Hintergründe hinweist, dass beides ›emblematische Manifestationen einer Trennungsfantasie‹ seien.«

Diese Äußerungen gleichen einer unverantwortlichen und den Ruf des Betroffenen schwer schädigenden Irreführung der Öffentlichkeit. Der Satz, um den es geht, ist durch eine zentrale Auslassung grob verfälscht. In Achille Mbembes Buch lautet er: »Das Apartheidregime in Südafrika und – in einer ganz anderen Größenordnung und einem anderen Kontext – die Vernichtung der europäischen Juden sind zwei emblematische Manifestationen dieses Trennungswahns.« (»Politik der Feindschaft«, S. 89) Die Parenthese dieses Satzes trennt das Apartheidregime vom Holocaust. Dennoch von einer »Relativierung des Holocaust« zu reden, ist semantisch falsch und entspricht auch nicht der von Felix Klein fehlinterpretierten Ausrichtung des Denkens von Achille Mbembe. Im genannten Buch geht dieser an verschiedenen Stellen – so auf den Seiten 114 und 117 – auf das Besondere des Holocaust ein und formuliert hierbei keine Relativierung des Mords an den europäischen Juden durch das nationalsozialistische Deutschland.

Felix Klein behauptet, dass Achille Mbembe das Existenzrecht Israels bestritten habe

Felix Klein zufolge bestreitet Achille Mbembe das Existenzrecht Israels dadurch, dass er vom *»Projekt«* Israel schreibt, ohne auszuweisen, wo und in welchem Zusammenhang dieser Begriff bei Mbembe vorkommt und vor allem wie er gemeint ist. In allen mir vorliegenden deutschen Übersetzungen der Schriften Mbembes ist vom »Projekt« Israel nicht oder nur am Rande die Rede, dagegen mehrfach und leitmotivisch von der selbstverständlichen Anerkennung des Existenz-

---

[16] Vgl. für die wörtlichen Zitate, auch im Folgenden: www.Deutschlandfunkkultur.de/die causa achille mbembe, heruntergeladen am 6.6.2020.

rechts des Staates Israel. – Klein hat diesen Vorwurf auch Monate danach nicht weiter ausgeführt.

»Weil Achille Mbembe das Vorwort zu einem amerikanischen Buch mit dem Titel ›Apartheid Israel – The Politics of an Analogy‹ verfasst habe, würden ihm nun – wegen angeblicher Gleichsetzung von Israel mit dem NS-Staat – die Verharmlosung des Holocaust und eine antisemitische Haltung vorgeworfen. ›Im selben Text steht aber auch der Satz: 'Israel hat das Recht, in Frieden zu leben'‹, so Brumlik. Ein Vergleich bedeute keine Gleichsetzung.« (Deutschlandfunk Kultur, 4.5.2020)

Achille Mbembe hat also das Existenzrecht Israels gerade *nicht* bestritten!

Felix Klein wirft Achille Mbembe Antisemitismus wegen Gleichsetzung Israels mit dem Apartheidsystem in Südafrika vor

Achille Mbembe hat in der Tat die israelische Politik gegenüber den Palästinensern in den besetzt gehaltenen Gebieten massiv kritisiert und mit dem ehemaligen *Apartheidsystem* in Südafrika verglichen.

Das stellt Klein so dar: »Die völkische Ideologie der Nazis gleichzusetzen mit dem System der Apartheid halte ich wirklich für problematisch, weil dieser allumfassende Zerstörungs- und Rassenwahn der Nazis in die systematische und industrielle Vernichtung von Menschen geführt hat. Das halte ich auch, wenn ich die südafrikanische Perspektive oder kamerunische Perspektive von Herrn Mbembe miteinbeziehe, wirklich für problematisch, zumal er auch, wenn er sich auch auf Israel bezieht, die Situation, in der Israel sich befindet, zu sehr gleichsetzt mit dem, was in Südafrika war.« (Ebd.)

Auch diese Einschätzung Kleins ist fragwürdig. Die Diskussion um Vergleiche zwischen den Menschenrechtsverletzungen in den besetzt gehaltenen Gebieten und den »Bantustans« im ehemaligen Apartheidsystem Südafrikas ist legitim, auch wenn ich sie persönlich nicht teile. Sie entspricht aber keinem israelbezogenen Antisemitismus, der das Existenzrecht Israels anzweifelt bzw. die Politik Israels mit der Politik des Nationalsozialismus gleichsetzt.

Mbembes Analyse mag sogar prophetisch sein, wenn man daran denkt, dass mit den lange Zeit entschieden vorangetriebenen Annexionsplänen und der praktisch vollzogenen »schleichenden« Annexionspolitik der Netanjahu-Regierung tatsächlich nach der Analyse der meisten Experten apartheidähnliche Strukturen dann mitgeplant werden, wenn ein dem israelischen Staatsgebiet einverleibtes Gebiet gegenüber den darin wohnenden Palästinensern mit zweierlei Recht für jüdische Israelis hier und Palästinenser dort ausgestattet wird.[17]

Klein bringt Antisemitismus-Definitionen durcheinander

Felix Klein sagte in Deutschlandfunk Kultur vom 21.4.2020: »Er (Mbembe, H.F.) bezeichnet Israel mehrfach in seinen Schriften als Projekt, also das israelische Projekt. Israel ist ein völkerrechtlich anerkannter Staat, der auch viele Kriege hat durchstehen müssen, die, wenn sie verloren gegangen wären, das Land in seiner Existenz bedroht hätten. Da muss man also besonders vorsichtig formulieren. Das erwarte ich auch von einem Philosophen aus Afrika, der eigentlich, wenn er einen wissenschaftlichen Text schreibt, auch Platz hat und genügend Möglichkeiten, das klarzustellen. Es ist gut, dass wir die Debatte darüber führen, was noch zulässige Kritik am Handeln des Staates Israel ist und wo die Kritik über das Ziel hinaus schießt.«[18]

»Sie wird nach der Definition der Internationalen Allianz für Holocaustgedenken (IHRA, H.F.) dann antisemitisch, wenn Israel delegitimiert, wenn es dämonisiert wird oder wenn doppelte Standards angelegt werden in der Beurteilung des israelischen Regierungshandelns im Vergleich zum Handeln anderer Länder. Diese Definition ist für mich maßgeblich, und wenn ich diese Kriterien an den Text von Herrn Mbembe anlege, dann komme ich zu dem Ergebnis: Hier geht vieles durcheinander, und hier müssen wir doch mal ganz klare Linien einziehen, um zu sehen, was ist zulässig und wo sind Aussagen problematisch.«

Diese für Klein »maßgebliche Definition« ist gerade nicht die der IHRA. Nach deren Arbeitsdefinition ist Antisemitismus eine bestimmte Wahrnehmung von Juden, die sich als Hass gegenüber Juden ausdrücken kann. Antisemitismus richtet sich in Wort oder Tat gegen jüdische oder nichtjüdische Einzelpersonen und/oder deren Eigentum sowie gegen jüdische Gemeindeinstitutionen oder religiöse Einrichtungen. Vielmehr beruft sich Klein auf die *»3-D«*-Definition des rechtsgerichteten ehemaligen Politikers Natan Sharansky (2005): Antisemitisch sei, wer Israel delegitimiert, dämonisiert oder Israel gegenüber doppelte Stan-

[17] Vergleiche zur Lage in den besetzt gehaltenen Gebieten und zur gegenwärtigen rechtsgerichteten Politik der israelischen Regierung sowie der Siedlerbewegung genauer den Abschnitt 5.

[18] Deutschlandfunk Kultur: Beitrag vom 21.4.2020: Die Causa Achille Mbembe. Schwere Vorwürfe und Streit um einige Textpassagen. René Aguigah im Gespräch mit Felix Klein und Andrea Gerk (im Folgenden: Dlf 21.4.2020).

dards anlegt. Klein bringt diese Antisemitismusdefinitionen also selbst durcheinander.

»Deutsche Identität« gegenüber »ausländischem Wissenschaftler«

Prekär sind Kleins Äußerungen auch deswegen, weil sie auf einer falschen Prämisse, nämlich der angeblichen Relativierung und Verharmlosung des Holocaust durch Achille Mbembe, beruhen und ansonsten die »deutsche Identität« bemühen. So behauptet Klein:

»Das heißt, die Einzigartigkeit des Holocaust, die auch ein wichtiges Narrativ ist für die Erinnerungskultur in Deutschland, auch für die Gründung der Bundesrepublik Deutschland, so wie es Joachim Gauck ja mal formuliert hat: Der Holocaust und die Auseinandersetzung damit gehören zur deutschen Identität. Wenn also Herr Mbembe als ausländischer Wissenschaftler in so eine Debatte eingreift und auch missverständliche Sätze formuliert, dann muss er das klarstellen.«

Diese zwei Sätze zeigen ein anmaßendes Verständnis in Sachen Holocaust: Dessen Einzigartigkeit sei ein wichtiges Element deutscher Identität, mithin verfüge man als Deutscher über eine *Debattenhoheit,* erst recht gegenüber einem ausländischen (in Südafrika lebenden) Wissenschaftler, der dies im Übrigen gar nicht in Deutschland zum Thema gemacht und daher auch nicht in eine deutsche Debatte eingegriffen hat, sondern über den Felix Klein ein diffamierendes Urteil spricht. Es ist ein Ausdruck der Anmaßung eines deutschen Diplomaten, der nicht einmal die entsprechenden Texte gelesen hatte, als er im April 2020 zu diesem Urteil kam.

Nicht zur Sache – Eine gescheiterte Debatte

Ralf Michaels formulierte in der FAZ vom 8. Juni 2020 unter dem Titel »Denkverbot im Namen der Erinnerungskultur: Die Debatte um Achille Mbembe kommt nicht zur Sache – und zeigt dadurch, wie nötig die Kritik der kolonialen Denkungsart ist« eine vernichtende Kritik am Stand der durch Felix Klein ausgelösten Debatte über Achille Mbembe. Da gebe es bei Mbembe einige Zitate, die angeblich antisemitisch seien, ein zweiseitiges Vorwort, einen fast 30 Jahre alten Reisebericht – aber es gebe nicht den Ansatz einer werkimmanenten Kritik, keine Kontextualisierung, stattdessen finde ein Framing durch den Antisemitismusvorwurf dar, der den Blick auf das Gesamtwerk von Achille Mbembe determiniert und, wie zu ergänzen wäre, diffamiert. Und da das nicht ausreichte, dehnte man die Kritik noch unangemessener auf eine Kritik der postkolonialen Theorie insgesamt aus. Dies folge einer

Subsumtionslogik einer – wie zu ergänzen wäre vorgefassten, vorurteilsbesetzten – Norm, einer übermoralischen Gewissheit, die sich keiner Textkritik mehr aussetzt.

Michaels erklärt aus dieser Kleinschen Verengung die Debatte für gescheitert: »Eine Stellungnahme Felix Kleins bietet eine Erklärung für das Desinteresse am Perspektivwechsel: ›Etwas aus deutscher Sicht Falsches wird doch nicht dadurch richtig, dass es von außen kommt.‹ Es geht demnach gar nicht darum, die (nichtdeutsche) Sicht Mbembes zu verstehen, und man muss ihm auch nicht zuhören. Es geht nicht einmal darum, ob Mbembe in einem objektiven Sinne Antisemit ist, und es ist deshalb auch müßig, ihn gegen diese Vorwürfe zu verteidigen. Es geht um die ›deutsche Sicht‹, die man freilich dann auch Mbembe aufdrängen will. Der darin liegende Fehlschluss macht das Scheitern der Debatte verständlich. Die Kritik setzt an bei der speziellen Verantwortung der Deutschen für den Holocaust und postuliert eine daraus folgende spezifische deutsche Sicht, ein deutsches Narrativ, eine deutsche Identität und eine deutsche Verantwortung. Sie ignoriert den partikularen Ursprung dieser Sicht und macht daraus einen Universalismus. Diesen schreibt sie dann allen vor, also auch denen, die an der speziellen deutschen Erfahrung und Verantwortung nicht teilhaben. Da aber der Universalismus aus der deutschen Verantwortung kommt, bleiben Deutsche Herrscher über die Debatte. Klein stellte fest: ›Wenn Herr Mbembe als ausländischer Wissenschaftler in so eine Debatte eingreift und auch missverständliche Sätze formuliert, dann muss er das klarstellen.‹ Diese Klarstellungspflicht setzt voraus, dass die Debatte eine deutsche sein muss. Warum eigentlich?« (*FAZ*, 8.6.2020)[19]

---

[19] Der Historiker Michael Rothberg beobachtet, dass Menschen mit migrantischer Herkunft in einen Konflikt geraten, wenn sie einerseits, um als »Deutsche« anerkannt zu werden, versuchen, sich in die Aufarbeitungsgeschichte des Holocaust hineinzubegeben und für diesen sozusagen eine Mitverantwortung anzunehmen. Wenn sie hierbei aber ihre eigenen Erfahrungen geltend machen, werden sie dann doch nicht wirklich anerkannt – dies werden sie ohnehin nicht, wegen des alltäglichen Rassismus, und nun auch deshalb nicht, weil sie eben mit anderen Erfahrungen zu tun haben (die ihnen ggf. auch noch als antisemitisch vorgehalten werden), sodass dies im Extremfall zu einem migrantischen Double-Bind führt, bei dem die »deutsche« Seite wiederum den Holocaust für sich reklamiert. Daraus entstehe eine paradoxe Situation: Um wirklich »deutsch« zu sein, das heißt die volle Staatsbürgerschaft in kultureller und sozialer Hinsicht zu erlangen, müssten Migranten am Holocaustgedenken teilnehmen, doch zugleich würden sie weiterhin laufend von allem, was als spezifisch deutsch gilt, einschließlich der Sprache, des kulturellen Erbes etc. ausgegrenzt. Und da der

Am 24. Juni 2020 fand sich dann ebenfalls in der FAZ unter der Überschrift »Debatte, Ordnungsruf oder Eingriff in Art. 5? Es bestehen rechtliche Zweifel an der Antisemitismus-Strategie der Bundesregierung« ein Beitrag von Stephan Detjen. Darin belegt der Autor detailliert, dass das Verhalten des Antisemitismusbeauftragten zur Einschränkung des Rechts auf Meinungsfreiheit nach Art. 5 des Grundgesetzes führt. In den Äußerungen Felix Kleins sieht Detjen ein Argumentationsmuster, mit dem autoritäre Demokratien die öffentlichen Räume für ihre Kritiker einengen. Eine Regierung sei aber nicht befugt, Rednerlisten und Spielpläne mit exekutiver Macht zu redigieren. Zudem deute sich an, dass der bayerische Verwaltungsgerichtshof einen städtischen Anti-BDS-Beschluss kippen wolle, da die Münchner Richter erhebliche Zweifel daran hätten, dass sich die Entschließung des Bundestags als Rechtsgrundlage dafür eignete, wegen angeblicher BDS-Nähe eines Redners die Vermietung städtischer Räumlichkeiten zu verweigern. Dieses Gericht wolle eine Revision zulassen, sodass der Weg zum Bundesverfassungsgericht vorgezeichnet sei. Ein Grundrechtseingriff müsse geeignet, erforderlich und angemessen sein, um ein gesetzlich legitimiertes Ziel zu erreichen; das gelte auch dann, wenn es um ein so wichtiges Anliegen wie die Bekämpfung des Antisemitismus geht. Die Debatte allerdings offenbare vor allem die Missverständnisse des Antisemitismusbeauftragten mit Blick auf das eigene Amt und die Wirkung seines Handelns. Dies gelte erst recht in der Annexionsdebatte und besonders dann, wenn die israelische Regierung mit der Ankündigung ernst mache, Teile des Westjordanlands förmlich zu annektieren. Deutsche Politik sei schlecht vorbereitet; sie hätte die definitorischen und institutionellen Grundlagen (wissenschaftlich begründet) für eine wirksame Bekämpfung des Antisemitismus von vornherein anders angehen müssen und sollte sie nun überprüfen.[20]

Holocaust eine zentrale Rolle im Selbstverständnis dessen einnimmt, was im vereinigten Deutschland als »deutsch« verstanden wird, entstehe daraus ein tiefgreifender Konflikt für die migrantischen Deutschen. (Vgl. The Society pages, in: The Center for Holocaust and Genocide Studies at the University of Minnesota-Twin Cities)

[20] Ende Juni 2020 schienen die entgrenzten Antisemitismuskampagnen des Antisemitismusbeauftragten umstritten und die Kampagne selbst weitgehend gescheitert. Sie hat auch nicht ausgereicht, sollte das der Fall gewesen sein, das Annexionsprojekt Netanjahus durch eine Inkriminierung seiner Kritiker zu flankieren. Ende Juni 2020 sahen auch entschiedene Verfechter Netanjahus in der Annexion von Teilen des Westjordanlands keinen Sinn, sondern eine un-

Felix Kleins gravierend falsche Zitierungen und seine Falschbehauptung einer Gleichsetzung von Holocaust und Apartheid durch Achille Mbembe gleichen einer Schmähkritik und einer erheblichen Rufschädigung. Falls solche Fehlbehauptungen nachgewiesen werden, erfüllt dies den Tatbestand der Verleumdung nach § 187 des Strafgesetzbuches, und es kann in jedem Fall nach § 1004 des Bürgerlichen Gesetzbuchs auf Unterlassung geklagt werden. Vor allem aber ist die Entfesselung solcher Debatten – wie auch in anderen Fällen, woran sich gewissermaßen ein Muster zeigt – Ausdruck einer Amtsanmaßung gegen eine liberale Diskussionskultur. Das gilt zwar gerade deshalb, weil hier mit dem Hinweis auf Bundestagsbeschlüsse Autoren wie Mbembe aus der öffentlichen Debatte verbannt werden sollen und damit de facto und vermutlich auch de jure Wissenschafts- und Meinungsfreiheit untergraben wird. Dies ist eher typisch für autokratische Regime und nicht für die sich als liberal verstehende Bundesrepublik.

»Antisemitismus aus dem linksliberalen Milieu«?

Felix Klein erklärte am 30. Juni 2020 auf einer Pressekonferenz mit Familienministerin Giffey zur Vorstellung des »Kompetenznetzwerks Antisemitismus«, »dass gerade der Antisemitismus aus dem linksliberalen Milieu auch mir persönlich in den letzten Wochen das Leben durchaus etwas schwerer gemacht hat. Aber auch wenn rechte Erzählungen zur Zeit höheres Gewaltpotential haben, dürfen wir diesen Bereich nicht unterschätzen.« Dazu schrieb Tsafrir Cohen auf Facebook Anfang Juli 2020: »Jetzt ist also jede Kritik an Klein schon antisemitisch, frappierend. Ich habe das auf FB kommentiert: ›Ungeheuerlich: Jetzt wirft der umstrittene Antisemitismusbeauftragte der Bundesregierung Felix Klein seinen Kritiker*innen aus dem linksliberalen Milieu Antisemitismus vor. Damit kann er niemanden anders meinen als die Jüdinnen und Juden Micha Brumlik, Susan Neiman, Amos Goldberg, Alon Confino und Eva Illouz oder die Intellektuellen Aleida Assmann, Hajo Funke und Charlotte Wiedemann, die ihn alle zuvor scharf kritisiert hatten aufgrund seiner Äußerungen zum Philosophen Achille #Mbembe. (...)«

---

kontrollierbare Gefahr für die Sicherheit Israels und die Stabilität im Nahen und Mittleren Osten (vgl. Post vom 26.6.2020 auf *hajofunke.wordpress*: »Don't do it, Mr. Netanjahu«). Nicht einmal die Israelis selbst wollten in ihrer wachsenden Mehrheit diese Annexion – ebenso wie ein schwankender US-Präsident Trump, der zuvor an der Seite Netanjahus gestanden hatte, nicht mehr zu wissen schien, was er wollte. In Haaretz vom 29. Juni 2020 heißt es: »Like Trump, Netanyahu Suddenly Seems Out of Touch and Off the Rails.«

Ist eine differenzierte Antisemitismusdebatte in Deutschland unerwünscht?

Am 10. Juli 2020 forderten unter anderem Gadi Algazi, Daniel Boyarin, Alon Confino, Sidra Ezrahi, Paul Mendes-Flohr und Moshe Zuckermann den Rücktritt von Felix Klein als Antisemitismusbeauftragten der Bundesregierung. Ihr Brief ging zugleich an die Bundeskanzlerin, den Bundesaußenminister und den Bundesinnenminister.

»Eine differenzierte Antisemitismusdebatte ist in Deutschland offenbar unerwünscht: Linke, nicht weiße oder muslimische Positionen werden systematisch diffamiert«, lautet die von Irit Dekel und Esra Özyürek auf Zeit-online vom 10.7.2020 formulierte Kritik: »Hinter diesen Debatten (um Achille Mbembe, H.F.) erscheint aber nach unserer Ansicht eine noch grundlegendere Frage: Wer in Deutschland überhaupt als berechtigt anerkannt wird, öffentlich über das koloniale, rassistische und antisemitische Erbe Deutschlands zu sprechen. Die Verunglimpfung von Mbembe im Zusammenhang mit Antisemitismus und die Aberkennung seiner Kompetenz, sich zu diesen Themen in Deutschland öffentlich zu äußern, waren kein Einzelfall. Sie stehen in einer langen Reihe anderer Fälle, in denen Nichtdeutsche und Deutsche mit arabischem, türkischem, afrikanischem oder jüdischem Hintergrund, darunter eine erhebliche Zahl an Frauen, des Antisemitismus beschuldigt oder in die Nähe von Antisemitismus gerückt wurden. Viele Personen hatten sich zuletzt verdächtig gemacht, die Singularität des Holocaust nicht anzuerkennen, wenn sie ihn mit anderen Genoziden verglichen, oder Antisemitismus zu verharmlosen, wenn sie ihn nicht als grundsätzlich von anderen Formen des Rassismus getrennt betrachteten.«

»Die letzte Siedlerkolonie«?

Es war dem Kolonialismus-Historiker Wolfgang Reinhard in der FAZ vom 25. Juni 2020 vorbehalten, vor dem Hintergrund der Analyse des spezifischen Kolonialcharakters der israelischen Besatzungsherrschaft an die unterschiedlichen kolonialen und postkolonialen Regime zu erinnern und damit auf das zentrale Thema des südafrikanischen Historikers aufmerksam zu machen. Auf die Frage, ob er Mbembes Vergleich zwischen der Apartheid in Südafrika und dem Besatzungsregime Israels für begründet halte, sagte Reinhard:

»Ich denke schon, dass das ein lohnender Vergleich ist. Das israelische Besatzungsregime schränkt die Bewegungsfreiheit der Palästinenser teilweise erheblich ein. Nun gibt es Leute, welche die Vergleichbarkeit des Holocaust in Abrede stellen. Das hat mit Jürgen Habermas im Historikerstreit von 1986 angefangen. Meiner Meinung nach ist das Unfug, weil es keine historischen Phänomene gibt, die unvergleichbar sind. Man kann alles vergleichen. Ob es dann ein guter Vergleich ist oder schlechter, ist etwas anderes.«

Auf die Frage, ob Israel die letzte Siedlerkolonie des Westens sei, antwortete der Historiker:

»Den Begriff des Westens habe ich bei meinem Kollegen Heinrich August Winkler geborgt. Er ist nicht besonders gut, aber man weiß einigermaßen, was gemeint ist: eine politisch historische Einheit, die im wesentlichen aus Westeuropa, Zentraleuropa und Amerika besteht. Die ›Siedlerkolonie‹ dagegen ist schlicht ein empirisches Faktum. Israel ist eine Gründung von Siedlern, und Siedlungen gehen immer auf Kosten der bisherigen Einwohner. Israel ist die letzte Siedlerkolonie, weil diese Art der Besiedlung im 20. Jahrhundert sonst nirgends mehr funktioniert hat.«

Und auf den Einwand – »Aber zum strikten Begriff des Kolonialismus gehört das Mutterland, das Kolonien gründet, um sie zu beherrschen. Was in Israel so nicht stattgefunden hat« – erklärt Reinhard:

»Die Staatsgründung Israels verbindet typologisch gesprochen den Typus der Siedlerkolonie und den Typus der Beherrschungskolonie. Das eine ergibt sich aus dem anderen, dass selbst die israelischen Araber nicht voll gleichberechtigt sind. Sie haben keine Wehrpflicht, oder muss man Wehrrecht sagen? Für Menschen in der Westbank oder in Gaza gilt das sowieso. Also, wenn es Kolonialismus gibt – die Begriffe sind immer ein bisschen dubios –, dann würde ich sagen, das ist Kolonialismus. Ein Ausbeutungssystem, ein Herrschaftssystem, ein Diskriminierungssystem – was wollen Sie mehr?« Auf den Vorwurf Kleins, man könne Israel nicht als Kolonie betrachten, denn es sei ja nach dem Holocaust für dessen Opfer begründet worden, antwortet Reinhard: »Aus der Tatsache, dass Israel wegen des Holocaust gegründet wurde, folgt doch nicht, dass es keine Kolonie sein kann. Außerdem ging das Streben nach einer Staatsgründung dem Holocaust voraus.«

3. Vereinfachte Antisemitismus-Definitionen und politische Instrumentalisierung

Zu einfache Antisemitismus-Definitionen erscheinen darüber hinaus problematisch, wenn sie in Bezug auf den sogenannten Israel-bezogenen Antisemitismus nach der bereits erwähnten »3-D«-Definition des ehemaligen rechtsgerichteten israelischen Politikers Natan Sharansky (2005) dann von Antisemitismus sprechen, wenn Israel dämonisiert, ihm gegenüber mit doppelten Standards argumentiert wird und der Staat delegitimiert wird. Diese Definitionen sind so diffus, dass jede entschiedene Kritik an der gegenwärtigen Politik Israels gegenüber den Palästinensern nach Belieben und wenn dies den eigenen politischen Orientierungen zugutekommt als Dämonisierung begriffen und mit dem Fallbeil des Antisemitismusvorwurfs belegt werden kann. Das entzieht einer ernsthaften kritischen Auseinandersetzung mit der Lage der Palästinenser in den besetzt gehaltenen Gebieten die Grundlage.

Auf eine andere Weise problematisch ist die ebenfalls bereits erwähnte, aufgrund eines politischen Prozesses zustande gekommene Definition der IHRA. Danach ist »Antisemitismus eine bestimmte Wahrnehmung von Juden, die sich als Hass gegenüber Juden ausdrücken kann. Der Antisemitismus richtet sich in Wort oder Tat gegen jüdische oder nichtjüdische Einzelpersonen und/oder deren Eigentum sowie gegen jüdische Gemeindeinstitutionen oder religiöse Einrichtungen.« Trotz der erläuterungsweise ergänzten Liste von Beispielen ist die Definition selbst vage, etwa wenn sich die Kritik an bzw. Feindschaft gegenüber Israel als mögliche Form von Antisemitismus verstehen lässt (vgl. zur Kritik im Einzelnen Ullrich 2019: 6). Interessant ist, dass die Bundesregierung die Definition insofern ergänzt hat, als »dies (d.h. Antisemitismus) auch auf Erscheinungen zutreffen könne, die sich gegen Israel als jüdisches Kollektiv richten. Die in der vollständigen IHRA-Version auf diesen Satz folgende Ergänzung, dass hiervon Kritik an Israel ausgenommen ist, die mit der an anderen Staaten vergleichbar ist, wurde jedoch nicht übernommen« (ebd.: 7) – offenkundig ein Einfallstor im Sinne einer Generalklausel zur Unterbindung aller Formen von Kritik an der Politik Israels. Interessant ist, dass diese vorläufige Arbeitsdefinition in der wissenschaftlichen Forschung kaum, und wenn dann mit relativierenden Einschränkungen oder kritischen Erweiterungen, angewandt wird.[21]

---

[21] So der Unabhängige Expertenkreis Antisemitismus in: Deutscher Bundestag 2017: 23f. Der Historiker Moshe Zimmermann hat in diesem Zusammenhang auf einer Konferenz über Antisemitismus in den Vereinigten Staaten nach der Präsidentschaftswahl 2016 darauf aufmerksam gemacht, dass nicht die Rechtsradikalen innerhalb des Trump-Camps von israelischen Autoritäten kritisiert worden sind, sondern – und das sei typisch – eher die Linken und im Zweifel auch die Muslime. Er sah eine klare Instrumentalisierung des Antisemitismusvorwurfs zu eigenen Zwecken der israelischen politischen Rechten.

Der Bericht der unabhängigen Expertenkommission Antisemitismus des Bundestags vom April 2017 sieht bei der Entwicklung antisemitischer Einstellungen aktuell grob gesagt drei Formen:

1) den *klassischen Antisemitismus*, demzufolge Juden zu viel Einfluss haben. Dem stimmen *voll und ganz* nur noch weniger als 5%, *eher oder teils/teils* aber bis zu 30% zu. Dieser traditionelle Antisemitismus, der Juden zu viel Einfluss unterstellt und mit antisemitischen Stereotypen arbeitet, lag 2016 nur noch bei rund 5%, 2002 noch bei rund 9%.
2) Hiervon wird der nach-nationalsozialistische *Antisemitismus einer Erinnerungsabwehr* oder *sekundäre Antisemitismus* unterschieden. Seine Anhänger wollen mit der Geschichte des Antisemitismus nichts zu tun haben und unterstellen den Juden, dass sie aus ihrer Verfolgung Vorteile ziehen oder durch ihr Verhalten sogar an Verbrechen mitschuldig seien. Dabei handelt es sich um gut 25% (11% voll und ganz, weitere 16% teils/teils), die diesen Aussagen zustimmen. Die klassische Form der Erinnerungsabwehr findet sich in einschlägigen Untersuchungen, in denen in unterschiedlicher Intensität den Juden zur Last gelegt wird, dass die Deutschen durch sie an die nationalsozialistischen Verbrechen erinnert werden. In der paradoxen Formulierung: *Auschwitz verzeihen wir den Juden nie* – nach der Vorstellung: Sie erinnern uns an etwas, woran wir nicht erinnert werden wollen, weshalb wir es vehement abwehren. Auch die Zustimmung zu diesem sekundären Antisemitismus ist rückläufig, fällt aber noch sehr viel höher aus: Bis zu 26% stimmen 2016 Aussagen zu, wonach etwa die Juden versuchen, aus der Vergangenheit des Dritten Reichs heute ihren Vorteil zu ziehen (11% voll und ganz, weitere 15 teils/teils).[22]

Diese Erinnerungsabwehr ist meines Erachtens von zentraler Bedeutung für die Auseinandersetzung in den drei nach-nationalsozialistischen Gesellschaften: der ehemaligen DDR, Österreich und vor allem Westdeutschland. Noch Ende der 1940er Jahre waren über die Hälfte der deutschen Bevölkerung antisemitisch eingestellt. Noch 1965 sagten – nach einer vierjährigen Konfrontation durch den Eichmann- und den Auschwitz-Prozess in Frankfurt am Main – 60% der Westdeutschen, sie wollten von der Auseinandersetzung mit den Verbrechen des Nationalsozialismus an den Juden nichts mehr wis-

---

[22] Vgl. Zick u.a. 2016; Deutscher Bundestag 2017, Antisemitismusbericht Drucksache 18/1179: Seite 63f.

sen, und forderten einen Schlussstrich. Erst in den 80er Jahren kam es nach der Ausstrahlung des Films *Der Holocaust* zu den bis dato heftigsten Auseinandersetzungen um die Vorgeschichte der Bonner Republik – mit ihren Zuspitzungen der symbolischen Ehrung von SS-Runen auf dem Bitburger Soldatenfriedhof durch Ronald Reagan und Helmut Kohl sowie dem Historikerstreit (vgl. Funke 2019a).

3) Drittens geht es um einen *israelbezogenen Antisemitismus*. Er ist – jedenfalls in Deutschland – dann gegeben, wenn die Menschenrechtsverletzungen bzw. die Kriege etwa um Gaza mit den nationalsozialistischen Verbrechen assoziiert oder sogar gleichgesetzt werden. Diese Version hat meines Erachtens sehr mit Art und Ausmaß des sekundären Nachkriegs-Antisemitismus zu tun. Dessen Anhänger meinen nämlich, dass man Verantwortung bzw. individuelle Schuld in den historisch belasteten Generationen auf Israel und seine Politik projizieren kann und sich so als Deutsche entlastet. Dies ist vor allem auch ein *deutsches* Phänomen und in anderen Ländern gegebenenfalls anders zu beurteilen. So zeigt der Bericht des Unabhängigen Expertenkreises (Deutscher Bundestag 2017) ebenfalls, dass 9% meinen: »Was Israel heute mit den Palästinensern macht, ist im Prinzip auch nichts anderes als das, was die Nazis im Dritten Reich mit den Juden gemacht haben.« Und erhebliche 17% stimmen der Aussage zu: »Bei der Politik, die Israel macht, kann ich gut verstehen, dass man etwas gegen Juden hat.«[23]

---

[23] Mit der am 25. März 2021 veröffentlichten *Jerusalemer Erklärung zum Antisemitismus* ist eine Kritik an der Haltung der israelischen Rechten zur Instrumentalisierung des Vorwurfs eines angeblichen israelbezogenen Antisemitismus verbunden, mit erheblichen Wellen bis ins Netanjahu-Lager und in Deutschland bis in Regierungskreise. Mit ihrer Definition und ihren guidelines kritisieren zweihundert Wissenschaftler die IHRA-Definition von Antisemitismus und weisen die Vorstellung zurück, die BDS-Bewegung sei antisemitisch. Die Definition lautet: »Antisemitism is discrimination, prejudice, hostility or violence against Jews as Jews (or Jewish institutions as Jewish).« Im Tagesspiegel vom 29.3.2021 heißt es dazu: »Man (habe) sich um eine Definition bemüht, ›die klarer, kohärenter und politisch neutral‹ sei. Sie lautet: ›Antisemitismus ist Diskriminierung, Vorurteil, Feindseligkeit oder Gewalt gegen Juden als Juden (oder jüdische Einrichtungen als jüdisch).‹ Zusätzlich beinhaltet der Text eine Präambel, die zwei Ziele bekundet. Zum einen soll der Kampf gegen Antisemitismus durch die Begriffsklärung gestärkt werden. Zum anderen soll der Raum für eine offene Debatte über die Zukunft Israels und der palästinensischen Gebiete geschützt werden.«

Der besondere wissenschaftliche Fortschritt des Bundestagsberichts 2017 besteht darin, nicht von einem kompakten, jederzeit und auf jede Gruppenkonstellation anwendbaren Antisemitismus-Begriff auszugehen, sondern die empirisch beobachtbare Vielfalt und den Intensitätsgrad des Antisemitismus nach einem Set an Definitionen und Unterdefinitionen zu erfassen und abzuwägen, was unter Antisemitismus begriffen werden muss und was kontrovers ist.

Zur begrifflichen Klärung von Antisemitismus und Rassismus gehört deren *jeweilige gesellschaftlich-historische Situierung.* Generell gesprochen variieren nicht nur die Definitionen (dessen, was man jeweils unter Antisemitismus und Rassismus versteht) nach den Macht-, Gesellschafts- und Ideologieverhältnissen, seit wir von diesen Begriffen überhaupt reden. Das geschieht im Fall des Antisemitismus – des christlichen Antijudaismus – seit der Spätantike, im Fall des rassistischen Antisemitismus in ersten Formen bereits zurzeit der spanischen Reconquista, im Fall des Rassismus mit dem Sklavenhandel, der sich in den folgenden Jahrhunderten ausdehnte. Die Entfesselung des Nationalismus in der zweiten Hälfte des 19. Jahrhunderts hat dann beides produziert: einen zunehmend rassistischen Antisemitismus und einen vorgeblich wissenschaftlichen Rassismus – und mit der Erschütterung des Ersten Weltkriegs eine noch radikalere, ja »irre« (Adorno) Form von Rassismus und vor allem Antisemitismus, der in den Vernichtungsantisemitismus des Holocaust führte (vgl. Brumlik 2020).

Dieser wiederum ist in »Der autoritäre Charakter« von Adorno und anderen (1969) als extremer Antisemitismus historisch, ideologisch und empirisch historisch situiert worden. Dieser Antisemitismus ist von paranoider Natur, ein mörderischer »Erlösungsantisemitismus« (Saul Friedländer), wie er im Nationalsozialismus zur Staatsideologie und unter den Bedingungen des Zweiten Weltkriegs als Holocaust exekutiert wurde (vgl. Funke 2019a). Ideologisch findet er sich heute in den (gefährlichen) Wurmfortsätzen des gewaltbereiten paranoiden Neonazismus und ist naheliegender Weise von weniger radikalen Formen (siehe oben) des Antisemitismus zu unterscheiden.

Über 90% der antisemitischen Straftaten werden von ganz rechts begangen

Es verzerrt allerdings die Perspektiven zur Bekämpfung des Antisemitismus, dass der zuständige Beauftragte sich in Nebenkriegsschauplätzen verzettelt und die in Deutschland bedeutungslose BDS-Bewegung im engen Benehmen mit dem weit rechts stehenden Minister für strategische Angelegenheiten in Jerusalem, Gilad Erdan, zum Schwerpunkt seiner Kampagne gemacht hat, obwohl nach dem Verfassungsschutzbericht 2020 94% der antisemitischen Straftaten von extremen Rechten begangen werden und der Bundesinnenminister die größte Bedrohung im Rassismus und Antisemitismus durch den Rechtsextremismus sieht.

Laut MIGAZIN vom 16.2.2021 ist »die Zahl antisemitischer Straftaten im vergangenen Jahr weiter gestiegen. Wie aus der Antwort der Bundesregierung auf eine Anfrage von Bundestagsvizepräsidentin Petra Pau (Linke) hervorgeht, wurden 2.275 Straftaten mit antisemitischem Hintergrund gemeldet, darunter 55 Gewalttaten (2019: 72; 2018: 69 Gewalttaten, H.F.). Die Zahl ist vorläufig, da noch Nachmeldungen der Bundesländer möglich seien, heißt es darin weiter. Es ist allerdings schon jetzt ein erneuter deutlicher Anstieg. 2019 wurden 2.032 antisemitisch motivierte Straftaten registriert, 2018 insgesamt 1.799. Die Straftaten werden überwiegend dem rechtsextremen Spektrum zugeordnet. 1.367 Tatverdächtige wurden 2020 ermittelt, wie aus der Anfrage hervorgeht. Es habe fünf Festnahmen, allerdings keine Haftbefehle gegeben.«[24] Das dramatischste Ereignis war der Versuch eines Massakers eines Rechtsextremen an in der Synagoge von Halle versammelten Jüdinnen und Juden an ihrem höchsten Feiertag, Jom Kippur, am 9. Oktober 2019. Sein Anschlagsversuch scheiterte an der Holztür der Synagoge, kurz danach verübte er zwei Morde.

4. Fazit: Der Antisemitismusvorwurf von Felix Klein gegen Achille Mbembe ist widerlegt

1) Achille Mbembe hat zu keiner Zeit das Existenzrecht Israels in Zweifel gezogen, sondern im Gegenteil je neu bekräftigt. Er hat den Holocaust nicht relativiert. Ebenso wenig ist belegt, dass Achille Mbembe aktiv die Ziele der BDS-Bewegung unterstützt hat; selbst wenn er dies getan hätte, wäre das politisch strittig, aber kein Antisemitismus. Wenn er die diskriminierende Besatzung der von Israel besetzt gehal-

---

[24] Laut Mediendienst Integration fordert nach einer repräsentativen Umfrage des »Instituts für interdisziplinäre Gewalt- und Konfliktforschung« (IKG) und der Stiftung »Erinnerung, Verantwortung und Zukunft« (EVZ) aus dem Jahr 2019 ein Drittel der Befragten, einen Schlussstrich unter die Verbrechen des Nationalsozialismus zu ziehen. Über die Hälfte der Befragten lehnt dies ab. (»MEMO – Multidimensionaler Erinnerungsmonitor«, Studie II/2019, S. 26)

tenen Gebiete als schwersten Skandal im 21. Jahrhundert beschreibt oder gar als eine Form der Apartheid, mag man dies nicht teilen oder mit anderen Begriffen die systematische Diskriminierung der Palästinenser in den Gebieten kritisieren – aber auch dies ist keineswegs Antisemitismus. Felix Klein hat keine Konsequenz aus einer monatelangen Debatte und aus vielen Gesprächen und Interviews gezogen, sondern eher starr und unbelehrbar seinen unberechtigten und stigmatisierenden Antisemitismus-Vorwurf wiederholt.

2) Felix Klein war schon von Brumlik im Deutschlandfunk ein mangelnder Informationsstand vorgeworfen worden: »Herr Klein hat überreagiert und sich nicht, was seines Amtes gewesen wäre, sachkundig gemacht.« Schon früher hätten Wissenschaftlerinnen und Wissenschaftler seine Absetzung gefordert. Auch der Zentralrat der Juden sei »nicht gut beraten« gewesen, als er sich der Kritik anschloss (Dlf, 4.5.2020). Klein kämpfe an der falschen Stelle gegen Antisemitismus, stellte Susan Neiman fest. Die Soziologin Eva Illouz forderte Kleins Entlassung: »Die Art und Weise, wie Klein vorgeht, ist dem Kampf gegen Antisemitismus abträglich«, sagte sie am 6.5.2020 im Interview mit der »Zeit«. Es komme zu einer Entgrenzung des Begriffs Antisemitismus, der benutzt werde, legitime Fragen und Kritik zum Schweigen zu bringen. Diese erhebliche Kritik war ebenso wenig wie die klaren Einlassungen Achille Mbembes – »Die Welt reparieren. Dies war immer mein Ziel. Eine Entgegnung an jene, die mir vorwerfen, den Holocaust zu verharmlosen« vom 23. April 2020 in der *Zeit* – für Felix Klein ein Anlass zur Reflektion, im Gegenteil. Klein behielt seine vorschnelle Kritik auch Monate danach bei und wiederholte Ende Mai 2020 seine Angriffe schlicht wie ein Dogma: Achille Mbembes israelbezogener Antisemitismus sei »eindeutig«: Er dämonisiere Israel, er delegitimiere es, er wende zweierlei Maß an. Stattdessen nimmt er »dem Publizisten Micha Brumlik übel, dass dieser ihn nicht anrief, bevor er ihn öffentlich kritisierte« (vgl. Spiegel vom 5.6.2020).

3) Felix Klein hat mit seiner Diffamierung von Achille Mbembe eine doppelte Verengung beider Debatten – der zum Antisemitismus und zum (kolonialen) Rassismus – mit bewirkt. Am 10. Dezember 2020 erklärte die international beachtete Initiative der wichtigsten Kultur-Einrichtungen Deutschlands ihr Plädoyer für »Weltoffenheit«[25]

[25] Am 10. Dezember 2020 gaben in einer Veranstaltung im Deutschen Theater »13 hochrangige Vertreter der Initiative »GG 5.3 Weltoffenheit«, benannt

und wandte sich – im Wissen um die konservative Ausrichtung ihrer Kritiker und deren Nähe zu den Positionen der rechtsgerichteten israelischen Regierung – entschieden gegen die mit der Resolution des Bundestags, die BDS-Bewegung sei antisemitisch, verbundene Einengung der öffentlichen Debatte. Sie befürchteten, dass dadurch die Aufarbeitung des kolonialen Rassismus verdrängt werde. Im Zusammenhang mit der unter anderem von Felix Klein massiv unterstützten BDS-Resolution des Bundestages und ihren Problemen erklärte der Direktor des Jüdischen Museums in Hohenems, *Hanno Loewy*, am 13. Dezember 2020 im Deutschlandfunk: Es heiße in dem Beschluss, es dürften keine öffentlichen Gelder und Räume für den BDS zur Verfügung gestellt werden: »In Wirklichkeit geht es darum, dass keine Räume und keine öffentlichen Gelder für jedes Kunstprojekt, jeden Künstler, jeden Intellektuellen – unabhängig vom Inhalt des Projekts – zur Verfügung gestellt werden, der irgendwann mal etwas mit BDS zu tun hatte! Egal, ob es sich um die Klarinettistin in einem Orchester, einen Ballett-Choreografen, einen Philosophen, der sich mit Kolonialismus beschäftigt oder um israelische Künstler handelt, die sich kritisch mit ihrem eigenen Land auseinandersetzen. Da wird mit einer Maschinenpistole auf den Tormann am anderen Ende eines Spielfelds geschossen und alles, was drumrumsteht und die eigene Mannschaft wird mitabgeschossen.«

Micha Brumlik sprach in dem Zusammenhang von der Gefahr des »McCarthyismus« und damit der Infragestellung einer liberalen Debattenkultur. Vor allem schadet Felix Klein damit dem Kampf gegen Antisemitismus, Rechtsextremismus und Rassismus. Moshe Zimmermann hatte bereits in einer Konferenz über Antisemitismus in den Vereinigten Staaten nach der Präsidentschaftswahl 2016 darauf aufmerksam gemacht, dass nicht die Rechtsradikalen innerhalb des Trump-Camps von israelischen Autoritäten kritisiert worden sind, sondern – und das sei typisch – eher die Linken und im Zweifel auch die Muslime. Er sah

nach dem Grundgesetzartikel, der Kunst- und Wissenschaftsfreiheit garantiert, persönliche Statements ab. Unter Berufung auf die Resolution würden wichtige Stimmen beiseitegedrängt und kritische Positionen verzerrt dargestellt, heißt es in einer zeitgleich veröffentlichten Erklärung. Darin warnen die Unterzeichner vor einer zunehmenden Einschränkung der öffentlichen Denk- und Freiräume durch eine missbräuchliche Verwendung des Antisemitismusbegriffes. »Die deutschen Israel-Diskussionen sollten endlich die Vielfalt jüdischer Diskussionen und Kritik reflektieren, nicht nur die Meinungen konservativer deutsch-jüdischer Organisationen.«

eine klare Instrumentalisierung des Antisemitismusvorwurfs zu eigenen Zwecken seitens der israelischen politischen Rechten.

5. Zur Sache: Kritik an der gegenwärtigen israelischen Politik[26]

»Machen Sie den Mund auf!«
Schimon Stein/Moshe Zimmermann

Wenn der Vorwurf eines israelbezogenen Antisemitismus erhoben wird, erscheint es durchaus sinnvoll, sich einen Einblick in die israelische Politik und insbesondere zu ihrer Haltung gegenüber den Palästinensern zu verschaffen. Dem soll die folgende, gewiss knappe, vor allem subjektive Skizze dienen.

Der israelische Philosoph Omri Böhm warnt in seinem Buch »*Israel – Eine Utopie*« (2020) vor einer gefährlichen Entwicklung nach rechts. Er sieht das gegenwärtige politische Israel und den Trend zur Annexion wie ein Damoklesschwert, das Israel zerstören kann. Sein Buch ist eine Abrechnung mit den gefährlichen Entwicklungen im Israel-Palästina-Konflikt – gegenbalanciert mit einer Utopie jenseits der Zwei-Staatenregelung, einer »Republik Haifa« in (ferner) Zukunft. Das zornige Postskriptum steht für das ganze Buch (Böhm 2020: 231f.): Er antwortet einem deutschen Radiosender in Bezug auf die seines Erachtens gekippten demokratischen Verhältnisse in Israel: »Stellen Sie sich vor, dass die AfD in Deutschland an der Macht wäre und mit Verweis auf die Corona-Pandemie den Ausnahmezustand ausgerufen hätte. Stellen Sie sich weiter vor, dass der Bundestag, als er über diese Entscheidung abstimmen wollte, von der AfD-Regierung ausgesetzt worden wäre. (…) Man kann ohne Übertreibung behaupten, dass wir vor Weimarer Verhältnissen stehen.« (Der deutsche Radiosender, dessen Namen Böhm nicht nennt, sendete diesen Teil des Gesprächs nicht.) Diese Provokation bezieht sich auf seine Einschätzung, dass weder der Bundestag noch die Öffentlichkeit auch nur annähernd über Art und Ausmaß der Israel-Palästina-Krise informiert seien. Während die einen – so ein Redak-

---

[26] Einen Monat vor der später zurückgenommenen Absicht der Regierung Netanjahu, die Westbank zu annektieren, warnten Micha Brumlik und ich auf hajofunke.wordpress.com in einem Offenen Brief: »Stoppen Sie den geplanten Völkerrechtsbruch durch Netanjahu!« (27.5.2020). Vergleiche für einen genaueren Blick: Böhme/Sterzing 2018; Böhm 2020; Hagemann 2010; ders. 2009; Funke/Sterzing 1989; Rensmann/Hagemann/Funke 2011: 243-276.

teur der *Welt* in *Titel Thesen Temperamente* – die Deutschen schlicht auffordern: Halten wir uns doch da raus, fordern Persönlichkeiten wie Schimon Stein, ehemaliger Botschafter Israels in Deutschland, Moshe Zimmermann und Omri Böhm ein Ende der Zurückhaltung. An die nichtjüdischen und jüdischen Deutschen gewandt, verlangt Böhm, dass sie sich nicht weiter um Tabus herumschlängeln, sondern »den Mund aufmachen«. Er verlangt, dass man sich klug und freimütig einmischt. Ein »verdruckstes Schweigen« führe geradezu zur Extremisierung der Debatten, zu »Schrei-Debatten«, wie er es nennt.[27]

Vor dem Hintergrund von Holocaust und Nakba – das heutige Dilemma und die Provokation Omri Böhms

Omri Böhm plädiert für ein neues Nachdenken in der Frage eines Kompromisses zwischen Israel und den Palästinensern, das nicht mehr nur auf die Zwei-Staatenregelung konzentriert bleibt. Zwar seien der Holocaust und die Nakba (die Vertreibung von Palästinensern während des israelischen Unabhängigkeitskriegs 1948) »die Hauptsäulen des zionistischen Denkens, (also) des Grundsatzes, dass es dem Zionismus wesentlich um die jüdische Souveränität geht und dass insofern eine jüdische demographische Überlegenheit um jeden Preis gewahrt werden muss« (Böhm 2020: 51). Die Weigerung, diesen künstlichen Grundsatz

[27] Angesichts der von Böhm beschriebenen anhaltenden Spannung des Nahostkonflikts empfiehlt sich in der Regel ein gewisses Maß an Zurückhaltung. Aber jeder, der einmal in Gaza oder auf der Westbank war, hat sehen können, wie sehr das Alltagsleben der Palästinenserinnen und Palästinenser ungerechterweise eingeschränkt ist und dass sie durch das militärische Besatzungsregime Demütigungen erleiden. Dies sind auch meine Erfahrungen aus wiederholten Besuchen in Israel, Gaza und der Westbank (1984, 1986, 2002, 2011 und 2016) – ich hatte jedoch regelmäßig den Eindruck, mehr erfahren zu müssen, um mich angemessen informiert an wissenschaftlichen und öffentlichen Debatten beteiligen zu können, und habe mich erst jetzt – erneut in den engen Grenzen, in denen ich das vermag – entschieden, mich zu äußern. Deswegen soll der folgende Abriss der Frage nachgehen, in welcher Weise die sich verstärkende Rechtsentwicklung vor allem nach dem Mord an Jitzchak Rabin 1995 durch die Härte, ja feindliche Haltung gegenüber den Palästinensern in Teilen der israelischen Politik Kompromisse immer unwahrscheinlicher macht und daher jederzeit in neue Kriege innerhalb und außerhalb Israels führen kann. Dabei ist meines Erachtens nicht entscheidend, den Vergleich mit dem Apartheidregime in Südafrika zu machen. Entscheidend ist, dass die systematische Diskriminierung der Palästinenser infolge des durch die schiere Dauer nicht mehr legitimen Besatzungsrechts als unerträglich wahrgenommen wird.

in einer Post-Zwei-Staatenwelt aufzugeben«, führe in eine entsetzliche politische Sackgasse. Dieser vermeintliche zionistische Grundsatz sei überhaupt kein zionistischer und ein weiteres Festhalten daran werde zur Zerstörung Israels und zur Vertreibung von Palästinensern führen (ebd.). In anderen Worten: Es sind die beiden so unterschiedlichen traumatischen Großereignisse – Holocaust und Nakba –, die im israelisch-palästinensischen Gebiet zu einer unauflöslich erscheinenden, weil traumatischen Verstrickung geführt hätten. Diese Verstrickung aufzulösen, bedürfe es eines neuen Ansatzes. Denn die jüdische Seite werde nichts unversucht lassen, die Überlegenheit des jüdischen Staates durch Siedlungsbau und Dominanz (in der Tradition einer Beherrschungskolonie und eben auch durch schleichende Annexionspläne) sichern zu wollen.

Die palästinensische Seite hingegen werde sich in dem Maße, in dem sie weiter eingezwängt wird, mit guten Gründen unterdrückt und untertan gemacht sehen, dagegen rebellieren und so die andere Seite in die Eskalation treiben. Angesichts dieses Dilemmas sieht Böhm eine andere Lösung keineswegs in einer Annexion, die die Lage der Palästinenser weiter verschlechtert, ihnen jede Hoffnung nimmt und damit ungeahnte Eskalationspotenziale enthält, sondern in der Anerkennung des Überlebensrechts der Juden, in einer eigenen gesicherten Entität zu leben und hierzu alle Sicherheitsgarantien zu haben, *und* zugleich in der Anerkennung der bürgerlichen Rechte der Palästinenser. Daraus folgert er zur Abwehr unkontrollierter Gewaltentwicklung zwei unabhängige Entitäten (im Sinne einer Föderation), die sich gegenseitig Staatsbürgerrechte gewähren und mit einer genau bestimmten, womöglich international gestützten Sicherheitsarchitektur gestützt werden.

Die Entwicklung der Nationalreligiösen seit 1967[28]

Von zentraler Bedeutung für die politische Rechtsentwicklung Israels war der fulminante Sieg des Landes über die angreifenden arabischen Nationen im Sechstagekrieg 1967. Mit der Eroberung der als *heiliges Land* bezeichneten Westbank war das erste Mal die Chance gegeben, auf die Rückkehr des gesamten jüdischen Volkes in das ganze Land Israel, *Eretz Israel*, zu setzen. Das ist der Kern der inzwischen verbreiteten Ideologie der nationalreligiösen Siedlerbewegung, die sich in den folgenden Jahren herausbildete und die Eroberung der biblischen Stät-

[28] Ich folge in diesem Abschnitt wesentlich Rensmann/Hagemann/Funke 2011: 243-275; wenn nicht anders angegeben, beziehen sich die Seitenzahlen auf diesen Text. Vgl. auch: Hagemann 2010.

ten als Zeichen eines jüdischen Erlösungsprozesses interpretierte. Dabei ging es um einen messianischen Prozess, der sich am Ende in einem mythischen goldenen Zeitalter biblischer Theokratie zeigen werde. Dieser Messianismus war mit der Vorstellung verbunden, selbst als Bewegung *aktiv* das goldene Zeitalter mit herbeizuführen. Es ist das Verständnis dieser Siedlerbewegung, dies als nationalreligiöses Kollektiv, das sich ethnisch darin einig ist, in Verbindung und zugleich in großer Distanz zum gegebenen Staat umzusetzen. Die Bewegung geht davon aus, dass diese Aufgabe das Volk als Ganzes erfüllen müsse (vgl. Rensmann/Hagemann/Funke 2011: 251).

Der überraschend klare und schnelle Sieg im Sechstagekrieg war in den Augen der messianischen Ideologen der Beginn einer Ära. Ihr spiritueller Mentor Rabbi Zwi Kook (1891-1982) nahm den Sieg als wunderbaren Hinweis für ein nationalrevolutionäres und religiöses Erwachen wahr, das letztlich zur politischen Erlösung führe. Nun sei die Eroberung und Besiedlung nicht nur religiös geboten, sondern aktive Aufgabe des jüdischen Volkes. Damit begann der Aufstieg des messianischen Fundamentalismus in Israel. Unmittelbar nach Kriegsende errichtete das Umfeld des Rabbiners Kook in großer Euphorie erste Siedlungen.

Der überraschende Angriff arabischer Nationen auf Israel und dessen Beinahe-Niederlage im Jom-Kippur-Krieg sechs Jahre später wurde indes in diesen Kreisen als Niederlage des bisher dominanten säkularen Zionismus interpretiert. Nur der *»wunderbare Sieg Gottes«* (Reiner Bernstein) habe eine Niederlage abgewendet. In dieser Stimmungslage kam es wenig später zur offiziellen Gründung der Siedlerbewegung *Gusch Emunim* (GE) (251f.). Mit ihr kam es zu einer organisatorischen Formierung des Kampfes zur Verteidigung und zur Besiedlung des biblisch bedeutungsvollen ganzen Israel (*Greater Israel*). Sie wurde zum – inzwischen entscheidenden – Akteur und Katalysator einer Transformation der israelischen Gesellschaft: mit einer kulturellen und politischen Revolutionsperspektive. Nur vier Jahre später wurde die Schwäche des bis dahin dominanten säkularen Zionismus in der Tradition Ben Gurions durch den Sieg des weiter rechtsgerichteten, revisionistischen Zionismus unter Menachem Begin und dem Likud-Block im Bündnis mit Gusch Emunim besiegelt: Mit der Wahl von Menachem Begin zum Ministerpräsidenten 1977 war das Kernmotiv der Siedlerbewegung politisch und gesellschaftlich legitimiert und anerkannt. Der nichtreligiöse Menachem Begin besuchte unmittelbar nach der Wahl die Siedlung Elon Moreh – mit einer Thora-Rolle in der Hand. (254) Innerhalb weniger Jahre wuchs die Zahl von 34 Siedlungen mit rund 5000 Bewohnern im

Jahr 1977 auf das mehr als Dreifache, nämlich auf 107 Siedlungen mit etwa 26.000 Siedlern. Sympathisanten von Gusch Emunim übernahmen wichtige Posten, die mit dem Bau von Siedlungen und dem Landerwerb in der Westbank betraut wurden. Die Likud-Regierungen von 1977 und 1984 unterstützten die Aktivitäten der Bewegung mit mehr als 1 Mrd. US-$ (ebd.). In deren Sicht bildeten nun Volk, Land und Thora eine spirituelle, machtvolle Einheit mit der Bibel als verpflichtender religiöser Offenbarung und kollektivem Ordnungsmodell (257).

Als aber nach dem Camp-David-Abkommen von 1978 der Rückzug aus dem Sinai verabredet und durchgesetzt wurde, war dies für die Bewegung ein prekärer Einschnitt der Realität im Verhandlungs-Kompromiss mit Ägypten. Erneut wurde dies als Herausforderung, als Test Gottes interpretiert, der dazu beitragen sollte, die Siedleraktivitäten noch zu steigern und zu beschleunigen (257).

Die 1980er Jahre waren von wachsenden Spannungen und vermehrter Gewalt zwischen Palästinensern und Israel, nicht zuletzt durch Palästinenser, durchzogen. Kurz nachdem der israelische Abzug vom Sinai Anfang 1982 vollzogen worden war, drangen israelische Truppen bis Beirut vor und beschossen mit christlichen Milizen Militärlager der PLO. Diese konnte sich nach Tunis retten, obwohl das Ziel dieser Militäraktion unter Sharon eigentlich die völlige Zerschlagung der PLO war (vgl. Böhme/Sterzing 2018: 45ff.). Monate später wurde durch die christlichen Bündnispartner vom 16. bis zum 18. September 1982 ein Massaker an Palästinensern in Sabra und Schatila in der Nähe von Beirut verübt. Ende 1987 schließlich kam es zur ersten, gewalttätigen *Intifada*, dem Aufstand der Palästinenser, der sich bis in die frühen 90er Jahre hinzog. Parallel wuchs allerdings international der Druck, in Verhandlungen einzutreten, zunächst mit der internationalen Friedenskonferenz in Madrid im Jahre 1991.

Entscheidende Wende: Vom Oslo-Abkommen zum Mord an Jitzchak Rabin 1995

Eine Kompromisslösung rückte allerdings erst mit der Regierungsübernahme durch Jitzchak Rabin von der Arbeitspartei 1992 näher, und zwar in einer Koalition mit jenen Teilen der israelischen Gesellschaft, die sich als parlamentarischer Arm der israelischen Friedenskräfte verstanden (vgl. Böhme/Sterzing 2018: 55). Unter Vermittlung des norwegischen Außenministers Johan Jørgen Holst wurden zwischen dem israelischen Außenministerium und der PLO Geheimgespräche in Norwegen geführt, die bis Sommer 1993 zur Ausarbeitung einer Grundsatzerklärung, dem Beginn des Oslo-Prozesses, beitrugen. Diese wurde im September 1993 im Beisein von Rabin, Arafat und Präsident Clinton unterzeichnet (ebd.: 56). Verbunden war dies mit der Anerkennung des Rechts des Staates Israel auf Existenz in Frieden und Sicherheit durch die PLO und dem Verzicht auf Terror und alle Arten von Gewalt (ebd.). Damit hatte die PLO das Existenzrecht Israels – und Israel die PLO als legitime Vertretung des palästinensischen Volkes anerkannt.

45 Jahre nach dem Unabhängigkeitskrieg leistete damit einer der frühen Kämpfer für die Unabhängigkeit des Staates Israel, Jitzchak Rabin – *die* Repräsentation des Generals in diesem Land – nach den Erfahrungen der Eskalation in der ersten Intifada die Anerkennung, und dann mit »voller Überzeugung«[29] die Umsetzung, dass es eines Abkommens mit den Palästinensern bedurfte. Die Intifada dauerte buchstäblich bis zum 13. September 1993, als Rabin und Jassir Arafat das erste Oslo-Abkommen unterzeichneten. (Vgl. Böhm 2020: 59) »Fast über Nacht hatte die Intifada zuvor den lange gehegten israelischen Glauben an eine aufgeklärte Besatzung erschüttert, also die Überzeugung, dass das israelische Militärregime ›human‹ war (nicht untypisch für ein Kolonialverständnis) und es den Palästinensern tatsächlich zugutekam, von israelischen Juden beherrscht zu werden. Dieser (…) kolonialistische Glaube an die Doktrin der aufgeklärten Besatzung hatte die etablierte zionistische Politik wenigstens zwei Jahrzehnte lang bestimmt (Böhm 2020: 60). Der Weg zu den Oslo-Abkommen war indes durch immer neue Selbstmordanschläge radikaler palästinensischer Gruppen und durch die vielfach schroffe Haltung des *Nein* durch den damaligen Anführer Arafat erschwert und für längere Zeiträume torpediert worden. Umso mutigere Schritte waren 1993 und 1994 die ersten Abkommen zwischen Arafat und Rabin. Dies lag wohl auch daran, dass beide ein Mindestmaß an Vertrauen in die gegenseitigen Absichten hatten entwickeln können. Der langjährige Leiter des psychosozialen Zentrums in Gaza, der Psychologe und Arzt Eyad Serraj, teilte mir bei meinem Besuch in Gaza mit, dass Arafat an die Friedens- und Kompromissfähigkeit Rabins geglaubt und ihm vertraut habe.

---

[29] Das ist das Urteil des langjährigen Mitstreiters von Jitzhak Rabin, insbesondere in seiner Funktion als der für Erziehung zuständige Offizier der israelischen Armee, des im Februar 2021 gestorbenen Mordechai Bar On, das er im August 2020 mir gegenüber ausgedrückt hat. Vergleiche zu den Chancen eines Friedenskompromisses in den ersten Jahrzehnten nach dem Sechs-Tage-Krieg: Mordechai Bar On: Chancen für den Frieden. In: Funke/Sterzing 1989.

Für die Siedlerbewegung indes war die Prinzipienerklärung im September 1993 ein dramatisches Alarmzeichen. Denn mit dem Oslo-Prozess war die Absage an nationalreligiöse Größe und ein Signal zur Normalisierung verbunden, ein Rückzug »aus den Gebieten exaltierter theologischer Erregung in die Ernüchterung säkularer Gegenwart« (Dan Diner, zitiert nach Rensmann/Hagemann/Funke 2011: 258). Der Oslo-Prozess griff die messianische Ideologie in ihrem Kern an und provozierte Gewalt. Das geschah in dem Moment, in dem die heilsgeschichtliche Bedeutung der Gegenwart infrage gestellt wurde. Kaum zufällig kam es am 25. Februar 1994 zum Anschlag von Baruch Goldstein, der 29 Palästinenser ermordete und über 100 Menschen verwundete, als er mit einer automatischen Waffe ausgerüstet das Feuer auf betende Muslime in der Grabstätte der Patriarchen in Hebron eröffnete (ebd.: 267).

Jitzchak Rabin selbst wurde 1995 in einer monatelangen Kampagne der gesamten israelischen Rechten, nicht zuletzt von dem Vertreter des Likud, Benjamin Netanjahu, angegriffen und bei Demonstrationen mit Hitler-Bärtchen und als SS-General – in gewissermaßen klassischem israelbezogenen Antisemitismus – zum Freiwild gemacht. Am 4. November 1995 ermordete ihn der rechtsextreme Jigal Amir während einer der größten Friedenskundgebungen, die Israel erlebt hatte.[30] Damit wurde erstmals der Repräsentant des Staates und nicht »nur« der arabische Feind Gegenstand eines Mordanschlags. Beide Attentäter suchten den Lauf der Geschichte zu verändern, um ihn wieder in eine messianische Richtung zu lenken. Dem war als Ergebnis eines fundamentalen Radikalisierungsprozesses eine De-Legitimierung staatlicher Autoritäten in der nationalreligiösen Siedlerbewegung vorangegangen. Es gab fundamentalistische Rabbiner, die die Tradition so diskutierten, dass Juden, die die Gemeinschaft betrügen oder durch ihre Taten das Leben unschuldiger Juden gefährden würden, verurteilt und ihnen gegenüber Gewalt angewandt werden könne; sie trugen zur Schaffung einer aufgeheizten Stimmung bei. Mit dem Mord an Rabin sanken die Chancen zu einem dauerhaften Kompromiss.

---

30 Wie Itzhak Rabins Witwe Lea Rabin in beeindruckenden Gesprächen bei ihren Besuchen in Berlin mitteilte, war Itzhak Rabin vor seinem Tod von der Notwendigkeit eines konsequenten Vermittlungsprozesses mit den Palästinensern zutiefst überzeugt. Siehe auch Rabin 1997.

Radikalisierungsschübe in der Siedlerbewegung seit 2005

Trotz der Versuche, etwa im Jahr 2000 doch noch zu einem Kompromiss zu kommen, war die Zeit nach 1995, erst recht seit der Regierungszeit Netanjahus ab 2009, durch eine Dominanz des rechten Lagers, der sich ausweitenden Siedler- und Siedlungspolitik und schließlich eine weiterreichende Instrumentalisierung des Holocaust zur konsequenten Bekämpfung einer Zwei-Staaten-Lösung geprägt.[31]

2005 wurde die Siedlerbewegung durch den Rückzug aus dem Gazastreifen erneut herausgefordert, auch weil der Rückzug vom *»Vater der Siedler«* – Sharon – in Gang gesetzt worden war. Der Gaza-Rückzug hatte zur Einsicht geführt, dass die Siedler nicht mehr im Herzen der Bevölkerung siedelten; sie hatten es nicht vermocht, den Rückzug aufzuhalten. Es kam zu bitteren Vorwürfen gegen den als zu pragmatisch kritisierten Siedlerrat, vor allem aber zur *Neugründung radikalisierter Hügeljugendaktivisten* und sich in diesem Kontext auch mit neuen Organisationen wie *Die Getreuen des Landes Israel* verbündeten, die 2005 nach dem Rückzug aus dem Gazastreifen von zwei Veteranen der Siedlerbewegung, Daniela Weiß und Mosche Levinger, gegründet worden war (Hagemann 2009: 396).[32] Diese und andere Organisationen einer radikalisierten Minderheit wandten sich insbesondere gegen die Pragmatik des Siedlerrats in der Frage des Rückzugs von Gaza. Die entschiedene Distanz zum Siedlerrat führte weniger zu einer Aufsplitterung als zu einer *weiteren Radikalisierung* von Gruppen, die den Bruch mit dem säkularen Zionismus vollzogen hatten und die nun verstärkt auf das ohnehin in der messianischen Ideologie angelegte Gewaltpotenzial zurückgriffen (427). So wie der Anschlag von Baruch Goldstein 1994 in einer Moschee in Hebron und der Mord an Rabin 1995 Akte messianischer Gewalt waren, stehen sie nicht am Anfang, sondern am Ende von Radikalisierungsprozessen (ebd.). Die Bereitschaft zur Gewalt hatte

---

[31] Für die heutige Instrumentalisierung des Holocaust dient auch die beeindruckende Erinnerungsstätte Yad Vashem, jedenfalls in der Sicht Netanjahus und seines Lagers. Das geschieht vor allem durch die Einladung extrem nationalistisch-autoritärer Politiker, wie dem ungarischen Antisemiten Viktor Orbán über den philippinischen Präsidenten Rodrigo Duharte, den niederländischen Rechtspopulisten Geert Wilders und weiterer. Es ist, als würde, so sarkastisch, Omri Böhm, eine AfD-Regierung in Jerusalem die Erinnerung an den Holocaust begehen.

[32] Ich habe Daniela Weiß bei unserem gemeinsam mit Martin Schäuble geführten Interview 2006 in der Siedlung Ariel als selbstbewusste und sehr entschiedene nationalreligiöse Anführerin wahrgenommen.

sich in der Selbstjustiz eines Teils der Bewegung niedergeschlagen und sich schon in den 1990er Jahren mit den genannten Attentaten und der Delegitimierung staatlicher Autoritäten während des Oslo-Prozesses ausgedehnt. (433)

Gründung der palästinensischen BDS-Bewegung

Die BDS-Bewegung wurde 2005 als gewaltlose Bewegung gegründet. Ihr Kürzel steht für Boykott, Desinvestitionen und Sanktionen. Vorbereitet worden war sie nicht zuletzt auf der Anti-Rassismus-Konferenz der Vereinten Nationen in Durban/Südafrika, im September 2001. Die vor allem von Palästinenserinnen und Palästinensern ins Leben gerufene zivilgesellschaftliche Bewegung ist eine Konsequenz palästinensischer Niederlage-Erfahrungen. Weder Verhandlungen im Rahmen des Oslo-Prozesses, erst recht nach dem Mord an Rabin, noch der bewaffnete Widerstand der 2. Intifada (2000-2005) hatten zu Fortschritten geführt (vgl. Asseburg 2019: 286, auch im Folgenden). Das Ziel war, inspiriert vom Anti-Apartheidskampf in Südafrika, nun durch gewaltlose Maßnahmen wie Boykott (Verbraucherboykott, akademischer und kultureller Bildungsboykott) sowie den Abzug von Investitionen und durch Sanktionen Druck auf Israel auszuüben. Ihre Ziele sind ein Ende der fortdauernden Besatzung von Westjordanland, Gazastreifen und Ostjerusalem, die Gleichstellung der palästinensischen Bürgerinnen und Bürger Israels und die (symbolische) Anerkennung des Völkerrechts der palästinensischen Flüchtlinge. Das Komitee mit Sitz in Ramallah legt dabei allerdings nur die grundsätzliche Ausrichtung fest und hat gegenüber einzelnen Gruppierungen keine Sanktions- oder disziplinarische Gewalt. Es wendet sich ausdrücklich gegen jede Form des Antisemitismus und hat inzwischen Unterstützer vom Friedensnobelpreisträger Desmond Tutu über britische Gewerkschaften, Stadtverwaltungen in Spanien bis hin zu jüdischen Gruppierungen und Einzelpersonen innerhalb wie außerhalb Israels (ebd.). Auch wenn sich in der deutschen Debatte kaum jemand mit den Zielen der BDS-Bewegung identifiziert – der Vorwurf des Antisemitismus, der der BDS-Bewegung im Wesentlichen von konservativen Persönlichkeiten in Deutschland oder Parteigängern von Netanjahus Politik gemacht wird, wurde ins Zentrum der deutschen Debatte zu lancieren versucht und sogar zum Gegenstand einer Resolution im Bundestag.

Netanjahu und seine Bündnispartner. Böhms Warnungen

Seit Netanjahus Amtsantritt als Ministerpräsident 2009 haben sich die extremen nationalreligiösen Siedlerbewegungen und ihr Anhang ins Zentrum politischen Einflusses und politischer Macht bewegt und prägen nun wesentlich die Agenda der Regierung mit.

Knapp zehn Jahre nach dem Teilabzug aus Gaza und der Radikalisierung der Siedlerjugend erfolgte die nächste Eskalation, nun zwischen Hamas in Gaza und der Regierung Netanjahu. Die *Zwei-Staaten-Lösung zweier Völker Seite an Seite*, wie sie noch Netanjahu 2009 formuliert hatte, war längst kein Thema mehr und nie ernst gemeint (Böhm 2020: 34). Nach dem Scheitern der Verhandlungen 2013/14 kam es zu einem womöglich vermeidbaren verheerenden Gaza-Krieg.

Wiederum ist es Omri Böhm, der uns auf die rechte Dynamik in der gegenwärtigen Politik Israels unerbittlich aufmerksam macht: Mit dem einem Grundgesetzartikel vergleichbaren Nationalstaatsgesetz – demzufolge Israel ein jüdischer Staat ist – im Juli 2018 habe Netanjahu mit dieser »Heuchelei« aufgehört.[33] Das neue Nationalstaatsgesetz legt fest, dass das Recht auf Selbstbestimmung im Staate Israel einzig für das jüdische Volk, also nicht mehr für die Palästinenser, gelte (35). Es hebt den bisherigen Status des Arabischen als eine Amtssprache in Israel auf und definiert die jüdische Besiedlung von Eretz Israel als nationalen Wert. Es untergräbt damit, so Böhm, die Gleichberechtigung, die die Unabhängigkeitserklärung 1948 allen Bürgern des Landes ohne Unterschied von Religion, Rasse und Geschlecht zugesichert hatte (ebd.). Parallel haben einige rechte Abgeordnete einen Plan entworfen, den man als Apartheid mit menschlichem Antlitz bezeichnen kann. Danach, so auch das Zentralkomitee des Likud, besteht die Idee darin, das West-

[33] Die einflussreiche israelische NGO B'Tselem erklärte am 12. Januar 2021: »Ein Regime jüdischer Vorherrschaft vom Jordan bis zum Mittelmeer: Das ist Apartheid. Mehr als 14 Millionen Menschen, etwa die Hälfte davon Juden und die andere Hälfte Palästinenser, leben unter einem einzigen Gesetz zwischen dem Jordan und dem Mittelmeer. Die allgemeine Wahrnehmung im öffentlichen, politischen, rechtlichen und medialen Diskurs ist, dass in diesem Bereich zwei getrennte Regime nebeneinander operieren, die durch die Grüne Linie getrennt sind. Das Regime innerhalb der Grenzen des souveränen Staates Israel ist eine stabile Demokratie mit etwa neun Millionen Einwohnern, allesamt israelische Staatsbürger. Das andere Regime in den 1967 übernommenen Gebieten Israels, dessen endgültiger Status in künftigen Verhandlungen festgelegt werden soll, ist eine vorübergehende militärische Besatzungszone mit etwa fünf Millionen palästinensischen Untertanen.« (B`Tselem, 12.1.2021)

jordanland zu annektieren und der Gesetzgebung Israels zu unterwerfen, ohne den Palästinensern ein Wahlrecht oder die Staatsbürgerschaft einzuräumen (36). Diese »humane Apartheid« gilt schon für die nach 1967 annektierten östlichen Teile der Stadt Jerusalem. Dort sind die arabischen Bewohner ständige Bewohner statt Staatsbürger (36). Andere wie Avigdor Lieberman treten offen für eine ethnische Säuberung durch Ausbürgerung ein (37).

Böhm zählt eine Reihe von ehemals als Rassisten bezeichneten Politikern auf, die entweder unmittelbar mit Netanjahu kooperieren oder Koalitionspartner waren oder sind. Entscheidend ist, dass Netanjahu diese extrem rechten, teils rassistischen und terroristischen Formationen inspiriert und planvoll an der Macht beteiligt: durch Ministerposten und enge politische Beziehungen.[34]

Der Minister für Jerusalem-Angelegenheiten, Rafi Péretz[35] sprach sich nicht nur für Annexion, sondern auch für die Institution der Apartheid

---

[34] Die Union der rechten Parteien ist ein Bündnis aus den rechts-religiösen Parteien HaBajit haJehudi (Jüdisches Heim, H.F.) und Tkuma (Wiedergeburt). Die Liste wurde im Februar 2019 gegründet; ursprünglich gehörte ihr auch die Partei Otzma Jehudit (Jüdische Macht, auch: Jüdische Stärke; eine ausgesprochen faschistische Kleinstpartei) an, die die Union der rechten Parteien allerdings im Juni 2019 verließ. Der Vorsitzende ist Rafi Peretz. Das Wahlbündnis vertritt die Interessen der jüdischen Siedler im besetzten Westjordanland und lehnt einen Palästinenser-Staat strikt ab. Für die Wahl im April 2019 schlossen die beiden Parteien, die wieder als gemeinsame Liste antraten, ein Wahlbündnis mit der ultrarechten Partei Otzma Jehudit (kahanistische Jüdische Stärke, H.F.). Insbesondere Ministerpräsident Netanjahu drängte die Parteien, sich zusammenzuschließen, um sicherzustellen, dass seinen potenziellen Koalitionspartnern der Einzug ins Parlament gelingt. Im April 2019 erreichte die Union der rechten Parteien 3,70% der Stimmen und fünf Sitze in der Knesset. (Laut Wikipedia, heruntergeladen am 1.7.2020) Tkuma (hebräisch תקומה, deutsch: Wiedergeburt) ist eine orthodox-jüdische, nationalistische Partei. Ihr Vorsitzender ist seit Januar 2019 der Knesset-Abgeordnete Bezalel Smotrich. Tkuma wurde 1998 gegründet, als Chanan Porat und Zvi Hendel die Nationalreligiöse Partei verließen. Zuerst wurde die Partei Emunim (Hebräisch: אמונים, Vertrauen) genannt, erhielt aber später den Namen Tkuma. (Laut Wikipedia, heruntergeladen am 1.7.2020)

[35] Rafael »Rafi« Peretz (* 7. Januar 1956 in Jerusalem) ist ein israelischer Militärseelsorger, orthodoxer Rabbiner, Brigadegeneral und Politiker der nationalreligiösen Partei HaBajit haJehudi. Im Kabinett Benjamin Netanjahu V, das im Mai 2020 gebildet wurde, übernahm er das Ministerium für Jerusalemer Angelegenheiten. Peretz ist der Sohn marokkanisch-jüdischer Einwanderer. Bereits 2014 machte er Schlagzeilen mit der Aussage, dass der Tempelberg für

aus (232), Avigdor Lieberman nicht nur für eine Apartheid, sondern die Vertreibung von Palästinensern aus ihren angestammten Wohnstätten. Schon 2014 hatte Lieberman mit seiner Partei *Unser Haus Israel* das Konzept entwickelt, Araber aus Jaffa oder Akko mit Zuwendungen für die Auswanderung zu überzeugen – eine Art freiwillige Umsiedlung (130).

Bezalel Smotrich, Chef der Partei Tkuma, bekannt geworden durch die Aussage: »Lasst den Gazastreifen von mir aus verrotten«, plädierte, als er Minister und Kabinettsmitglied war, für eine massive Auswanderung der Palästinenser. Tkuma erklärte 2017 einen sogenannten *Unterwerfungsplan* zum Programm. Darin ist die Annexion der Westbank vorgesehen, während die Palästinenser dort vor die Alternative gestellt werden sollten, die nationalen Bestrebungen aufzugeben und mit einem Aufenthaltsstatus, aber ohne Staatsangehörigkeit auf ihrem Territorium verbleiben zu können – ein Plan der Apartheid – oder freiwillig in eines der arabischen Nachbarländer mit Unterstützung Israels umzusiedeln; die dritte Alternative bestände darin, die Armee einzusetzen, falls sich Widerstand ergäbe. Das wäre nichts anderes als Krieg. Und er wusste dies biblisch zu begründen: Man solle sich der jüdischen Herrschaft beugen, das Land verlassen oder getötet werden (130f.) Dieser Unterwerfungsplan wurde von Netanjahu in einer Videobotschaft gefeiert: »Ich war hocherfreut zu hören, dass sie ihre Diskussion der Frage nach der Zukunft von Eretz Israel widmen.« (131) Die Losung Zangwills, dass der Zionismus »ein Volk ohne Land mit einem Land ohne Volk« zusammengebracht habe, war schon die Idee des revisionistischen Historikers Ben-Zion Netanjahu, des Vaters des gegenwärtigen Ministerprä-

---

Muslime von untergeordneter Bedeutung sei, da Jerusalem im Koran nicht erwähnt würde, den die meisten Muslime ohnehin nicht gelesen hätten. Peretz vertritt die Ansicht, dass die palästinensischen Gebiete vollständig annektiert werden sollten. Homosexualität hielt er bis zum 18. Juli 2019 für therapierbar. Aufgrund heftiger Proteste und der Absage des luxemburgischen Ministerpräsidenten Xavier Bettel bei der Verabschiedung der israelischen Botschafterin in Luxemburg erklärte Peretz, dass er Konversionstherapien entschieden ablehne. Wie schon Schmuel Sackett vor ihm, bezeichnet Rafael Peretz in einer Kabinettsitzung die Auswirkung von interreligiösen Ehen auf das Judentum als »zweiten Holocaust«. Dabei bezog er sich auf eine Untersuchung des Jerusalemer Instituts für Politik des jüdischen Volkes (JPPI). Der Bericht besagt, dass US-amerikanische Juden zurzeit mehrheitlich Nicht-Juden heiraten. (Nach Wikipedia, heruntergeladen am 6.7.2020.)

sidenten; er hatte die Reden Zangwills, eines begeisterten Verfechters der palästinensischen Umsiedlung, publiziert.

Benjamin Netanjahu setzte sich inzwischen dafür ein, dass die *Union der rechten Parteien* auch Politiker der *jüdischen Macht* (Otzma Jehudit aus der terroristischen Meir-Kahane-Tradition), nach Böhm eine explizit faschistische Partei, die Israels Oberster Gerichtshof bislang von der Teilnahme an Wahlen ausgeschlossen hatte, auf ihre Wahl-Liste setzte. Diese Partei spricht sich nicht nur für die Zwangsumsiedlung sämtlicher Araber aus; auf dem Höhepunkt des Oslo-Prozesses rechtfertigte sie zudem die Ermordung Rabins (132). Die enge Verbindung Benjamin Netanjahus mit der extremen, teils rassistischen Rechten zeigte sich auch in der Vorbereitung der Knesset-Wahlen im März 2021: Netanjahu ist daran interessiert, dass die rassistische Rechte um Smotrich (nun: National Union) und Otzma Yehudit erneut erfolgreich ist und so ein für ihn wichtiger Bündnispartner werden kann.

Die Politik der extremen, teils nationalreligiösen Siedlerbewegungen und ihres Anhangs hat dazu geführt, dass sie die Agenda der Regierung Netanjahu mitbestimmen. Der besonders rechtslastige Naftali Bennett, ehemals ein Zögling Netanjahus, hat die gegen Palästinenser gerichtete Agenda so radikalisiert, dass nun wiederum Netanjahu und sein ebenfalls radikalisierter Likud deren Zielen zu entsprechen sucht, um an der Macht zu bleiben. Mit Unterstützung radikalnationalistischer, teils rassistischer autoritärer Rechtspopulisten (von Donald Trump über Jair Bolsonaro bis zum Antisemiten Viktor Orbán) hatte Benjamin Netanjahu noch in der zweiten Jahreshälfte 2020 bis zur Niederlage Donald Trumps auch seine eigene Agenda nach außen wie nach innen radikalisiert.

Was als Randerscheinung begann und von rechtsextremen Organisationen und der Siedler-Lobby vertreten wurde, ist zu einer rechten Mainstream-Haltung im Land avanciert. Omri Böhm betont: »Als 1993 das erste Osloer Abkommen unterzeichnet wurde, lebten etwa eine Viertelmillion Siedler im Westjordanland und rund um Jerusalem. Inzwischen leben ungefähr mit 10% etwa das Dreifache der jüdischen Bevölkerung Israels in besetzten Gebieten, verbunden über eine Infrastruktur von Autobahnen, öffentlichen Schulen, Fabriken und Banken. Inmitten von fast 3 Millionen Palästinenserinnen und Palästinensern, die nunmehr seit mehr als einem halben Jahrhundert Israels aggressivem Militärregime unterworfen sind.« (Böhm 2020: 31).

Große, zum Teil bewusst geplante Siedlungskomplexe reichen inzwischen weit in die Westbank. In Ma'ale Adomim z.B. leben 40.000 Menschen, in Ariel 20.000 Einwohner im Herzen der Westbank. Schon die Räumung von 8.400 Siedlern in Gaza-Gebiet wird in der israelischen Gesellschaft als Trauma erinnert. Noch 1980 sah Sharon kein einziges Gebiet mehr, das wem auch immer übergeben werden konnte, das Siedlungsprojekt sei eine vollendete Tatsache, ein »Skelett«, das im Westjordanland abgelegt worden sei und » jeden territorialen Kompromiss« verhindere. Damals zählte Ariel noch wenige 100 Einwohner, während 2018 Sheldon Adelson, Hauptspender für Donald Trumps Wahlkampf, die nötigen Mittel zur Einrichtung der Adelson-Fakultät für Medizin an der Universität Ariel in Samarien spendete (ebd.: 33).

Chancen zu einem Nahost-Kompromiss?[36]

Mit der Ablösung von Trump als US-Präsident sind die von diesem und Netanjahu auf die Seite gelegten Kompromiss- und Friedensgespräche mit den Palästinensern unter erschwerten Bedingungen wieder auf dem Tisch. Nicht zuletzt dazu braucht es eine offene Debatte, in der über die Chancen der Palästinenser, aus der diskriminierenden Abhängigkeit herauszutreten, ernsthaft, gerade auch in Deutschland, diskutiert werden sollte.

Omri Böhm wies im Gespräch mit Schimon Stein, Moshe Zimmermann und Micha Brumlik (Böhm u.a. 2021) sarkastisch darauf hin, dass die Rechte sich systematisch in Richtung einer Politik der Annexion, der Apartheid oder sogar der Vertreibung bewege. Auch in Trumps »Jahrhundertdeal« war von der Ausbürgerung arabischer Israelis (ebd.: 56) die Rede. Moshe Zimmermann plädiert in der Frage, ob eine Zwei-Staaten-Lösung noch realistisch sei, nicht für ein Entweder-Oder, sondern für ein Sowohl-als-auch. »Die Zweistaatenlösung kann meines Erachtens weiterbestehen, kann weiter erfolgreich sein. Und im selben Atemzug werde ich für eine konföderative oder föderative Lösung plädieren.« (57) Omri Böhm tritt – wie in seinem Buch – für eine zionistische Tradition ein, die sich auf einen Wunsch nach Selbstbestimmung, nicht aber auf (staatliche) Souveränität bezieht, und will so Zionismus von einem ethnischen Verständnis befreien. (59) Dies schließt eine Kritik an einer Politik ein, die in den letzten Jahren keinen entscheidenden Schritt zur fairen Regelung der Probleme der diskriminierenden Besatzung angeboten hat.

[36] Die amerikanische jüdische Organisation *J Street* fordert laut Haaretz vom 5.1.2021 Joe Biden auf, die bisherige Politik der Unterstützung einer »Creeping Annexation« (schleichenden Annexion) schnellstmöglich aufzugeben.

Könnten die Europäer, so ließe sich weiter fragen, einschließlich Deutschland, sich aktiver als bisher um eine Zwei-Staaten-Regelung bzw. um einen Status, der den Palästinensern faire soziale und vor allem Bürgerrechte gewährt, bemühen? Und dies gerade im Wissen darum, dass die (teils extreme) Rechte um Netanjahu, Bennett oder Lieberman auch nach den nächsten Wahlen im März 2021 in Israel eine Kompromissregelung verhindern will? So begrüßenswert die Friedensverabredungen mit arabischen Staaten sind, sie sind erst dann glaubwürdig, wenn sich nicht nur in Israel eine politische Haltung wiedergewinnen lässt, die auch das Kernproblem des Nahostkonflikts, eine faire Regelung der Rechte der Palästinenser durchzusetzen, angeht. Es reicht nicht, Friedensverabredungen zu organisieren, aber zugleich in deren Schatten umso ungehinderter »die völkerrechtswidrige Zersiedelung der Palästinensergebiete durch Israel« zu tolerieren (vgl. Andrea Nüsse, Tagesspiegel vom 22.12.2020).

Teil 2: Die rassistische »Unterwerfung der Welt«

Titelblatt von Thomas Hobbes' Leviathan (1651). Zu sehen ist der Souverän, der über Land, Städte und deren Bewohner herrscht. Sein Körper besteht aus den Menschen, die in den Gesellschaftsvertrag eingewilligt haben. In seinen Händen hält er Schwert und Hirtenstab, die Zeichen für weltliche und geistliche Macht. Überschrieben ist die Abbildung durch ein Zitat aus dem Buch Hiob: »Keine Macht auf Erden ist mit der seinen vergleichbar«.

»Das Politische in unserer Zeit muss von dem Imperativ ausgehen, die Welt gemeinsam zu rekonstruieren. Damit die Idee der Entkolonialisierung in planetarischem Maßstab irgendeinen Wert hat, kann sie nicht von der Annahme ausgehen, dass ich reiner bin als mein Nachbar.«

Achille Mbembe

Zu dem Erstaunlichen und Betrüblichen der Angriffe Felix Kleins auf Achille Mbembe im Jahr 2020 gehört, dass sie ohne die Kenntnis der Kernideen seines Werks auskamen. Das gilt nahezu für dessen gesamten Umfang, insbesondere für die *Kritik der schwarzen Vernunft*, für seine Erzählung der Tragödie Afrikas und für seine philosophisch-historischen Reflexionen zum *Schwarzsein.* Im Folgenden geht es um den Versuch, mit Mbembes »Kritik der schwarzen Vernunft«[37] die Ära einer 500-jährigen rassistischen »Unterwerfung der Welt«[38] und ihre immense Bedeutung für den sich entfaltenden (agrarischen) Kapitalismus wenigstens ansatzweise ins Bewusstsein zu rufen. Der transatlantische Sklavenhandel, an dessen Beginn vor 400 Jahren im Jahr 2019 erinnert wurde, hatte mit der darauf aufbauenden Plantagenökonomie den Durchbruch des agrarischen Kapitalismus bewirkt; er war gekennzeichnet von absoluter Unterdrückung, Verbrechen an Sklaven und einem diesen legitimierenden Rassismus. Achille Mbembe lotet Tiefe und Dauer dieses jahrhundertelangen rassistischen Verbrechens historisch und literarisch aus und versucht ihm mit den Worten *Neger* und *Afrika* buchstäblich auf den Grund zu gehen. Zudem erinnert er an die von Fanon beobachteten physischen und psychischen Traumata im Krieg Frankreichs gegen Algerien in den 1950er Jahren. Das Maß an Demütigung und Vernichtung ist indessen nur der Ausgangspunkt dafür, dass Mbembe aus diesen Erfahrungen, inspiriert von dem großartigen Lyriker und Philosophen Aimé Césaire und dessen Schüler Frantz Fanon für eine wirkliche Gleichheit und Freiheit eintritt, der sich Gesellschaft und Politik international verpflichten sollten.

In »Kritik der schwarzen Vernunft« geht Achille Mbembe auf die »Ur«-Szenen der Versklavung und des Rassismus in das 15. und 16. Jahr-

---

[37] Bei den im Folgenden vermehrt zitierten Schriften von Achille Mbembe wird *Kritik der schwarzen Vernunft* (2014) mit *Kritik* und *Politik der Feindschaft* (2017) mit *Politik* zitiert. Wird eine Quelle hintereinander zitiert, so finden sich lediglich in Klammern gesetzte Seitenzahlen aus dieser Quelle.

[38] So der Titel von Wolfgang Reinhards 2016 erschienener 1648-seitiger, unübertroffener Kolonialgeschichte.

hundert zurück, den Handel mit Sklaven und die Plantagen bzw. Bergbaukolonien, auf die frühe europäische Expansion in Richtung der Kanarischen Inseln, Madeiras, der Azoren und der Kapverden, die zu den Anfängen einer Plantagenwirtschaft unter Einsatz afrikanischer Sklaven führte. (*Kritik:* 33) »Die Verwandlung Spaniens und Portugals aus Kolonien am Rande der arabischen Welt zu treibenden Kräften in der europäischen Expansion jenseits des Atlantiks fällt mit dem Zustrom von Afrikanern auf der iberischen Halbinsel zusammen. Sie beteiligen sich am Wiederaufbau der iberischen Fürstentümer nach der großen Pest und der großen Hungersnot im 14. Jahrhundert.« (34) Damals war die Halbinsel über die von den Mauren kontrollierten, durch die Sahara führenden Routen mit Sklaven versorgt worden. Das änderte sich um 1440, »als die Iberer über den Atlantik direkten Kontakt zu West- und Zentralafrika aufnahmen. Die ersten Schwarzen, die Sklavenraubzügen zum Opfer fielen und auf öffentlichen Märkten verkauft wurden, trafen 1444 in Portugal ein. Von 1450 bis 1500 nahm die Zahl der ›erbeuteten‹ Schwarzen beträchtlich zu. In der Folge verstärkte sich die afrikanische Präsenz, und jedes Jahr kamen Tausende von Sklaven nach Portugal, sodass ihr Zustrom sogar die demographische Zusammensetzung in manchen iberischen Städten« verändert habe: »So etwa in Lissabon, Sevilla und Cadiz, deren Bevölkerung Anfang des 16. Jahrhunderts zu nahezu 10% aus Afrikanern bestand.« (34) Als nach 1492 die Eroberung Amerikas begann, gelangten afrikanische Sklaven in Begleitung der Seeleute in die Handelsstationen, auf die Plantagen und in die städtischen Zentren des Kolonialreichs, etwa im kolonialen Mexiko. Sie wurden in Feldzügen eingesetzt (Puerto Rico, Kuba, Florida) und gehörten auch zu den Regimentern des Hernán Cortez, die 1519 Mexiko angriffen (35).

1. Sklavenhandel, Kapitalismus und Amerika[39]

Im 16. Jahrhundert kam es zum berüchtigten *Dreieckshandel* zwischen Afrika, Amerika einschließlich der Karibik und Europa, zu einer neuen Dynamik, einem unablässigen Hin und Her zwischen den Küsten ein- und desselben Ozeans, zwischen den Häfen West- und Zentralafrikas und denen Amerikas und Europas. Dies geschah auf der Basis einer Ökonomie, die ihrerseits riesige Mengen an Kapital, den Transfer von Edelmetallen und landwirtschaftlichen Erzeugnissen, die Entwicklung des Versicherungswesens, der Buchführung und der Finanzbranche nach sich zog (Kritik: 35). Nach dem 17. Jahrhundert überstieg die Zahl der in den atlantischen Besitzungen Großbritanniens ankommenden Afrikaner bei Weitem die der Europäer – die große Zeit des Britischen Empires – bis hin zum Unabhängigkeitskrieg in Neuschottland, Virginia oder Carolina (36).[40]

Mbembe misst dem für die amerikanische industrielle Entwicklung zentralen Handel mit schwarzen Sklaven entscheidende Bedeutung für

---

[39] Wolfgang Reinhard datiert den Beginn des Sklavenhandels auf Mitte des 15. Jahrhunderts, und zwar initiiert durch Portugiesen, welche als erste von ihrem geographisch günstig gelegenen Heimatland aus vor allem mit der Westküste Afrikas Sklavenhandel betrieben (Reinhard 2016: 453). Der transatlantische Sklavenhandel umfasste nach neueren Rekonstruktionen zwölfeinhalb Millionen aus Afrika exportierte und 10,7 Millionen in Amerika importierte Sklaven. Das heißt, 13,7% von ihnen überlebten die Reise nicht, das entspricht mehr als 2 Millionen. Das Selbstverständnis der sich entwickelnden Expansionsnationen, sozusagen berechtigt zu sein, Sklaven zu halten und zu verkaufen, resultiert daraus, dass der Freiheitskultur der einen keine Gleichheitskultur der vielen entsprach. In Europa und an vielen anderen Orten auf der Welt war im 17. Jahrhundert die ungleiche Behandlung sozialer oder ethnischer Gruppen eine Selbstverständlichkeit. (455) Als ein Begründungsbedarf für die Ungleichbehandlung der Menschen entstand, wurden die versklavten Afrikaner auch rassistisch für minderwertig erklärt; der Rassismus diente der Legitimation der Sklaverei (ebd.). Von großer Bedeutung schon seit dem 7. Jahrhundert war indes auch insbesondere im nordafrikanisch-arabischen Raum der von Muslimen betriebene Sklavenhandel, wie er eindrücklich von dem senegalesischen Wissenschaftler Tidiane N'Diaye (2010) analysiert wurde. Die Versklavung der Schwarzafrikaner durch muslimische Eroberer beläuft sich nach Schätzungen des Autors auf mindestens 17 Millionen.

[40] Von spezifischer Bedeutung ist der Beitrag der Afro-Lateinamerikaner und der Sklaven aus Afrika zur geschichtlichen Entwicklung Südamerikas (Kritik: 38).

den Beginn der Moderne bei. Er verweist auf das Buch Black »Atlantic« (*Politik:* 24) von Paul Gilroy, demzufolge die Arbeitskräfte *afrikanischer* Herkunft in ein gewaltiges Projekt zur Unterwerfung der (Um-)Welt zum Zweck ihrer rationalen und gewinnbringenden Verwertung einbezogen wurden (25). Sklaven hatten in Virginia, in Kuba oder im nördlichen Teil Südamerikas nach im Kern rassistischen Prinzipien zu »leben«. Sie wurden benutzt oder als überflüssig verworfen (ebd.). »Nicht nur zahlreiche Männer, die jetzt noch im Müßiggang leben und ein Gewicht, eine Last darstellen und diesem Königreich nichts einbringen, werden auf diese Weise zum Arbeiten gebracht, auch ihre Kinder im Alter von zwölf oder 14 Jahren oder darunter werden vom Müßiggang abgehalten, weil sie zahlreiche unbedeutende Dinge herstellen, die für dieses Land vielleicht gute Handelswaren darstellen«, wie dies einer der von Mbembe zitierten Interpreten der amerikanischen Sklavenhaltergesellschaft zu Beginn des 17. Jahrhunderts feststellte (26). In der Plantagenwirtschaft, die sich in der zweiten Hälfte des 17. Jahrhunderts ausdehnte, kam es zu äußerster Erniedrigung und radikaler Selbstaufgabe. Die Gesetzgebung verschärfte, durch bürgerliche Entrechtung, die Ausdehnung einer lebenslangen Unterjochung auf Kinder und Nachkommen, sie bewirkte die weitgehende oder totale Rechtsunfähigkeit der Subjekte, schuf somit eine schwarze Struktur der Welt (45f.). Achille Mbembe betont insgesamt die Zentralität der Sklavenhaltergesellschaft am Beginn der Formierung der Vereinigten Staaten.

1619-2019: 400 Jahre Sklaverei und Rassismus

Exakt 400 Jahre nach der ersten Verschiffung von Sklaven an die amerikanische Ostküste erinnerte das *»1619 Project«* des *New York Times Magazine* an dieses Ereignis und bewertete die Sklavenhaltung als eine der entscheidenden Ressourcen für den Aufstieg der späteren Vereinigten Staaten zur kapitalistischen Großmacht. Der anerkannte Soziologe Matthew Desmond analysiert die Plantagenökonomie in den Jahrzehnten und Jahrhunderten nach dem Beginn der Sklaverei in den (späteren) Südstaaten der USA: »Um die Brutalität des amerikanischen Kapitalismus zu verstehen, müssen wir mit der Plantagenwirtschaft beginnen.« (14.8.2019, New York Times Magazine)[41] Dem Autor zufolge ist die

[41] Deutschlandfunk Kultur erinnerte am 30.9.2019 – mit einem an das *1619 Project* angelehnten Podcast in mehreren Folgen – an die »Gewalt als Teil der amerikanischen Gründungsgeschichte«. In der ersten Folge geht es vor allem um die Declaration of Independence 1776 – das Gründungsdokument der Ver-

Sklaverei ein Grundstein des phänomenalen Reichtums Einzelner in den USA. Die Baumwolle, angebaut und gepflückt von Sklavenarbeitern, war von zentraler Bedeutung für den US-amerikanischen Export.

»Diejenigen, die nach Gründen für die einzigartige Strenge und Zügellosigkeit der amerikanischen Wirtschaft suchen, haben an vielen Stellen Antworten gefunden (Religion, Politik, Kultur). Aber in letzter Zeit haben Historiker überzeugend auf die Felder von Georgia und Alabama hingewiesen, auf die Baumwoll- und Sklavenauktionshäuser, als Geburtsstätte von Amerikas ›Low-Road‹-Ansatz des Kapitalismus. – Die Sklaverei war unbestreitbar eine Quelle phänomenalen Reichtums. Am Vorabend des Bürgerkriegs gab es im Mississippi-Tal mehr Millionäre pro Kopf als irgendwo sonst in den Vereinigten Staaten. Die von versklavten Arbeitern angebaute und gepflückte Baumwolle war das wertvollste Exportgut der Nation. Der Gesamtwert der versklavten Menschen überstieg den aller Eisenbahnen und Fabriken der Nation. In New Orleans gab es eine dichtere Konzentration von Bankkapital als in New York City. Was die Baumwollwirtschaft in den Vereinigten Staaten aufblühen ließ und nicht in all den anderen weit entfernten Teilen der Welt mit für die Ernte geeigneten Klimazonen und Böden, war die unbeirrbare Bereitschaft unserer Nation, Gewalt gegen nicht-weiße Menschen anzuwenden und ihren Willen auf scheinbar endlose Vorräte an Land und Arbeitskräften auszuüben.

Vor die Wahl gestellt zwischen Modernität und Barbarei, Wohlstand und Armut, Rechtschaffenheit und Grausamkeit, Demokratie und Totalitarismus, entschied sich Amerika für all das. – Fast zwei durchschnittliche amerikanische Lebenszeiten (79 Jahre) sind seit dem Ende der Sklaverei vergangen, nur zwei. Es ist nicht überraschend, dass wir immer noch die drohende Präsenz dieser Institution spüren können,

---

einigten Staaten. Erzählt wird, wie Thomas Jefferson feierlich dieses Dokument entwirft und die Sätze schreibt, die heute alle US-Amerikaner auswendig aufsagen können – um dann darauf hinzuweisen, auf was für einer Heuchelei diese Worte beruhen. Denn Thomas Jefferson hatte selbst einen Sklaven im Teenageralter, den Halbbruder seiner Frau. Anhand solcher Momente zeigt der Podcast sehr anschaulich, wie jene, die am lautesten von Unabhängigkeit redeten, selbst die größten Sklavenhalter waren. In Folge zwei geht es um die Ökonomie der Sklaverei, also darum, wie die Baumwollindustrie und die Sklaverei zum Rückgrat der amerikanischen Wirtschaft wurden – und im Grunde auch des globalen Banken- und Kreditsystems. (www.deutschlandfunkkultur.de/new-york-times-podcast-1619-ueber-sklaverei-die-heuchelei.2156.de.html?dram:article_id=460004)

die dazu beitrug, eine arme, junge Nation in einen finanziellen Koloss zu verwandeln. Das Überraschende hat mit den vielen unheimlich spezifischen Arten zu tun, wie die Sklaverei in unserem Wirtschaftsleben immer noch zu spüren ist. ›Die amerikanische Sklaverei ist notwendigerweise in die DNA des amerikanischen Kapitalismus eingeprägt‹, schreiben die Historiker Sven Beckert und Seth Rockman. Die Aufgabe besteht nun darin, »die dominanten und rezessiven Züge zu katalogisieren«, die an uns weitergegeben wurden, und die beunruhigenden und oft unerkannten Abstammungslinien nachzuzeichnen, durch die Amerikas nationale Sünde nun auf die dritte und vierte Generation übertragen wird.«

»Sie pflückten in langen Reihen, gebeugte Körper schoben sich durch weiß blühende Baumwollfelder. Männer, Frauen und Kinder pflückten, mit beiden Händen, um die Arbeit zu beschleunigen. Einige pflückten in Negerkleidung, ihr Rohprodukt kehrte über die Mühlen in Neuengland zu ihnen zurück. Einige pflückten völlig nackt. Kleine Kinder liefen mit Wasser über die buckligen Reihen, während Aufseher von Pferden aus auf sie hinunterschauten. Die versklavten Arbeiter legten jede Baumwollkapsel in einen Sack, den sie sich um den Hals hängten. Ihre Beute wurde gewogen, nachdem das Sonnenlicht von den Feldern gewichen war und man, wie sich der Freigelassene Charles Ball erinnerte, ›das Unkraut nicht mehr von den Baumwollpflanzen unterscheiden konnte‹. Wenn die Ausbeute zu gering war, wurden die versklavten Arbeiter oft ausgepeitscht. ›Ein kurzer Arbeitstag wurde immer bestraft‹, schrieb Ball. – Baumwolle war für das 19. Jahrhundert das, was Öl für das 20. Jahrhundert war: eine der meistgehandelten Waren der Welt. Baumwolle ist überall, in unserer Kleidung, in Krankenhäusern, in Seife. Vor der Industrialisierung der Baumwolle trugen die Menschen teure Kleidung aus Wolle oder Leinen und bezogen ihre Betten mit Fellen oder Stroh. Wer die Baumwolle beherrschte, konnte ein Vermögen machen. Aber Baumwolle brauchte Land. Ein Feld konnte nur wenige Jahre in Folge Baumwolle anbauen, bevor der Boden ausgelaugt war. Pflanzer sahen zu, wie Äcker, die anfangs 1.000 Pfund Baumwolle produzierten, ein paar Jahre später nur noch 400 Pfund erbrachten. Der Durst nach neuem Ackerland wurde nach der Erfindung der Baumwollentkörnungsmaschine in den frühen 1790er Jahren noch größer. Vor der Entkörnungsmaschine bauten die versklavten Arbeiter mehr Baumwolle an, als sie reinigen konnten. Die Entkörnungsmaschine durchbrach den Engpass und machte es möglich, so viel Baumwolle zu reinigen, wie man anbauen konnte.« (Ebd.)

Für die Plantagen, vor allem Tabakplantagen, lohnte die schnell wachsende Zufuhr von westafrikanischen Sklaven. Als sich die englischen Kolonisten in Süd-Carolina, Alabama und Mississippi ausdehnten, explodierte der Bedarf: Früchte, Reis und Wolle waren begehrt, ebenso weiterhin Sklaven (ebd.). 1860 schufen vier Millionen Sklaven einen hohen Produktionsanteil. Ta-Nehisi Coates schrieb, den Historiker James McPherson zitierend:

»›... um 1860 lebten im unteren Mississippi-Tal mehr Millionäre (alles Sklavenhalter) als irgendwo sonst in den Vereinigten Staaten. Im selben Jahr waren die fast 4 Millionen amerikanischen Sklaven etwa 3,5 Milliarden Dollar wert, was sie zum größten einzelnen finanziellen Vermögenswert in der gesamten US-Wirtschaft machte, mehr wert als alle Industrieunternehmen und Eisenbahnen zusammen. Der Krieg wurzelte natürlich in diesen beiden expandierenden und konkurrierenden Volkswirtschaften – aber um was konkurrierten sie? Was schließlich die politische Kultur Amerikas zerriss, war die Ausbreitung der Sklaverei in die westlichen Territorien.‹ Ich zitiere das oft, weil es der Vorstellung widerspricht, die Versklavung sei eine Nebensache der amerikanischen Geschichte, und sie als grundlegend etabliert.« (Coates 2014)

Die Gewalt des Sklavenhandels und der Rassismus als Bedingungen des Kapitalismus[42]

Die gewaltsame Ungleichbehandlung war für die Entfaltung des Kapitalismus vom ausgehenden 16. bis zum Anfang des 18. Jahrhunderts und eines darauf bezogenen Warenaustauschs konstitutiv. Sie war auch relevant dafür, dass sich der (Hoch-)Kapitalismus in der Zeit der industriellen Revolution entwickeln konnte. Die Folge des Sklavenhandels für die neue Welt bestand »aus der künstlichen Welt Plantagenamerikas mit ihrer neuen Bevölkerung afrikanischer Zwangsmigration; sie prosperierte in Brasilien im 17. Jahrhundert, in der westeuropäischen Karibik im 18., auf Kuba und im Süden der USA im 19.« (Reinhard 2016: 467) »Die begehrten europäischen Importe« für den afrikanischen Atlantikhandel ließen sich im 18. Jahrhundert »am besten mit Menschen bezahlen« – mit im Übrigen verheerenden Folgen für die Bevölkerungsentwicklung Afrikas (ebd.: 467f.). »Vom Sklavenhandel (gingen) beträchtliche Wirkungen auf die Schifffahrt, auf das Kreditwesen und auf manche Zweige der Warenproduktion aus«; insbesondere profitierten Hafenstädte wie Nantes oder Liverpool vom Sklaven-

[42] Im folgenden Abschnitt stütze ich mich stark auf Reinhard 2016.

handel (469). Über Hafenstädte »drang der Sklavenhandel auch in Teile des Binnenlandes«. In »Suhl (heute Thüringen) wurden (beispielsweise) Musketen für Afrika gefertigt«. Europa bzw. Indien produzierte einen Großteil der für Afrika benötigten Baumwollwaren, ehe diese von Leinenstoffen abgelöst wurden, die vor allem aus Deutschland kamen und über Hamburg nach Westeuropa vermarktet wurden; Hamburg hatte um 1800 allein »400 Raffinerien für westindischen Zuckerbetrieb«; etwa die Hälfte der Hamburger Bevölkerung lebte damals von Ablegern des Sklavenhandels. (470)

»Das Wachstum des (...) britischen Handels im 18. Jahrhundert etwa«, v.a. in der 2. Jahrhunderthälfte, »dürfte die Verlagerung des wirtschaftlichen Schwerpunkts auf den industriellen Sektor beschleunigt haben« (471). »Denn Exportorientierung allgemein und Export von Gewerbeerzeugnissen im Besonderen galten (...) als Merkmale moderner Wirtschaft. Wenn das Wachstum des Atlantikhandels aber nur durch die aggregierte Arbeitsleistung der Afrikaner und ihrer Nachkommen in der Neuen Welt möglich war, wird der Sklavenhandel wieder zur Bedingung der Industrialisierung.« (471f.)

Das 18. und der erste Teil des 19. Jahrhunderts waren die quantitativen Höhepunkte des transatlantischen Sklavenhandels, begonnen von Spanien und Portugal, dann vor allem betrieben von Großbritannien, aber auch den Niederlanden, den Vereinigten Staaten, Frankreich und Dänemark (460). »Auf der europäischen Seite waren zeitlich die ersten Sklavenhändler die Portugiesen. Sie haben zusammen mit den Brasilianern (knapp die Hälfte der Sklaven), mit einem Höhepunkt im zweiten Viertel des 19. Jahrhunderts, transportiert (46,7%), überwiegend aus Angola nach Brasilien.« (459). Die Briten stiegen Mitte des 17. Jahrhunderts ein und verschifften 26% der Sklaven, mit einem Höhepunkt in der zweiten Hälfte des 18. Jahrhunderts. Die Franzosen kamen auf 11% und handelten mit Sklaven bis zum Jahr 1848. »Briten und Franzosen kauften in Westafrika sowie im nördlichen Westzentralafrika Sklaven und belieferten die Kolonien in der Karibik (und) das spanische Amerika.« Auch Dänemark hat mit über 100.000 Sklaven den Handel »nach Westindien bestritten«, darin ist auch »Brandenburg mit angeblich 30.000 von der Guinea-Küste nach Westindien gelieferten Afrikanern enthalten«. (460)

Die entscheidenden Phasen der ersten Dynamik im frühen Kapitalismus als Bedingungen der weiteren Dynamik im Hochkapitalismus wären ohne Art und Ausmaß und Nutzung des Sklavenhandels nicht so verlaufen. Trotz der Kritik eines Bartolomé de las Casas: Ohne die gewalttätige Fesselung und Nutzung von Sklaven hätte sich der Kapitalismus so nicht konstituieren und entwickeln können. Bedingung für die gewissermaßen reibungslose Entwicklung und Ausdehnung des Sklavenhandels und der Ausbeutung der Sklaven war im Maße der Erfahrung der Ungleichbehandlung der diese legitimierende Rassismus; in diesem Sinne war der Rassismus Folge der durch Sklaven begünstigten Entfesselung des Kapitalismus.

Die ökonomische und politische Kehrseite des schnell wachsenden Atlantikhandels im 18. Jahrhundert bestand u.a. darin, dass es zu großen Bevölkerungsverlusten für Afrika kam. So müssen zu den 12.000.000 deportierten Sklaven mindestens ebensoviele hinzugerechnet werden, die aufgrund der Sklavenjagden und »Strafexpeditionen« getötet worden und umgekommen sind, insbesondere Alte, Kranke und Kleinkinder. Besonders betroffen war das dünn besiedelte Angola – mit den höchsten »Menschenexporten«. Reinhard zitiert eine Simulationsrechnung, nach der »um 1850 die Bevölkerung Afrika südlich der Sahara 100 Millionen (hätte) betragen können, wegen der Verluste durch den Sklavenhandel (...) aber nur 50 Millionen« betrug (468). Jedenfalls ist »Afrikas Anteil an der Bevölkerung des atlantischen Raums von 30% um 1600 auf 10% in 1900 gefallen« (ebd.). Nach dieser Rechnung ergäbe sich ein Bevölkerungsverlust von 20-50.000.000, davon etwa die Hälfte durch die Tortur der Sklaverei sowie durch Eroberungs- und Strafkriege und unmittelbaren Mord Getötete.[43]

2. Die Kolonialphilosophie des 16. und 17. Jahrhunderts: Hobbes und Locke

Die 300-jährige Ära der Demütigung von Sklaven und des ihnen entgegengebrachten Rassismus begann in England Anfang des 17. Jahrhunderts. Damals rechtfertigten Philosophen, die heute zu den in der Ideengeschichte zelebrierten Vertragstheoretikern zählen, die Sklaverei und entsprechende Kriege, ja, sie wurden teils sogar ökonomische Nutznießer der gerade begonnenen Sklaverei an der amerikanischen Ostküste:

[43] Aber dies war nur der Höhepunkt eines jahrhundertelangen Sklavenhandels: Der Handel mit afrikanischen Sklaven hatte mit dem portugiesischen Sklavenhandel 1441 begonnen und vorläufig, nach weit über 40.000 Sklavenfahrten, mit der Abschaffung der Sklaverei in Brasilien 1888 geendet. (Reinhard 2016: 454)

insbesondere Thomas Hobbes und später John Locke. Iris Därmann beleuchtet in »Undienlichkeit. Gewaltgeschichte und politische Philosophie« (2020)[44] die »Rolle der europäischen politischen Philosophie als Legitimationsbeschafferin der transatlantischen Versklavung« und zeichnet ein »Panorama des Schreckens, das selbst noch in den Momenten versuchter Selbstbefreiung an die Grenzen des Aushaltbaren rührt, das wir uns aber vor Augen führen müssen, wenn wir verstehen wollen, auf welchen Fundamenten unsere Zivilisation auch fußt«.[45] Sie plädiert

---

[44] Die Seitenzahlen ohne weitere Angaben in diesem Kapitel beziehen sich auf dieses Buch. Därmann geht darin auch auf die Industrielle Revolution ein. Deren wesentliche Entwicklung im 18. und frühen und mittleren 19. Jahrhundert richtete sich gegen die feudalen Abhängigkeitsstrukturen zugunsten einer – wie v.a. Marx erkannte – »freien« Lohnarbeit, eines sich ausweitenden Eigentums und zu Strukturen de facto rechtloser Arbeiterinnen und Arbeiter – und von Kinderarbeit. Letztere wird oft genug auch Sklavenarbeit genannt, da die Betroffenen – auch wenn sie formal einen Rechtsstatus hatten – in fast jeder ökonomischen, politischen und persönlichen Weise praktisch rechtlos waren. Dem Anspruch aber widerstreitet die reale Praxis, was auch gegenüber den klassischen Philosophen der Aufklärungszeit in Rechnung zu stellen ist: Es gab seinerzeit kein Frauenwahlrecht, das eingeklagt, keine Rechtsstellung, die dem Subjekt in seiner eigenen Urteilsfähigkeit gerecht werden konnte – und vor allem gab es die unter den Philosophen selbst verbreitete Anerkennung, Hinnahme oder Nutzung der Sklaverei und des Sklavenhandels. Es ist also zentral, ob und inwiefern wesentliche Schritte in Richtung Eigentum und Kapitalismus nicht nur mit der Benutzung und Ausbeutung der (freien) Arbeitskraft einhergeht: Entfesselung des Kapitalismus und Fesselung der Sklaven waren tatsächlich gewissermaßen aneinander gebunden, »gefesselt«. Zur »Legitimation« dieser weit verbreiteten Nutzung von unfreier Arbeit, d.h. eben auch der Sklavenarbeit, bedurfte es einer Deutung, die diese Sklaven zu Menschen zweiter Klasse, als Andere, Nicht-Gleiche, Nicht-Ebenbürtige und Nicht-Zugehörige klassifiziert und sie damit direkt oder indirekt rassistisch abwertet. Dazu mag der von Max Weber beschriebene »Geist des Kapitalismus« im Protestantismus, also eine religiöse Orientierung oder gar Konditionierung beigetragen haben. In diesem Geist ging (bzw. geht) es um Erwerb und die Optimierung des Erwerbs um jeden Preis, unter Hintanstellung der Entfaltung der Subjektivität.

[45] Hinzu kommt: Menschenhandel, Versklavung und Sklaverei-ähnliche Zustände sind keineswegs Vergangenheit. Nach Schätzungen der Internationalen Arbeitsorganisation der UNO (ILO) und der australischen Menschenrechtsorganisation *Walk Free Foundation* lebten im Jahr »2017 rund 40 Millionen Menschen in moderner Sklaverei, in Zwangsehen und Zwangsprostitution, mehr als die Hälfte davon in Indien, China, Pakistan, Bangladesch und Usbekistan. Dort werden mit geringen Arbeitskosten und hoher Ausbeutungsintensität die Konsumgüter für die Märkte in Westeuropa, Nordamerika, Japan und Australien

für eine Dekonstruktion der Schriften, unter Beachtung des ökonomischen, kolonialen bzw. rassistischen Engagements ihrer Autoren. Schon die antiken politischen Philosophen Platon, Xenophon und Aristoteles »waren nicht nur selbst Sklavenhalter, sondern haben auch (...) Literatur zur Tier- und Sklavendressur sowie zur effektiven Ausbeutung von sklavischer Arbeit und Dienstleistungen verfasst«. Thomas Hobbes und John Locke »erzielten als Stockholder der Virginia Company bzw. der Royal African Company auch erhebliche Gewinne aus der Kolonisierung der ›Neuen Welt‹ und dem transatlantischen Sklavenhandel« – und entwickelten »Gewalt- und Macht-Prozeduren ›gerechter‹ Versklavung und Kolonisierung« (Därmann 2020: 34.).

Thomas Hobbes: Wolf und Wolfszeit, Sadismus der Gladiatorenkämpfe

In dem Kapitel »Damnatio ad bestias in Nordamerika«, »Gehorsamsproduktionen« in der kolonialen Philosophie und »politischen Zoologie«« zeichnet Iris Därmann minutiös Thomas Hobbes' Begriff der absoluten Souveränität des Staates gegenüber den ihm Untergeordneten nach. Hobbes (1588 bis 1679) – Zeitgenosse der englischen Bürgerkriege[46] – gilt als Theoretiker des aufgeklärten Absolutismus. Der frühe Hobbes war aber auch Mitglied und Anteilseigner der 1606 gegründeten Virginia Company, die an der nordamerikanischen Küste Siedlungen errichtete und Anleihen auf Land und Landrechte für Reis- und Tabakplantagen verkaufte (58). Die ersten »britischen Expeditionsschiffe hatten 1585 mit 600 Personen« von Großbritannien abgelegt und erreichten das Gebiet, das sie zu Ehren der jungfräulichen Königin Eli-

produziert. Betroffen sind mit 71% vor allem Frauen und mit 25% viele Kinder. Die moderne Sklaverei bildet die Rückseite der heutigen Dienstleistungsgesellschaft.« (Därmann 2020: 33)

[46] In Hobbes' Geburtsjahr 1588 drohte der Angriff der spanischen Armada auf England; das 17. Jahrhundert war durch bürgerkriegsähnliche Spannungen zwischen König und Parlament und zwischen religiös unterschiedlichen gesellschaftlichen Gruppen bestimmt. Hinzu kam die absolutistische Vorstellung der Könige, während der Landadel – Vorläufer der agrarischen Kapitalistenklasse – und zunehmend das Bürgertum der Handelsstädte sich gegen den König wandte. Hobbes trat für die absolute Souveränität des Herrschers ein, »da im Naturzustand ein Krieg aller gegen alle (bellum omnium contra omnes) um Besitz und Ansehen herrschte, der nur durch die Angst vor Strafe durch eine übermächtige Gewalt verhindert werde«. In einem Vertrag sollten die Einzelnen ihre natürlichen Rechte auf eine zentrale Gewalt übertragen, die am vollkommensten in einer Person, dem absoluten Herrscher, repräsentiert werde (vgl. Wikipedia, heruntergeladen am 16.12.2020).

sabeth I. »Virginia« nannten, zwei Monate später. Därmann betont die Komplexität und Differenzierung »der Lebensweise der virginischen ›Indianer‹ in Agrikultur, Fischfang, Häuserbau, religiösen Praktiken und politisch signifikanten Tätowierungen«, wie sie sich für Hobbes in Kupferstichen, Aquarellen und einschlägigen Berichten darstellten. In seinen politischen Schriften ignorierte Hobbes fast alles, was er über die sogenannten Wilden wusste, und formulierte stattdessen aus der Perspektive der englischen Siedler und ihren kriegerischen Auseinandersetzungen mit den Indianern »die rechtsphilosophische Legitimationsurkunde der englischen Kolonisierung Nordamerikas« (59). Er entwickelte eine »koloniale Anthropologie des Befehls und eine politische Zoologie der Sklaverei, in deren Mittelpunkt die Tierfigur des Wolfs« steht. Die Entpersönlichung und Verdinglichung des Menschen zum Tier war für Hobbes eine der entscheidenden Prozeduren der Versklavung. Er entwarf die wohl prominenteste und wirkmächtigste bellizistische Theorieszene hierfür (ebd.).

Därmann geht der Frage nach, warum der Wolf, das Raubtier, zu dem Signal der »unberechenbaren Geburtsausstattung und asozialen Natur des Menschen« gemacht wird. Nach Hobbes befindet sich die Wolfsnatur des Menschen im Naturzustand in einem permanenten Kriegszustand: »Der Mensch ist dem Menschen ein Wolf, wenn er nicht weiß, welche Art (sein Gegenüber) ist« – so zitiert Därmann einen römischen Kaufmann, der sich aus lauter Misstrauen weigert, einem Haussklaven stellvertretend für dessen Herren Geld auszuhändigen. In Hobbes' Schrift »Vom Menschen« zählt allein das Vermögen, »zu befehlen und Befehle verstehen zu können«, nicht aber die Fähigkeit zu Konsens und Vertrag, zur »größten Wohltat der Sprache«: Der Befehl (bezeichne) jene transformierende Kraft, die die Friedlosigkeit und Unwirtlichkeit des Naturzustands in einen Zustand des Friedens und der Sicherheit verwandle. Außerhalb dieses Zustands gebe es im Naturzustand nur Wildheit, Einsamkeit und anstelle von Wohnstätten Schlupfwinkel; Menschen begegneten im Naturzustand sich selbst schlimmer noch als Wölfe. (61f.) Die Autorin erwähnt die Differenzen zu den Vorstellungen des Verhältnisses zwischen Mensch und Tier bei Aristoteles und geht auf die Praxis Roms in den Gladiatorenkämpfen und den endlosen und absolut zerstörerischen Tierhetzen ein, die in der Menagerie des Tower of London, dem *Bear and Bull Baiting* (Bär- und Bullenhetze) unter Elisabeth I. und James I. veranstaltet wurden, ehe sie in England erst 1835, ein Jahr nach der offiziellen Abschaffung der Sklaverei in den Kolonien, verboten wurden. (66) In *Vom Bürger* und im *Leviathan* sind diese Tierhetzen Vorbild für die Regierung der englischen Kolonien in Virginia und auf den Bermudainseln. »Vor dem Naturrecht und angesichts der unaufschiebbaren Forderungen der Selbsterhaltung sind alle, Tiere wie Menschen, gleich.« Die Natur habe »alle mit allem und daher auch mit dem uneingeschränkten Naturrecht ausgestattet, andere Lebewesen zu töten und zu verzehren«. Gott habe den Menschen »nach seinem Bilde geschaffen, ›damit er die vor ihm geborenen Tiere unterwerfe, zähme, beherrsche, dressiere oder domestiziere und seine Autorität über sie ausübe‹«. Im Hobbes'schen Naturzustand »befinden sich nicht nur Menschen im Krieg gegen Menschen, Menschen gegen Tiere, sondern auch Tiere im Krieg gegen Menschen, und dieser Krieg der Arten vollzieht sich (...) von Natur aus und zurecht, d.h. ausgehend von einem Naturrecht, das ein Menschen- und Tierrecht zugleich ist. Menschen, die mit wilden Tieren kämpfen, sind ›Bestien‹; Menschen wiederum, die von Tieren getötet werden, haben sich entweder durch ihre Taten, Tötung und Raub, oder aber durch ihre gerechte Versklavung im Krieg – und das sind genau die legitimen und selbsterhaltenden Handlungen im Naturzustand – selbst zu ›Bestien‹ gemacht. (67f.) Mit anderen Worten: Die Verstrickung im Gewaltexzess des Naturzustands erscheint so zerstörerisch, dass als Konsequenz lediglich die absolute Unterwerfung im Staat eine prekäre Sicherheit gewährt.

Diese »bellizistische« Theorie findet »ihre historische Verortung in der Eroberung und Kolonisierung der neuen Welt mit Plantagenwirtschaft und Rinderherden«, die rechtsphilosophische Legitimation in der »Zivilisierungs-, Einwanderungs- und Besiedlungsgeschichte der amerikanischen ›Wildnis‹, in der die Siedler die (tödliche) Kampffront (die sogenannte Frontier) im gewalttätigen Konflikt mit den Native American Tribal Groups (...) immer weiter von Osten nach Westen ausdehnen konnten« (68). Dem korrespondiert eine Verzerrung der Wahrnehmung der zu absoluten Feinden gemachten Indianer, die ob – oder besser trotz – ihrer Kulturtradition zu grausamen, wilden Feinden hypostasiert werden. Die Beschreibungen wurden von Hobbes benutzt, um die »indianischen ›Wilden‹ selbst zu Wölfen und Bestien zu erklären, um sie in das koloniale Vexierbild der Damnatio ad bestias zu zwängen und eine politische Zoologie der Versklavungs- und Gehorsamsproduktion zu entwickeln« (70f.).[47]

---

[47] Zugleich finden sich Berichte, die dazu dienen, die Virginia Company mit privaten Mitteln zu unterstützen und zu kommerzialisieren und die be-

Demgegenüber nutzt Hobbes den nach mehr als 20 Jahren der Entrechtung und Verfolgung erfolgten Aufstand der Indianer am Karfreitag 1622, dem 347 von etwa 1000 Kolonisten zum Opfer fielen und der sich gegen die koloniale Landnahme und Angriffe auf die Indianer richtete, für seine Naturzustandskonstruktion. Er dramatisiert das Leben außerhalb des staatlichen Zwangsgeheges als Kriegszustand »voller gegenseitiger Furcht«, »arm und unansehnlich« (im *Bürger*) und beklagt im *Leviathan*, dass es »keinen Platz für Fleiß, keine Kultivierung des Bodens, keine Bildung, keine Gesellschaft und stattdessen die ständige Furcht und die Gefahr eines gewaltsamen Todes« (73) – als mächtiges Argument für die Notwendigkeit der gewaltsamen Unterwerfung – gebe. Das Interesse der Selbsterhaltung legitimiert nach Hobbes »Gewalt und Betrug«, also sämtliche Anstrengungen, »um nicht in die Hände des Feindes zu fallen«, und gehöre zu den »Kardinaltugenden« des Naturzustandes. Hobbes folgt der Perspektive der Siedlerversammlung und der Mitglieder des Councils von Virginia; er plädiert dafür, gegen die »Barbaren« »alles zu tun, was zu deren endgültiger Vernichtung führe« (74), und entwickelt eine »Gehorsams- und Dienstverpflichtungsstruktur« ohne jede Einschränkung, die Anerkennung der Unterwerfung aus Todesangst (75).

Hobbes versteht den Staat als einen, in dem sich »eine Menge von Personen gegenseitig die Versklavung unter einem einzigen Herrn versprechen, den sie zur ›absoluten Herrschaft‹« autorisieren – während der natürliche Staat aus einer natur- und kriegsrechtlichen Gründung entstanden sei. Därmann macht darauf aufmerksam, dass Hobbes die »koloniale Versklavung im künstlichen Staat« nicht nur »mit dem gütig-paternalistischen Gesicht des Leviathan«, sondern mit dem Leitbild eines »Automaten«, eines Staatsautomaten, »maskiert« (78). Das »Urbild des modernen Staates« folgt »einer erfolgreichen Monopolisierung von Gewalt und wirkungsvollen Dramatisierung des Schreckens in der juristischen Person des Souveräns, der, je nach Lage der Dinge, als sterblicher Gott, als Automat, künstliches Tier oder großer Mensch aufzutreten pflegt«. Mit der Absolutsetzung des Gewaltmonopols einschließlich der Entwaffnung der eigenen Bevölkerung ist »Hobbes nicht nur der Begründer des juristischen Idioms der Souveränität und des Staatsterrors, sondern auch der Erfinder des politisch ›servilen Menschen‹, des sich absolut unterwerfenden und befehlsbereiten Subjektes« (80).

---

sondere Nahrungssicherheit und das friedliche Zusammenleben mit den »Wilden« zu beschwören.

Es ist schon eindrucksvoll, die sicherlich aus Ängsten gestärkte und mit der Wahrnehmung von Indianern als Menschen zweiter Klasse, wenn überhaupt, genährte und verschärfte Faszination des totalen Unterwerfungsinteresses und eines dazu passenden absolutistischen Staats im jungen Thomas Hobbes aufgedeckt zu bekommen, weit vor seinen bekannten Werken, die er im mittleren Lebensalter geschrieben hat. Die Ideengeschichte dieser Vertragstheorie, die von einer aufgezwungenen Unterwerfungsbereitschaft geprägt ist, hat die Vertragstheorie als Urbild des modernen Staates wahrgenommen. Mit einem modernen demokratisch kontrollierten Staatswesen hat dies indes nichts zu tun.

Die Wahrnehmung des »Indianers« als wild, nicht menschlich und dadurch verwerflich, ist nichts anderes als ein unter Kolonialphilosophen und -praktikern verbreiteter Alltagsrassismus; mit der Vorstellung maskiert, man müsse sich gegen gefährliche, tödliche, die weißen Siedler zerstörende Feinde in angemessener, d.h. wilder, Entfesselung der Gewalt zur Wehr setzen. Da die Logik und Ideologie der Frontier der eigenen (weißen) Gruppe das absolute Eroberungs- und Vernichtungs»recht« zuweist, ist jeder Angriff, jeder Krieg und jede Vernichtung in deren Ideologie »gerecht«.[48]

Aus einer rassistischen Perspektive von Eroberung und Herrschaft sah der europäische Imperialismus jenseits des europäischen Zauns also einen Naturzustand, in dem es für jedermann und jede Macht legitimiert schien, Eroberungen zu machen, ohne inzwischen entwickelte Verträge zur Regelung der innereuropäischen Beziehungen zur Anwendung bringen zu wollen. Es gab ein Innen und ein Außen. Und außen gab es den freien Raum ohne Recht und Gesetz, in dem man nach dem Recht des Stärkeren verfahren konnte. Die überseeische Welt ist also, wie Mbembe schreibt, das Jenseits der Linie, die Grenze, die man immer wieder neu zieht, »jener Freiraum ungehemmten Kampfes (...), in

---

[48] Wolfgang Reinhard datiert den Wandel der englischen Rechtsauffassung in die Zeit des jungen Hobbes. Waren ihre Vertreter eben noch gegen die universalen Herrschaftsansprüche spanischer Könige aufgetreten, wechselte der englische Rechtsanspruch mit der veränderten politischen Lage: Nun war nicht mehr das spanische Reich der Hauptrivale, sondern neue Mächte wie die Niederlande und Frankreich. Ihre Kolonialunternehmungen konnten an eigene Traditionen und Erfahrungen, und zwar gegenüber Irland, anknüpfen – ähnlich wie Spanien mit der Erfahrung der Reconquista. Jeweils wurde wieder gegen vermeintlich barbarische Gegner gekämpft, die verdrängt (und vernichtet), durch eigene Siedler ersetzt wurden und mit denen man dank königlicher Privilegien gute Geschäfte machen konnte. (Vergleiche Reinhard: 2018: 505)

dem die Menschen frei sind, sich zueinander wie wilde Tiere zu verhalten« (Mbembe, Kritik: 119).

So dachte Hobbes, und Carl Schmitt radikalisierte ihn, indem er behauptete, dass es keine Grenzen jenseits des Zauns gebe: »Tief und begriffsbestimmend durchwirken Zaun, Hegung, Grenze die von Menschen geformte Welt. Die Hegung ist es, die das Heiligtum hervorbringt, indem sie es dem Gewöhnlichen entnimmt, eigenem Gesetz unterstellt, dem *Göttlichen anheimgibt.*« (Schmitt 1950: 43f., zitiert nach Kritik: 119) »Alles, was außerhalb Europas, also jenseits der Linie geschieht, bleibt außerhalb der rechtlichen, moralischen und politischen Bewertungen (...), die diesseits der Linie anerkannt sind.« (Schmitt, a.a.O.: 61 und 63, zitiert nach Kritik: 118).[49]

John Locke: Meister doppelter Standards und Kolonialrassist

John Locke (1632-1704) gilt als zentraler Vertreter der Entwicklung des Konstitutionalismus, der Selbstbegrenzung der Staatsgewalt und des Liberalismus (mit der Forderung, der Staat solle sich aus wirtschaftlichen Angelegenheiten heraushalten) (vgl. Roth 2003: 641), als gewissermaßen moderner Theoretiker des Liberalismus. Von Iris Därmann wird er dagegen als Kolonialphilosoph gedeutet. Sie hat gute Argumente. Zwar kritisiert Locke die Sklaverei als »verächtlichen, erbärmlichen Zustand des Menschen, dem edlen Charakter und Mut unserer Nation derartig entgegengesetzt, dass es schwerfällt zu begreifen, wie ein Engländer, geschweige denn ein Gentleman, sie verteidigen kann« (Locke: Zwei Abhandlungen über die Regierung, zitiert nach: Därmann 2020: 81). Zum Zeitpunkt dieser Notiz hatte, so die Autorin, der Philosoph bereits erhebliche Gewinne aus dem transatlantischen Sklavenhandel erzielt (ebd.). Er war Anteilseigner der Royal African Company, die das königliche Monopol auf den gesamten Handel bis zum Kap der Guten Hoffnung hatte, um »Gold, Silber, Neger (und) Sklaven« »an alle amerikanischen Plantagen seiner Majestät, die sich ohne sie nicht unterhalten lassen«, zu verschiffen. Zudem war er Investor bei der Company of Bahamas Adventurers, die zusammen mit anderen im Jahr 1671 443 Menschen aus Afrika deportierte und versklavte; die Gesamtzahl der Einwohner auf den Bahamas betrug damals 1100 (82).

---

[49] Eine Anmaßung, die wir bei dem – sich auf Carl Schmitt berufenden – rechtsextremen Ideologen der AfD, Björn Höcke, wiederfinden. Vgl. Funke 2021.

Iris Därmann zeigt, dass dieser auf den ersten Blick absolute Widerspruch zwischen der Kritik an der Sklaverei und seiner Beteiligung an ihr sich auflösen lässt. Denn in seiner zweiten Abhandlung entwickelte Locke eine koloniale Philosophie des gerechten Krieges der Eroberung und der Versklavung. Der Philosoph der naturrechtlichen Freiheit und Gleichheit schrieb zugleich voller Verachtung über die sogenannten Eingeborenen, »die fast nackt, nirgends arbeitsam und zum großen Teil kaum zivilisiert« seien (ebd.). Er macht sie für den Verkauf von Sklaven untereinander verantwortlich und erklärt die afrikanischen Akteure als »perverse und brutale« Geschäfte-Betreiber; sie gehörten »so zur schlimmsten Sorte schwarzen Viehs« (83).

Die Autorin versteht Lockes Philosophie als einen Beitrag »zur Anatomie produktiver, agrikultureller Arbeit, die auf die gewaltsame Aneignung und Disziplinierung menschlicher Körper zur Intensivierung der Arbeitskraft und Ausbeutung (und) auf die Trennung der Arbeitenden von ihrem Produkt zielte« (ebd.). Es ging in seinen Naturzustandskonstruktionen vor allem um die ökonomischen Interessen der Lord Proprietors, d.h. der Aneigner, Siedler und Plantagenbesitzer im kriegerischen Konflikt mit den Indianern. »Die ›Wälder Carolinas‹ standen im Mittelpunkt seiner kolonialphilosophischen Aufmerksamkeit.« Für die Autorin war er der Denker einer Sklaverei-, Arbeits- und Eigentumsphilosophie im Interesse eines agrikulturellen-kriegerischen Kapitalismus, den Karl Marx vom letzten Drittel des 15. bis zur Mitte des 18. Jahrhunderts datierte. Locke interessierte die Kolonisierung in den »unkultivierten und unbepflanzten Teilen Amerikas, die nur von einigen Barbaren ohne Kenntnis des allmächtigen Gottes bewohnt werden«. Religiös unterlegt fordert er Arbeit und Eigentum, und denjenigen, die sich dem nicht beugen oder gar Widerstand leisten, erklärte er den Krieg. So ist »seine Theorie (…) der Sklaverei und politischen Zoologie (…) eine Reaktionsbildung auf Praktiken des kriegerischen Widerstands und des Sich-Undienlichmachens durch Native American Tribal Groups« (84).

Stratege und Aktivist des Terrors gegen »Indianer« und Schwarze

Locke wurde zu einem der zentralen Strategen der Aneignung von Land und Menschen durch die Lords in Carolina, die eine königliche Bewilligung zur Kolonisierung erhalten hatten. Er war Hauptarchitekt des sogenannten Ashley-Cooper-Plans, eines kolonialrassistischen utopischen Siedlungs- und Gesellschaftsmodells (85). Dabei entwarf er einen Entwicklungsplan für die expansive Kolonisierung an der »Frontier«

im Süden und einen Plan für den Bau einer größeren Stadt, des späteren Charleston. Sein politisches System basiert auf einer traditionellen Klassenpyramide, an deren unterem Ende Sklaven standen, die zu beherrschen waren. Es ging um die Einrichtung afrikanischer Sklaverei in einem der späteren Staaten der Vereinigten Staaten. Es bedeutete für Afrikanerinnen und Afrikaner »natale Entfremdung« und »sozialen Tod.« (86) »Wenn sie ungehorsam waren oder das Gesetz brachen, konnten sie ausgepeitscht, geschlagen oder gebrandmarkt werden, oder es wurden ihnen die Ohren abgeschnitten oder die Nasenlöcher aufgeschlitzt. In schweren Fällen konnten ihnen Gliedmaßen amputiert und sie dazu gezwungen werden, von dem abgetrennten Teil zu essen. (...) Sklavenhalter hatten absolute Macht.« Die Pflanzer-Kolonisten brauchten weniger eine Anzahl armer Menschen, sondern »Negroes, Cattle, and other Necessarys« (Lord Ashley). Der Artikel CX der »Fundamental Constitutions« räumte Sklavenhaltern in Carolina unbegrenzte Macht über ihr »menschliches Eigentum« ein; es war die erste englische Sklavenhaltergesellschaft – im kriegerischen Konflikt mit indianischen Stämmen. (86) Für Locke bedeutete Privateigentum absolute Verfügungsgewalt über eine Sache bei gleichzeitigem Ausschluss des Gebrauchs der Sache durch alle anderen (88).

Diese Philosophie von Eigentum, Arbeit und Freiheit nach gemeinsamen »vernünftig-naturrechtlichen Grundsätzen und christlich fundierten Aneignungsschranken« (89) war für ihn vereinbar mit der Fähigkeit, »sich die Produkte fremder Arbeit anzueignen, sofern es sich bei den Arbeitenden um Mitglieder des eigenen despotischen Haushaltes handelt«. Vor allem aber versuchte Locke die Landnahme in Carolina philosophisch »rechtmäßig« aussehen zu lassen. Iris Därmann zitiert hierzu Lockes Zeitgenossen, die die Einheimischen verurteilen, da das Land nicht angemessen »bearbeitet, der Boden unkultiviert, die Städte ungebaut, das Vieh noch nicht angesiedelt ist« und man von einem »hilflosen und müßigen Volk« umgeben sei, den »Ureinwohnern dieses Landes, die weder sich, in irgend einer ansehnlichen oder genehmen Weise, helfen können, und noch viel weniger uns« (91). Erst die Arbeit verleihe den Produkten den eigentlichen Wert, der dank des Geldes beziffert, verkauft, gekauft, akkumuliert werde und daher eine Ungleichheit zwischen Weißen und Indianern beinhalte (92). Locke ist nichts anderes als ein Fürsprecher der Pflanzeraristokratie, der zwar einen »eigentlichen Naturzustand« geltend macht, in dem Menschen zusammenleben. Wenn dieser Zustand aber durch »einen Aggressor lädiert und oder zerstört werde, habe der Geschädigte das Recht, den Angreifer (...) zu töten, der die Prinzipien der menschlichen Natur durch eine faktische Kriegserklärung verletzt und sich selbst in ein ›wild savage beast‹ (wilde Bestie) verwandelt habe« (92f.).

Die Projektion besonderer Brutalität auf die sich wehrenden oder an Kriegen beteiligten Indianer zeigt sich besonders im kolonialen Mythos Amerikas, demzufolge die Ureinwohner in barbarischer Weise englische Siedler skalpiert hätten. Belegt ist indessen, dass »es sich beim Skalpieren vor allem um eine koloniale Praxis an der Frontier handelte, die eine enorme Ausbreitung und Radikalisierung durch die Einführung der Feuerwaffen erfahren habe«. Diese zunächst randständige Kriegspraxis wurde von den sich bekämpfenden Kolonialmächten Spanien, Frankreich und England in ein »brutales Geschäft des Abschlachtens« der Ureinwohner an der Frontier verwandelt (94).

Lockes politische Zoologie zielte angesichts »dieser Kolonialisierung der Gewalt an der Frontier« auf die »kolonial›philosophische‹ Bestimmung eines animalischen« (und daher) vernichtungswürdigen »Feindes«. Es ging ihm um die »philosophische Realisierung dieser Feindbestimmung in Form einer Eroberungs- und Versklavungstheorie, der er das Gütesiegel des gerechten Krieges« verlieh (95). Mehr noch: Därmann zeigt, dass der kriegerische Konflikt mit den dortigen Indianern selbst den nordamerikanischen Sklavenhandel auf die West Indies eingeleitet hat (97). Am Ende werden seine Schriften zu einer naturrechtlichen Begründung »gerechter« Eigentums- und Versklavungskriege Nordamerikas (99), einer »Amerikanisierung der englischen Kultur der Gewalt durch die koloniale Anstiftung und Forcierung intertribaler Konflikte an der Frontier«. Diese Kriege zwischen den Stämmen wiederum dienen der ökonomischen Vorteilsnahme der Engländer. So ist Lockes Theorie des gerechten Krieges eine Theorie der Versklavung, die seine Arbeits- und Eigentumskonzeption in ihr genaues Gegenteil verkehrt (100). Im kriegerischen Naturzustand »Gerechtigkeit« zu üben, heißt daher nichts anderes, als den Angreifer »wie jedes andere wilde Tier oder schädliche Vieh« zu vernichten oder aber in einem »fortgesetzten Kriegszustand« zu versklaven (100f.). Und in Umkehrung seiner Arbeitstheorie, nach der die eigene »Arbeit ein Eigentumsrecht auf das Produkt stiftet, begründet Eigentum an einem Menschen ein despotisches Recht auf dessen Dienste und die Produkte seiner Arbeit«, inklusive des Verkaufs des »Humaneigentums«: also auch den Kauf und Verkauf von Sklaven auf die West Indies.

Frühe Vernichtungskriege und trikontinentaler Kapitalismus

Diese Art »gerechter« (unlegitimierter) Angriffs- und Vernichtungskriege (resultierend in der Vernichtung der Ureinwohner) beruht auf einem (wilden) »Naturrecht« auf unbegrenzte Aneignung von Zwangsarbeit und den Verkauf nackter Körper. Im Mutterland aber schließt sich im Blick auf die Verachtung der Armen durch Locke das Dreieck aus transatlantischem Sklavenhandel, kolonialer Plantagenwirtschaft und Warenproduktion an der Schwelle zur Industrialisierung. Der Philosoph ist somit der »theoretische Kopf und kolonialphilosophische Begründer des trikontinentalen Kapitalismus« (103).

In ihrer Skizze wichtiger Philosophen der frühen Moderne unterstreicht Därmann, dass diese Ansätze der Aufklärung sehr viel mit der kapitalistischen und industriellen Entwicklung und jenem bürgerlichen Subjekt zu tun hatten, das durch Arbeit und Eigentum Rechte erwirbt. Zugleich gelangt das Subjekt an eine scharfe Grenze, wenn es um die Ausbeutung der Armen, vor allem aber um den für die Entwicklung des Kapitalismus so zentralen Sklavenhandel ging. Diese Texte und die entsprechende Praxis waren zutiefst menschenfeindlich und rassistisch, indem sie zentrale Gruppen, die sie einer Ausbeutung in der Plantagenwirtschaft unterzogen, ihres Menschseins beraubten. In diesem Sinn zielen die Philosophien von Hobbes und auch von Locke nicht auf eine umfassende Freiheit der Menschen, sondern auf die Befreiung der eng definierten weißen, nicht zuletzt englischen Siedler von allen Schranken. Sie waren kolonialrassistische Philosophien. Zwar hat sich dies bei anderen Philosophien wie bei Kant und Hegel ausdifferenziert – aber auch hier sprach sich der Zeitgeist aus, wonach diese »Anderen« als niedere Rassen eingestuft wurden oder ihnen keine Bedeutung zugewiesen wurde.

3. Der Kampf um die Unterwerfung der Welt. Ein Überblick von Südafrika bis China

Kennzeichen des Kolonialismus[50] waren der mit entgrenzter Gewalt ohne jede Völkerrechtsrestriktion betriebene Eroberungsfeldzug mit überlegenen Waffen, der Handel mit Menschen als Ware und die planmäßige Auslöschung ganzer Bevölkerungsgruppen aus rassistischer Hybris. Es war ein Verhältnis von Herrschaft und Unterwerfung ohne jede

[50] Vergleiche auch zum Folgenden in diesem Abschnitt Klose 2016.

Rücksicht auf die zu Unterwerfenden, geprägt von der Missachtung oder gar Vernichtung von Frauen, Kindern und der Zivilbevölkerung. Dazu gehörten Formen der verbrannten Erde, der Einsatz heimtückischer Kampfmittel wie Giftgas und *Dum-dum-Geschosse* (auch nach deren Ächtung in der Haager Friedenskonferenz von 1899). In diesem Sinne handelt es sich um eine Gewalt im Maße von Kriegszielen unter dem Einfluss des Sozialdarwinismus und rassistischer Ideologie. Die Europäer sprachen dagegen u.a. von »Strafexpeditionen« zum Zweck eines kolonialen »Friedens«; de facto kam es vielfach zu einer gezielten Vernichtungspolitik wie im Fall der Hereros und Nama von 1904 bis 1908 in Deutsch-Südwestafrika, dem ersten Genozid des 20. Jahrhunderts – und im Kongo, einem der großen Vernichtungsräume der Moderne. Die Art und Weise totalitärer Herrschaft zeigte sich in der exzessiven Anwendung der Prügelstrafe, roher Gewalt bis hin zur Folter, in der Zwangsarbeit, in Kollektivstrafen – mithin in der »Normalität« einer Gewaltordnung und rechtlich in Gestalt kolonialer Rassenjustiz.

Steckbriefe des europäischen Kolonialrassismus[51]

An den im Folgenden kurz skizzierten Beispielen zeigt sich die imperiale Aggression der europäischen Nationen in der Phase des *ökonomischen und politischen Imperialismus*: durch Belgier, Briten, Deutsche und Franzosen, im Kongo, in Benin, in Deutsch-Südwestafrika, Südafrika, Algerien – weltweit. Erst nach zwei Weltkriegen, die von Europa ausgingen, und erneuten brutalen Versuchen zur Sicherung ihrer Imperien verlieren sie ein Stück weit ihre Dominanz zugunsten der (oft nur formalen) Unabhängigkeit der Kolonien.

In *Südafrika,*[52] wo niederländische Kaufleute 1652 landen, bis 1700 die Kapkolonie errichten und sich Zug um Zug hunderte Kilometer nach Norden und Osten ausdehnen, wird die Kapkolonie 1814 Teil des Britischen Empires. Rassistische Buren errichten bis Mitte des 19. Jahrhunderts eigene Republiken. Im Gefolge der Entdeckung von Diamantenvorkommen erringen die Briten die Kontrolle über die Diamantenregion (1866). 1879 marschiert die britische Armee in das Zulu-Königreich ein, und es kommt zu weiteren Kriegen zwischen Buren und Briten; 1899

---

[51] Die Steckbriefe mögen auf Dauer, Ausmaß und Intensität der 500-jährigen rassistischen Unterwerfung der Welt durch vor allem europäische Nationen verweisen. Wenn nicht anders angegeben, folgen die »Steckbriefe« der Darstellung in Reinhard 2016.

[52] Vgl. Geo Epoche 2014: Afrika, 116-125; 156-166.

endet einer der Kriege, in dem die Briten das erste Mal für Frauen und Kinder ein Konzentrationslager errichten, mit der Niederlage der Buren. 1910 entsteht die rassistisch geprägte *Südafrikanische Union unter britischer Kontrolle.* Im Februar 1920 kommt es in den Goldminen am Witwatersrand bei Johannesburg zum bis dahin größten Aufstand der schwarzen Mehrheit gegen Unterdrückung und Ausbeutung durch die Weißen (Reinhard 2016: 117ff.); er wird brutal niedergeschlagen, führt aber zur verstärkten Formierung schwarzer Organisationen, vor allem des ANC (African National Congress, seit 1923) und der von Nelson Mandela (1918-2013) mitgegründeten Jugendliga des ANC Youth. 1948 wird das berüchtigte Apartheidregime (*Apartheid* ist in der burischen Afrikaaner-Sprache die Definition von *Trennung*) einer immer rigideren Rassentrennung für über vier Jahrzehnte etabliert (156ff.). In den 1980er Jahren kommt es am Kap zu einer Dauerrezession; die Führung der Schwarzen unter Nelson Mandela und der Weißen unter Frederik Willem de Klerk handeln eine friedliche Machtübergabe aus. 1994 wird als erster schwarzer Präsident des Landes Nelson Mandela gewählt.

Angola: 1617 beginnt der Gouverneur in dem 1577 von Portugiesen gegründeten Luanda einen Eroberungskrieg gegen das Königreich Ndongo (im heutigen Angola, das Gebiet nördlich des Flusses Cuanza) und macht »möglichst viele Kriegsgefangene, um sie als Sklaven nach Übersee verschiffen zu können«. Mit einer brutalen Kriegertruppe aus der Region erobern »die Portugiesen große Teile Ndongos, plündern die Hauptstadt, brennen sie nieder« und ziehen in den folgenden »drei Jahren durch das Reich und versklaven mehr als 50.000 Einwohner«. In einem aufgezwungenen Friedensvertrag wird Portugiesen erlaubt, »Missionare und Sklavenhändler ins Land zu schicken«. Später wird das östlich gelegene Matamba von den Portugiesen erobert, um eine Verbindung zu ihren Besitzungen in Mosambik zu schaffen. (Rietz 2014). Die intransigente Haltung des autoritären portugiesischen Salazar-Regimes führt in der Phase des beginnenden Dekolonisierungsprozesses schon in den 1950er Jahren zu Widerstand, der 1961 in einen bewaffneten Befreiungskampf mündet, durch zu späte Reformen kaum abgemildert wird und nach der Revolution in Portugal des Jahres 1974 die Unabhängigkeit Angolas forciert. Da es drei unterschiedliche Formationen von Befreiungsorganisationen gab, wird die interne Auseinandersetzung in Bürgerkriegen bis Anfang 2002 mit unendlichen Verheerungen, der Flucht von Millionen von Menschen und einer ökonomischen, politischen und gesellschaftlichen Schwächung fortgesetzt – gewiss auch als Resultat der besonders rigiden Kolonialpolitik Portugals.

Benin (im heutigen Nigeria): Wolfgang Reinhard verweist darauf, dass seitens der Portugiesen schon im 15. Jahrhundert neben dem Kongo Kontakte mit dem Reich Benin im heutigen Nigeria aufgenommen worden sind (2016: 93); er erwähnt die schon damals beeindruckende Kultur der Bronzeplastiken im Reich Benin. Der Sklavenhandel wird von der ersten Hälfte des 18. Jahrhunderts bis zur ersten Hälfte des 19. Jahrhunderts betrieben (459). Im 19. Jahrhundert gelingt es dem *Königreich Benin* zeitweise, den Verkauf von Sklaven an Europäer zu unterbinden (462). Die Briten versuchen Ende des 19. Jahrhunderts, das vergleichsweise unabhängige Benin unter ihre Kontrolle zu bringen und den damaligen König zu mehr oder weniger aufgezwungenen Vertragsschließungen zu drängen. Als die koloniale Dominanz dieser Verträge wahrgenommen wird, distanziert sich der König von ihnen und überrascht die in Stützpunkten konzentrierten Briten im sogenannten *Benin-Massaker*. Als Racheaktion organisieren die Briten wenige Wochen danach die Zerstörung der Hauptstadt, die Tötung ihrer Bewohner und den Raub von Tausenden von Bronzeplastiken. Diese werden großenteils nach Großbritannien verbracht und dort in Auktionen verkauft – die damaligen Berliner Museen erhalten hunderte davon. Es ist nur billig, dass die heutige nigerianische Regierung sie zurückfordert, bisher noch ohne Erfolg, im März 2021 gibt es allerdings erste ernsthafte Hinweise auf eine Korrektur, etwa durch Aussagen aus dem Auswärtigen Amt.

Algerien[53] – seit 1518 dem Osmanischen Reich unterstellt – wird 1830 von französischen Truppen erobert; damit beginnt die französische Kolonialherrschaft in Nordafrika. Die riesige Armada mit über 600 Transport- und Kriegsschiffen und 34.000 Soldaten soll Vergeltung an einem angeblich gekränkten französischen Diplomaten üben. So die Anweisung des nach der napoleonischen Phase geschwächten Königreichs unter König Karl X, der einen außenpolitischen Triumph braucht, um seine Schwächen im Inneren auszugleichen. Statt einer zeitlich begrenzten Strafaktion kommt es zur Eroberung Algiers. Die Eroberer plündern die Stadt, besetzen Moscheen und schänden Friedhöfe, zerschlagen die Verwaltung und erzeugen ein Vakuum. »Wir haben an Barbarei jene Barbaren übertroffen, die wir gekommen sind, um sie zu zivilisieren«, so ein von Berhorst zitiertes Dokument (Beerhorst 2014: 78). »Wir haben Menschen massakriert, denen wir freies Geleit zugesichert hatten; auf Verdacht hin ganze Bevölkerungsgruppen abgeschlachtet, von

[53] Dieser Abschnitt folgt weitgehend Berhorst 2014.

denen sich später herausstellte, dass sie unschuldig waren« (77). 1830 kommt es nach der Wahlniederlage der Ultraroyalisten in Frankreich zugunsten der oppositionellen Liberalen, der Negierung dieser Wahlen und der Anordnung von Neuwahlen zum Juli-Aufstand in Paris und zur Abdankung des Monarchen – ein liberalerer Louis Philippe ersetzt ihn in einer konstitutionellen Monarchie (ebd.). Nach jahrelanger Debatte wird Algerien in eine französische Militärkolonie verwandelt, die gerade einmal Algier und das unmittelbare Hinterland sowie einige Küstenstädte unter Kontrolle hat. Es kommt zu einem Jahrzehnt von Auseinandersetzungen und zur Abdankung des Monarchen nach dem Aufstand vom Februar 1848. Erst Louis Napoléon Bonaparte (später Napoléon III.) sucht mit den Aufständischen einen Kompromiss. In den folgenden Jahren wird eine immer weiterreichende Besiedlung der Siedlungskolonien, die Integration Algeriens in das französische Staatsgebiet und eine gleichzeitige De-facto-Rechtlosigkeit der Bewohner Algeriens durchgesetzt. Algerien wird zum Ausgangspunkt Frankreichs im imperialen Wettlauf der Europäer um Afrikas Territorien, unter anderem nach Dakar in das Gebiet des heutigen Senegal. Zur Jahrhundertwende hat Frankreich ganz Westafrika besetzt, unter anderem die Staaten Burkina Faso, Guinea, die Elfenbeinküste, Benin und Mali sowie Tunesien und Marokko (82), insgesamt ein Drittel des afrikanischen Kontinents. Die Algerier verbleiben auf einem Kolonialstatus minderen Rechts und suchen nach Ende des Zweiten Weltkriegs die Befreiung mit dem Aufstand der Befreiungsfront 1954. Es kommt zu einem Abwehrkampf der Franzosen gegen algerische Guerillakämpfer, ehe ab etwa 1959 der in die Hauptstadt zurückgekehrte Charles de Gaulle (mit seiner 5. Republik) nach einem Referendum am 3. Juli 1962 die Unabhängigkeit Algeriens anerkannte. Vorausgegangen waren die Vertreibung bzw. Umsiedlung von mehreren Millionen Menschen und der Tod von mindestens 300.000 Menschen im Unabhängigkeitskrieg, in der Mehrheit Algerier (ebd.: 83; vgl. auch Reinhard 2016: 1174-1179).

In *Brasilien* – 1500 »entdeckt« und alsbald von den Portugiesen *Terra do Brazil* (Land des Holzes) genannt – forciert der portugiesische König die koloniale Besitzergreifung, nicht zuletzt gegen die französischen Rivalen, die ebenfalls an der brasilianischen Küste landeten. Alsbald erhalten die Besatzer das Recht, Indianer in unbegrenzter Zahl zu vertreiben oder in Lissabon feilzubieten. Schon Mitte des 16. Jahrhunderts praktiziert der zuständige Gouverneur eine brutale Eroberungspolitik gegen die Indianer; in der Umgebung von Bahia werden hunderte ihrer Dörfer zerstört; die Portugiesen sehen sich in der Überlegenheit der eigenen christlichen Kultur bestätigt (Reinhard 2016: 406f.). Trotz verschiedener Versuche insbesondere brasilianischer Jesuiten zur Stärkung der Rechte der Indianer erreicht die Indianersklavenjagd in der ersten Hälfte des 17. Jahrhunderts ihren Höhepunkt (ebd.: 409). Da sich viele der Indianer auf den Plantagen das Leben nehmen oder an »europäischen« Krankheiten sterben, werden 1538 die ersten afrikanischen Sklaven importiert; nach Reinhard die ersten bereits 1441, weitere mit dem Zuckerrohranbau im frühen 16. Jahrhundert, ehe der Handel um 1570 in großem Stil einsetzt. Bis 1550 kommen die Sklaven aus verschiedenen Teilen Westafrikas, anschließend aus dem Königreich Kongo und dem südlich angrenzenden Angola.

Das 1575 gegründete *Luanda* avanciert rasch zum wichtigsten Sklavenmarkt der Westküste (412). Es kommt zu einem eigenen Handelsdreieck: Waren gehen aus dem Mutterland nach Angola, Sklaven nach Brasilien, Zucker aus Brasilien nach Portugal (413). Nach Reinhard wird Angola geradezu zu einer kleinen Subkolonie Brasiliens. Um 1600 war Brasilien der größte Zuckerproduzent der Welt. Wenige Jahre später war der Dreieckshandel in vollem Schwung: Manufakturprodukte wurden in Afrika gegen Sklaven verkauft, die Sklaven wurden in Süd- und Nordamerika gegen Edelmetalle, Zucker, Kakao und Gewürze eingetauscht und diese wurden nach Europa gebracht. Mitte des 15. Jahrhunderts gab »es unter einer Gesamtbevölkerung der Kolonie von 57.000 mindestens 14.000 Sklaven, die im Zuckergebiet von Pernambuco konzentriert« waren; »bis 1700 werden von den Portugiesen 610.000 Afrikaner nach Brasilien gebracht, im 18. Jahrhundert 1.300.000 und im 19. Jahrhundert sogar 1.600.000« (411). Von den 3.500.000 Einwohnern Brasiliens sind Anfang des 19. Jahrhunderts »ca. 1.000.000 mehr oder weniger weißer Hautfarbe, 500.000 Mulatten und 2.000.000 Schwarze; die Indianer konnte man zahlenmäßig inzwischen vernachlässigen« – sie waren weitgehend ausgelöscht worden (412).

China: Unter dem Titel »160 Jahre Demütigung« schrieb am 17.12.1999 die taz: »Für Tee und Gewürze, welche die Engländer im 19. Jahrhundert aus China exportierten, bezahlten sie mit indischem Opium. Als der Kaiser in Peking den Handel mit der Droge verbat, weil sie sein Volk in die Sucht stürzte, begann im Jahr 1839 der erste Opiumkrieg, der den Beginn des Kolonialismus in China markiert und mit einer fürchterlichen Niederlage für den Kaiser endete. Danach wurde es Mode, dass ausländische Mächte unter Androhung militärischer Gewalt der chinesischen Regierung Territorialkonzessionen abzwangen. So gründeten die Engländer Hongkong und mit den Franzosen Shanghai, die Deutschen Qingdao und die Russen Dalian – vier der bis heute wichtigsten Küstenstädte Chinas. Das größte Verbrechen der westlichen Kolonialmächte war die rachedurstige Niederschlagung des Boxeraufstands im Jahr 1900.« Das ist eine weitere Variante eines klassischen Kolonialismus (Durchsetzung von Handel nach europäischen Maßstäben, militärische Demütigung und Formen eines antichinesischen bzw. antiasiatischen Rassismus) aus der Hochphase der europäischen Expansion Mitte des 19. Jahrhunderts, ohne dass ihnen auch nur annähernd die Besetzung gelungen wäre. »Die Errichtung der deutschen Kolonie *Kiautschou* 1897«[54] wurde mit der angeblichen Überlegenheit der Deutschen gegenüber den Chinesen rassistisch begründet und mit dem Ziel der christlichen Missionierung[55] und einer »Zivilisierung im Namen einer höheren Gesittung« legitimiert (Leutner/Bräuner 1990: 41-52).

Kaiser Wilhelm II. erklärte in seiner berüchtigten »Hunnenrede« im Juli 1900, dass die Chinesen mit ihrem Akt des Widerstands im Boxeraufstand gegen die Kolonialmächte ihr Recht auf Leben verwirkt hätten. Im Nationalsozialismus wurden ChinesInnen ausgewiesen oder in Konzentrations- und Zwangsarbeiterlager verschleppt und ermordet. Die *gelbe Gefahr*, die seit dem 19. Jahrhundert beschworen und mit der Entstehung und Verbreitung von Epidemien wie der Pest assoziiert wurde, blieb ein negatives Leitmotiv. Huntingtons »Kampf der Kulturen« richtete sich gegen den Islam *und* China. Der chinesische Drache wurde in einem 2004 publizierten Spiegel-Titel zu einem die Weltkugel spaltenden Wesen stilisiert und China 2019 zur »grundlegenden und langfristigen Bedrohung« (Kiron Skinner, US-Außenministerium), zum negativen Gegenpol eines demokratisch-liberalen westlichen Ordnungsmodells erklärt (vgl. Suda u.a. 2020). »Made in China. Wenn die Globalisierung zur tödlichen Gefahr wird« lautete der Schriftzug in gelber Farbe in der Spiegel-Ausgabe vom 1. Februar 2020.

Indien: »Die Britische Ostindien-Kompanie … war eine von 1600 bis 1874 bestehende Kaufmannsgesellschaft für den Indienhandel, die nach dem Sieg über den Nawab von Bengalen in der Schlacht bei Plassey 1757 zum bestimmenden Machtfaktor in Indien aufstieg und die fast 200-jährige britische Kolonialherrschaft über das Land begründete.« (Britische Ostindien-Kompanie, Wikipedia, abgerufen am 5.4.2021)

---

[54] Vergleiche auch zum Folgenden: Suda u.a. 2020.

[55] Als Kind, in den 1950er Jahren, las ich dunkle Märtyrergeschichten aus China und Korea in katholischen Zeitschriften, die lange Zeit meinen Blick auf China bestimmten.

»Die Inbesitznahme weiter Teile Indiens durch die Ostindiengesellschaft war begleitet von Eroberungskriegen, auch zwischen französischen und britischen Kolonialisten, vor allem aber gegen die internen indischen Macht- und Gesellschaftsstrukturen«, und von einer »beispiellosen Ausbeutung des Landes, bis – getragen von öffentlicher Empörung – diesem Treiben mit dem India Act von 1784 ein Ende zu machen versucht wurde« (Betz 2007). Britisch-Indien wurde nach der Niederschlagung des Indischen Aufstands von 1857 gegründet, indem die bisherigen Besitzungen der Britischen Ostindien-Kompanie in eine Kronkolonie umgewandelt wurden. Britisch-Indien umfasste zur Zeit seiner größten Ausdehnung nicht nur das Territorium der heutigen Republik Indien, sondern auch die Territorien der heutigen Staaten Pakistan, Bangladesch, Nepal, Bhutan, Myanmar und Teile von Kaschmir unter heutiger Kontrolle der Volksrepublik China. Im Jahr 1876 wurde Königin Victoria von Großbritannien zur Kaiserin von Indien ausgerufen, und das Kaiserreich Indien (Indian Empire) galt allgemein als das »Kronjuwel des britischen Empire« (Britisch-Indien, Wikipedia, heruntergeladen am 28.12.2020). Unmittelbar nach Errichtung British-Indiens kam es zu ersten Aufständen, aber erst nach dem Zweiten Weltkrieg unter dem Einfluss des charismatischen Mahatma Gandhi und später des ersten Ministerpräsidenten Jawaharlal Nehru und des islamischen Führers Jinnah zur Unabhängigkeit. Das war verbunden mit einer blutigen Zweiteilung Ende der 1940er Jahre, auch aufgrund der Schwächen der Kolonialmacht. Ökonomisch folgte die Ausbeutung des indischen Subkontinents den klassischen kolonialistischen Bedingungen des ungleichen Handels.

4. Bismarcks Kongokonferenz von 1884

So sehr Otto von Bismarck von nationalkonservativen und rechtsaußenstehenden Kräften für seine Leistungen bei der Einigung Deutschlands geschätzt wird, so autoritär und radikalnationalistisch war seine Politik. Er schuf die Einheit durch die sogenannten Einigungskriege, gegen Dänemark und gegen Österreich, vor allem aber gegen Frankreich. Es gibt kaum eine demütigendere Situation für Frankreich als die Proklamation des preußischen Königs Wilhelm I. zum Kaiser durch Fürst Bismarck – gewissermaßen auf den Bajonetten des Krieges am 18. Januar 1871 im Spiegelsaal von Versailles. Der autoritäre Machtstaat Bismarckscher Prägung führte, statt den neuen industriellen und sozialen

Herausforderungen angemessen zu begegnen, zu Spannungen, die nun seinerseits Bismarck durch innere Feinderklärungen an Sozialdemokraten oder Katholiken weiter verschärfte. In den 1880er Jahren forcierte Bismarck dann die europäische Machtpolitik, indem er die Konkurrenz zwischen Frankreich und Großbritannien verstärkte und selbst zu einer brutalen Kolonialpolitik überging.

Diese autoritär-machtstaatlichen Rahmenbedingungen waren für die antifranzösischen und antisemitischen Mentalitäten nicht zuletzt in Kreisen des Bürgertums und des Militärs ein idealer Nährboden. George Mosse (1991) hat darüber hinaus gezeigt, wie die im 19. Jahrhundert genährte Emphase der Befreiung vom autoritären Fürsten nach den Misserfolgen der Revolution, insbesondere des Jahres 1848, sich mit einem deutschen Einheitsgefühl und einer Vorstellung völkischer, deutscher Revolution vor allem in der Jugend vertieft und mit den allzu nüchternen realpolitischen Entscheidungen unter Bismarck noch ausgeweitet hatte. Das *»Völkische«* umfasst dabei die Annahme, »die Seele eines Volkes sei von der Natur des Mutterlandes bestimmt. Demzufolge wurden die Juden – für die völkischen Denker ein Wüstenvolk – als ein oberflächliches, nüchternes und verdorrtes Volk angesehen, dem es an Tiefe mangele und das ohne jegliche Kreativität sei.« (Mosse 1991: 11)

Neben der »Befreiung« vom Frankreich Napoleons trug vor allem das Faszinosum einer nationalen Einheit zur Radikalisierung des Nationalismus bei. Einen wichtigen Anteil daran hatten Johann Gottlieb Fichtes »Reden an die deutsche Nation« (1808), das Wirken des »Turnvaters« Jahn und die Musik des Dramatikers Richard Wagner – bis zu den Antisemiten am Ende des 19. Jahrhunderts, Houston Chamberlain und Arthur de Gobineau.

Rassen-Antisemitismus und Rassismus seit dem Ende des 19. Jahrhunderts

Arthur de Gobineau (1816-1882) verband im 19. Jahrhundert die »naturwissenschaftlichen«, rassentheoretischen Klassifikationen mit der Vorstellung vom Abstieg von Zivilisationen durch »Rassen«-Vermischung. Er leitete daraus den dringlichen Appell an die »Verteidigung« und »Veredelung« der höheren Rassen gegen die Gefahr ihres »Untergangs« ab.

Houston Chamberlain (1855-1927) kehrte Ende des 19. Jahrhunderts die pessimistische Sichtweise vom unvermeidbaren Niedergang der höherstehenden Rassen durch »Vermischung« positiv um und propagierte die Regeneration der arisch-germanischen und damit gerade der deutschen Volks-»Rasse« (Zerger 1997: 24). Als einer der wirkungsvollsten

Ideologen und wohl einflussreichster Rassentheoretiker seiner Zeit verband er den klassischen, gegen Schwarze und andere gerichteten kolonialen Rassismus mit dem modernen rassistischen Antisemitismus. Gegen das als verhängnisvoll dargestellte Eindringen der Juden in die europäische Zivilisation beschwor er den Eintritt der Germanen in die Weltgeschichte als Voraussetzung für den Aufstieg Europas.

Es waren also – neben weiterwirkenden Vorstellungen Immanuel Kants, der von geographisch bestimmten »Rassemerkmalen« ausging, die von einer spezifischen inneren Lebenskraft begleitet seien – (Mosse 1991: 99) im späten 19. Jahrhundert vor allem antisemitische Rassentheoretiker wie Gobineau, denen zufolge Völker durch »Rassereinheit« machtvoll geworden seien, wobei Gobineau die »Arier« als vermeintlich reinste »Rasse« ansah (ebd.: 101). Houston Stewart Chamberlain warb dann in seinem Buch »Die Grundlagen des 19. Jahrhunderts« (1900), inspiriert vom Ringzyklus Richard Wagners als »Evangelium der germanischen Rasse«, in der Tradition der Neuromantik für eine »germanische Religion« und betonte die besondere Bedeutung »deutscher Kultur« (ebd.: 105).

Im Laufe der 1870er und 80er Jahre ließen sich diese völkischen Vorstellungen durch neue, nunmehr naturwissenschaftlich unterlegte rassistische Spekulationen aufladen und formierten sich in Verbänden und Parteien. Der wohl wichtigste unter diesen, der Alldeutsche Verband, wurde unter anderem von Alfred Hugenberg 1890 als antisemitischer, militaristischer Verband gegründet; er errang die größte Anhängerschaft und den größten Einfluss innerhalb des völkischen Spektrums. Zusammen mit dem von 1888 bis 1918 residierenden Kaiser Wilhelm II. dominierte nun in großen Teilen der Gesellschaft und vor allem an der Staatsspitze ein zunehmend aggressiv-expansiver und militaristischer Nationalismus, der schließlich, in den Jahren vor dem Ersten Weltkrieg, den »großen Krieg« als unabänderlich und als Befreiung ansah. Dieser neue Nationalismus war von weiteren völkisch-antisemitischen Massenverbänden wie dem Flottenverein und später dem Wehrverein propagiert worden und konnte sich zunehmend auf die politische Mobilisierung von Teilen der unteren Mittelschichten und des Bürgertums stützen (ebd.: 186).[56]

---

[56] Parallel entwickelten sich Formen deutscher Herrschaft zunehmend von oben herab und mit den Mitteln militärischer Entscheidungsgewalt, wie die eindrucksvolle Studie Rudolf von Thaddens über *Friedrich Curtius*, einen hohen Beamten in Elsass-Lothringen und öffentlichkeitswirksamen Kirchenvertreter,

Wolfgang Mommsen (1992: 256) hat darauf hingewiesen, dass das Deutsche Reich zwar bürgerlicher wurde, aber immer noch eine autoritäre Gesellschaft blieb: Die Spuren seiner obrigkeitlichen Entstehung konnte das deutsche Kaiserreich angesichts der bis heute für Konservative faszinierenden »Realpolitik« Bismarcks Zeit seines Bestehens niemals abschütteln (ebd.: 7). Im Gegenteil: Das Reich startete mit seinen autoritär-obrigkeitsstaatlichen Gründungszenen nach dem Sieg über Frankreich; es zeigte seine mangelnde Integrationsfähigkeit angesichts der neuen Herausforderung durch das Industrieproletariat, folgte stattdessen einer autoritären, nationalistischen Radikalisierung. Hinzu kam ein nationales Pathos, das weit in die bürgerlichen Schichten hineinragte und sich sowohl nach innen als nationalistischer Antisemitismus in Ver-

---

belegt (von Thadden 1989: 68ff.). Danach sah Curtius in der Verwaltung des nach dem Sieg über Frankreich 1871 annektierten deutsch-französischen »Reichslands« Elsass-Lothringen zunehmend den Geist des preußisch-deutschen Militärstaates wirken, der »seine Ziele ausschließlich durch politische Dressur« zu erreichen versuchte; Curtius kritisierte die unguten Folgen des Hurra-Patriotismus gerade in Elsass-Lothringen; nicht zuletzt geißelte er das das Verhalten des Militärs im Krisenfall Zabern kurz vor Beginn des Ersten Weltkriegs indirekt als »Säbelherrschaft« (ebd.: 80). Curtius sah einen Umschlag der Stimmung im neuen Kaiserreich: von Illusionen im ersten Jahrzehnt nach 1871, über eine Periode der Gleichgültigkeit und des Überdrusses bis hin zu Ungeduld und schließlich zur Feindschaft (zit. nach ebd.: 81). Die erfolgsgewohnten Offiziere forderten immer lauter ein neues System gewaltsamer Repression (ebd.), und zunehmend entwickelte sich eine Stimmung hin zur Unvermeidbarkeit eines großen entscheidenden Kriegs, und zwar sowohl in Teilen des Offizierskorps wie des Bürgertums: »Die preußisch-deutsche Politik ist seit der Reichsgründung zweimal dem Irrtum verfallen, dass man Ideen mit Gewalt umbringen kann. Beide Male, im Kulturkampf und in dem Vorgehen gegen die Sozialdemokratie, hat der Kampf mit einer entschiedenen Niederlage geendet. Es ist dringend zu wünschen, dass nicht auch die deutsche Politik in Elsass-Lothringen durch eine verfehlte Art des Vorgehens einem rettungslosen Misserfolg zugeführt werde.« (Curtius am 12.4.1914, zit. nach ebd.: 82) Curtius sah in der fundamentalen Militarisierung eine unmittelbare Gefahr für den Frieden. In einer Mischung von Suggestion und dumpfem Fatalismus, in einer Stimmung der Verzweiflung trieben dieselben Kräfte, die die Krise in Zabern veranlasst und in borniert militaristischer Weise eskaliert hatten, in den Weltkrieg hinein, der ihnen die längst erwünschte Gelegenheit bringen sollte, das deutsche Elsass als Feindesland zu behandeln (84). Curtius musste erkennen, dass die feudal-bürgerliche Welt des Kaiserreichs nicht aus sich heraus genügend Kräfte freisetzen konnte, um den gefährlichen autoritär-nationalistischen machtstaatlichen Strömungen zu wehren (86) und sich mit einer mehr oder weniger brutalen Realpolitik zufriedenzugeben.

bänden als auch nach außen im Streben nach einem »Platz an der Sonne« gegen die europäischen Nachbarn, mit denen es konkurrierte, richtete – und sich später in der Kriegsbegeisterung des Geistes von 1914 entlud (ebd.: 8). Der neue deutsche autoritäre Nationalstaat verstand sich nicht als Staatsbürger-Nation, sondern als staatlich geeinte Volks- und Kulturnation. Statt einer klaren demokratisch-liberalen Vorstellung dominierte ein synkretistisches Nationalverständnis. Der nationale Gedanke im Kaiserreich wurde von den Eliten zur Rechtfertigung konservativer und nicht Demokratie fördernder Interessen aufgegriffen; er diente sowohl als (autoritäre, vorurteilsbesetzte, teils antisemitische) Integrationsideologie nach innen wie auch als Begründung eines deutschen Hegemonialanspruchs nach außen (vgl. Lepsius 1993: 211).[57]

Radikalisierung des rassistisch-antisemitischen Nationalismus und imperialistische Bestrebungen der verspäteten Nation

Spät entschieden sich die führenden Kräfte im Deutschen Reich mit Bismarck zum Kampf um Kolonien. In der mehrmonatigen Kongo-Konferenz 1884, bei der vor allem Westafrika eine Rolle spielte, ging es Bismarck mindestens so sehr darum, die konkurrierenden Mächte Großbritannien und Frankreich gegeneinander auszuspielen und vor allem Großbritannien Grenzen zu zeigen, wie darum, am Wettlauf auf Kolonialgebiete mitzumachen. Beiden Zielen diente auch das Machtspiel um die neuen Kolonien. Im Ergebnis erhielt Leopold II. den riesigen Kongoraum als Privatbesitz, wo er das – selbst für afrikanische Verhältnisse – furchtbarste Regime entfesselte. Bismarck unterstützte zugleich die Bemühungen von Personen wie Adolf Lüderitz im späteren »Schutzgebiet« Deutsch-Südwestafrika und ebenso den brutalen Kolonialeroberer Karl Peters in Deutsch-Ostafrika. Zwar trat die aktive Kolonialpolitik Ende der 1980er Jahre für knapp ein Jahrzehnt etwas in den Hintergrund, um dann umso energischer als Teil der neu gewünschten Weltpolitik um einen *»Platz an der Sonne«* (Wilhelm II.) unter der Führung von Bernhard von Bülow und Alfred Tirpitz seit Ende der 1890er Jahre anzuziehen (vgl. Mommsen 1992: 182ff.). His-

[57] Vergleiche auch: Leonhard 2001: 204ff. In der verschwörungsideologischen Schrift der *Protokolle der Weisen von Zion* werden Juden schließlich als die geborenen »Zersetzer« angeprangert, die Wirtschaft, Gesellschaft und Staat untergraben. Diese Schrift hatte großen Einfluss auf den modernen Antisemitismus, der auf die krisenhafte Entwicklung der kapitalistischen Moderne reagierte, sie war erstmals 1903 in Russland erschienen und ist bis heute vielfach verbreitet (Brumlik 2020: 66).

toriker sprechen von einer Spielart des Sozialimperialismus, der darauf gerichtet war, die sozialen Spannungen vom innenpolitischen Zentrum an die Peripherie zu rücken, auch als Ausdruck einer politischen Kultur, die weniger demokratisch als nationalistisch und zunehmend aggressiv nach außen gerichtet war (ebd.: 184).

Der erste Genozid von Deutschen im 20. Jahrhundert

Das Gebiet des heutigen Namibia wurde 1884 zur deutschen Kolonie erklärt. 1883 war die heutige Lüderitzbucht und ein Stück »Hinterland« vom Volk der Nama war im Auftrag des Bremer Tabakhändlers Adolf Lüderitz erworben worden. Bismarck selbst erklärte dem deutschen Konsul in Kapstadt, Lüderitzland stehe unter dem Schutz des Deutschen Reiches. Die Deutschen suchten das Gebiet in Konflikten mit den verschiedenen Stämmen auszudehnen, aber erst Anfang 1904 kam es nach massiven Landkäufen von skrupellosen Händlern zum Aufstand der Hereros. Mit der Verpflichtung Lothar von Trothas zum Oberbefehlshaber der »Schutztruppe« kam es im August zur Entscheidungsschlacht am Waterberg.

»Durch etwa 15.000 Mann unter dem Befehl von Generalleutnant Lothar von Trotha wurde der Aufstand der Herero bis zum August 1904 niedergeworfen. Der größte Teil der Herero floh daraufhin in die fast wasserlose Omaheke-Wüste. Trotha ließ diese abriegeln und Flüchtlinge von den wenigen dort existenten Wasserstellen verjagen, so dass Tausende Herero mitsamt ihren Familien und Rinderherden verdursteten. Trotha ließ ihnen im sogenannten Vernichtungsbefehl mitteilen: ›Die Herero sind nicht mehr Deutsche Untertanen. [...] Innerhalb der Deutschen Grenze wird jeder Herero mit oder ohne Gewehr, mit oder ohne Vieh erschossen, ich nehme keine Weiber und keine Kinder mehr auf, treibe sie zu ihrem Volke zurück oder lasse auch auf sie schießen.‹ Die Kriegsführung Trothas zielte auf die vollständige Vernichtung der Herero ab (›Ich glaube, dass die Nation als solche vernichtet werden muss‹); sein Vorgehen gilt in der Wissenschaft als erster Völkermord des 20. Jahrhunderts. Trotha wurde darin vom Chef des Generalstabs Alfred Graf von Schlieffen (›Der entbrannte Rassenkampf ist nur durch Vernichtung [...] der einen Partei abzuschließen‹) und Kaiser Wilhelm II. unterstützt. Angesichts der Vorfälle erhoben sich im Oktober 1904 die Nama unter ihren Kapteinen Hendrik Witbooi und Jakob Morenga. Von der Kriegsführung gegen die Herero lernend, vermieden die Nama eine offene Schlacht gegen die deutsche Besatzung und begannen einen Guerillakrieg. Durch den Tod Witboois, Morengas und weiterer

Anführer demoralisiert, fügten sich schließlich fast alle Nama-Gruppen den deutschen Unterwerfungsverträgen, sodass der Krieg am 31. März 1907 für beendet erklärt wurde. Doch damit war die koloniale Vernichtungspolitik nicht beendet. Im Anschluss an die Kampfhandlungen wurden die Herero und Nama in Konzentrationslagern interniert, in denen annähernd jeder zweite Insasse starb. Von dem um 1904 auf rund 60.000 bis 80.000 Personen geschätzten Hererovolk lebten 1911 geschätzt nur noch 20.000 Personen. Der Völkermord in Deutsch-Südwestafrika hatte also 40.000 bis 60.000 Herero sowie etwa 10.000 Nama das Leben gekostet.«[58] Nach dem Beginn des Ersten Weltkriegs eroberten südafrikanische Truppen das Gebiet, das dann mit dem Versailler Vertrag unter die Verwaltung der südafrikanischen Union gestellt wurde (vgl. Reinhard 2016: 946f.).

Auch *Deutsch-Ostafrika* war zwischen 1885 und 1918 deutsche Kolonie (im Gebiet der heutigen Länder Tansania, Burundi und Ruanda). Besonders nationalistische Kreise unterstützten die Koloniegründung von Karl Peters. Dieser manipulierte Schutzverträge mit Häuptlingen aus der Region und erhielt im Gefolge der Kongokonferenz die Unterstützung von Bismarck. In einer Kette von militärischen Konflikten unter der Leitung des Reichskommissars Hermann Wissmann erzielten die deutschen Eroberer nach brutal niedergeschlagenen Aufständen immer größere Gebiete. Dann wandten sie eine Strategie der *verbrannten Erde* an: Dörfer wurden zerstört, Ernten und Vorräte verbrannt, Brunnen zugeschüttet und Angehörige der Rädelsführer in Sippenhaft genommen. Es kam zur Entvölkerung ganzer Landstriche und zum Verlust von 100.000 bis 300.000 Aufständischen. Während des Ersten Weltkriegs war Deutsch-Ostafrika stark umkämpft, es gab Hunderttausende Opfer unter der Zivilbevölkerung und das Gebiet wurde zeitweise durch Paul von Lettow-Vorbeck in Kämpfe verwickelt, ehe es am Kriegsende unter britische und belgische Hoheit geriet. Paul von Lettow-Vorbeck wird in rechten Kreisen bis heute verehrt.

---

[58] Der Völkermord an den Hereros und Nama, Wikipedia, heruntergeladen am 26.12.2020.

Teil 3: Achille Mbembes Beitrag zur Analyse des Rassismus

Achille Mbembe bei der Verleihung des 36. Geschwister-Scholl-Preises, Ludwig-Maximilians-Universität, München, 30. November 2015

»Wenn Reparatur und Reparation des Gewesenen Voraussetzungen sind für den ›Aufstieg zum Menschsein‹, dann geht es in der Politik um einen Dialog gleichberechtigter Subjekte im Kampf um eine ›von der Last der Rasse‹, damit aber auch vom Kapital befreiten Welt.

Der Weg wie das Ziel einer solchen Politik liegt in der Globalisierung von Rechten, die historisch immer schon als universelle Rechte eingefordert, zunächst aber immer nur exklusiv, d.h. als rassifiziertes Privileg durchgesetzt wurden.«

Aus der Ankündigung Achille Mbembes zur Konferenz von medico international vom 18. Februar 2021, »Die (Re)konstruktion der Welt. Hilfe. Solidarität. Politik«

1. Über die rassismuskritischen Schriften Achille Mbembes[59]

Achille Mbembe hat seine Kritik am Rassismus vor dem Hintergrund der Reflexionen Hannah Arendts über den Nationalsozialismus und dessen Verbrechen formuliert. Er beschreibt Ähnlichkeiten und Differenzen und betont, dass die Verbrechen des Nationalsozialismus in ihrer Schwere nicht ohne die besonders brutalen Formen rassistischer Unterwerfung in der imperialistischen Phase des Kolonialismus – im Kongo, in Südafrika und in Deutsch-Südwestafrika – denkbar gewesen wären. Ohne die historische Singularität des Holocaust infrage zu stellen, handelt es sich etwa in Deutsch-Südwestafrika um einen Genozid, ebenso wie im Fall des armenischen Genozids der Jungtürken während des Ersten Weltkriegs.

Dabei erlauben es Mbembe die Beobachtungen totaler Menschenfeindlichkeit in ihrer gesellschaftlichen und politischen Spezifität in Afrika, das kumulative Trauma der kolonialen rassistischen Erfahrung in Worte zu fassen. Der Historiker ist insbesondere inspiriert von folgenden Schriftstellern, Lyrikern und Analytikern des Rassismus: dem Lyriker und Philosophen Aimé Césaire aus Martinique, von Césaires Schüler Frantz Fanon sowie von Édouard Glissant. Sie formulierten in den 1930er bis 1950er Jahren in Paris ihre Kritik am kolonialen Rassismus, teils lange vor dem Beginn des algerischen Befreiungskriegs. Mbembe geht es zum einen um die von Frantz Fanon psychoanalytisch diskutierten Traumata absoluter Gewalt im kolonisierten Algerien vor und

[59] Die in diesem Kapitel vermehrt zitierten Schriften von Achille Mbembe, *Politik der Feindschaft* (2017) wird mit *Politik*, die *Kritik der schwarzen Vernunft* (2014) mit *Kritik* zitiert.

während des algerischen Befreiungskampfs 1955-1961 mit seinen Konsequenzen. Vor allem aber diskutiert er den antirassistischen Kampf des ANC, die Dramatik des Kampfes von Nelson Mandela in und nach seiner langen Haft – und den späten Sieg der Anti-Apartheid-Bewegung in Südafrika, wo er seit nunmehr 20 Jahren lebt.

Rassismus und rassistischer Antisemitismus im 20. Jahrhundert

Achille Mbembe reflektiert mit Hannah Arendt die dem Nationalsozialismus historisch vorgelagerten menschenfeindlichen rassistischen Ideoogien und Handlungen. Nicht zuletzt geht es dabei um den Run auf Kolonien Ende des 19. Jahrhunderts, im »*Scramble for Africa*« (Wettlauf um Afrika). Damals erreichte die koloniale und kolonialrassistische Eroberung, allen voran Afrikas, einen von Arendt als imperialistische und besonders brutale Phase bestimmten Höhepunkt. Nach der Kongokonferenz wurde ein Wettlauf auf die noch verbliebenen weißen Flecken der Welt in einem sich überbietenden expansiven Nationalismus der europäischen Nationen veranstaltet. Zu den Besonderheiten der »Unterwerfung der Welt« (Reinhard) gehört ihre schiere Dauer, ihre Intensität und die Totalität rassistischer Ideologie und Praxis in den kolonialen Regimen. Es waren diese, den Kapitalismus entscheidend fördernden Sklavenhalter-Gesellschaften, gekennzeichnet durch Sklavenhandel und Apartheid, die zusammen zu (einem) genozidalen Verbrechen sui generis geführt und die rassistische Durchherrschung der Welt für Jahrhunderte geprägt haben – was bis heute autoritäre und zum Teil rassistische Folgen zeitigt. Es ist indes der ungeheure Vorgang in der sich entwickelnden Phase des Imperialismus – von der Versklavung in Afrika über den transatlantischen Sklavenhandel hin zur systematischen Kolonisierung der Welt (Afrikas, Asiens und der Amerikas) –, der Hannah Arendt zufolge den totalitären Bewegungen in der ersten Hälfte des 20. Jahrhunderts vorausging. Das gilt für die großen aufstrebenden Kolonialmächte, ihre Ausbeutung und rassistische Praxis in denjenigen Gebieten, die sie organisierten: die Franzosen in Afrika und Indochina beispielsweise, die Briten in weiten Teilen Afrikas und die »verspäteten« deutschen Kolonialherren in Namibia oder Deutsch-Ostafrika. Die Entwicklung der Vereinigten Staaten war dabei selbst auch das Resultat transatlantischer rassistischer Sklaverei und einer entsprechenden Sklavenhaltergesellschaft.

Mit der Ende des 19. Jahrhunderts forcierten europäischen Kolonisierung Afrikas ergaben sich neue Möglichkeiten der Akkumulation von Macht zur Enteignung, Erzeugung und Verwaltung menschlichen

»Abfalls« und damit auch zur Zerstörung und Vernichtung, zugleich zum Aufbau von Verwaltungsinstitutionen, etwa in Süd- und Südwestafrika. Die Rasse, so zitiert Achille Mbembe Hannah Arendts Text *Elemente und Ursprünge totaler Herrschaft*,[60] war der Notbehelf, »mit dem Europäer auf menschliche Stämme reagierten, die sie nicht nur nicht verstehen konnten, sondern die als Menschen, als ihresgleichen anzuerkennen sie nicht bereit waren« (308). Arendt verweist auf die Vernichtungs- und Ausrottungsphantasien und -strategien in den zugespitzten Konfrontationen mit Afrika, nicht zuletzt Südafrika: »Der Rassebegriff der Buren entspringt aus dem Entsetzen vor Wesen, die weder Mensch noch Tier zu sein schienen und gespensterhaft, ohne alle fassbare zivilisatorische oder politische Realität, den schwarzen Kontinent bevölkerten und überbevölkerten. Aus dem Entsetzen, dass solche Wesen auch Menschen sein könnten, entsprang der Entschluss, auf keinen Fall der gleichen Gattung Lebewesen anzugehören. Hier, unter dem Zwang des Zusammenlebens mit schwarzen Stämmen, verlor die Idee der Menschheit und des gemeinsamen Ursprungs des Menschengeschlechts, wie die christlich-jüdische Tradition des Abendlandes sie lehrt, zum ersten Mal ihre zwingende Überzeugungskraft, und der Wunsch nach systematischer Ausrottung ganzer Rassen setzte sich umso stärker fest, als es offenbar war, dass im Gegensatz zu Australien und Amerika Afrika viel zu übervölkert war, als dass die dort erprobten Lösungen des (sog., H.F.) Eingeborenenproblems je ernstlich infrage kommen könnten. So wie für die europäischen Einwanderer das Treiben der schwarzen Stämme etwas unheimlich Irreales und Gespensterhaftes hatte, so liegt in den furchtbaren Massakern, die der Rassenwahn unmittelbar zeitigte – in der Ausrottung der (sog., H.F.) Hottentottenstämme durch die Buren, in dem wilden Morden Karl Peters' in Deutsch-Ostafrika, in der ungeheuerlichen Dezimierung der friedlichen Kongobevölkerung durch den belgischen König –, ein Element von irrsinniger Vergeblichkeit.« (308f.)

Arendt bezieht diese Ausrottungsstrategien auf jene in der Naziherrschaft: »Für uns, die wir noch die vielfältige Bezogenheit zwischen Rassenwahn und Bürokratie in der Naziherrschaft vor Augen haben, ist es wichtig, zu sehen, dass in der eigentlich imperialistischen Periode diese beiden Prinzipien sich unabhängig voneinander entwickeln (und keiner der Verantwortlichen) je ahnte, welche außerordentlichen Möglichkeiten an Macht- und Zerstörungsakkumulation sich aus einer Kombina-

[60] Die Seitenzahlen in diesem Abschnitt beziehen sich dementsprechend auf Arendt 1986.

tion beider (also des Rassenwahns und der Bürokratie, H.F.) ergeben würden.« (309) Arendt bezieht den Begriff der *Rasse* auf die besonderen Ausmaße kolonialer Ausbeutungs- und Deportationspraxen, die rassistisch für »legitim« erklärt worden waren, und zweifelt an, ob diese Elemente von sich aus und ohne die Notwendigkeiten imperialistischer Politik fähig gewesen wären, sich in einer einheitlichen Weltanschauung zusammenzuschließen (267). Die politische Entwicklung dieser Rassenideologien basierte auf imperialen und Eroberungstraditionen (270). Ohne diese Erfahrungen etwa der Zuspitzungen Südafrikas und seines Apartheidkonzepts oder Deutsch-Südwest- und Deutsch-Ostafrikas wären die totalitären Bewegungen des 20. Jahrhunderts weniger wahrscheinlich, wenn nicht undenkbar gewesen; mit den Erfahrungen genozidaler Massaker in Südwestafrika bzw. den Konzentrationslagern in Südafrika hat man für den Totalitarismus des Nationalsozialismus »gelernt«. Hannah Arendt analysierte den Nationalsozialismus (und Stalinismus) als Typen totaler Herrschaft und als Folgeerscheinungen von Antisemitismus und Imperialismus.

Achille Mbembe sieht in der_Epoche des Faschismus und des Nationalsozialismus Parallelen zu den vorherigen Herrschaftsformen des Kolonialismus – aber auch Unterschiede: So »teilten diese drei Formationen (Kolonialismus, Faschismus und Nationalsozialismus) einen gemeinsamen Mythos, nämlich den der absoluten Überlegenheit der sogenannten westlichen Kultur, die ihrerseits als die Kultur einer Rasse, der weißen Rasse, verstanden wurde« (*Politik:* 129) [61] Der politisch or-

---

[61] »Angesichts der Vernichtung der europäischen Juden gilt seit dem Holocaust das Lager als Ort einer radikalen Entmenschlichung, als Ort, an dem der Mensch die Erfahrung macht, zum Tier zu werden, indem er andere menschliche Existenzen vernichtet. Das Lager gilt auch als symptomatisch für die Ausgrenzung seiner Opfer aus der menschlichen Gemeinschaft; als Schauplatz eines ebenso geheimen wie unvorstellbaren und unsagbaren Verbrechens, zumindest bei den Tätern unabwendbar dem Vergessen anheimgegeben, zumal man von Anfang an alles tat, um Spuren zu verwischen.« (*Politik:* 131) Und: »Auf der Nachtseite finden sich die Konzentrations- und Ausrottungsprozesse, von denen zahlreiche Überlebende Zeugnis ablegen, darunter Jean Améry, ein Leser von Fanon, in dem er weit mehr als einen Gesprächspartner und fast schon einen Verwandten fand. Und die Verbindung zwischen den beiden Seiten bildete, wie Hannah Arendt und später Michel Foucault erkannt hatten, die Rasse oder genauer: der Rassismus.« (Ebd.: 132) Mbembe ist also, wie bereits in Teil 1 dieses Buches betont, über jeden Zweifel erhaben, dass er den Holocaust relativiere. Er hebt ihn geradezu hervor, betont aber im historischen Kontext, dass der koloniale Rassismus wie der mörderische antisemitische Rassismus

ganisierte Rassismus des Hitler-Regimes konnte demnach in den 1930er Jahren – nicht nur – in Europa eine solch außerordentlich starke Anziehungskraft entfalten, weil er auf einflussreiche Traditionen zurückblicken konnte (vgl. Arendt 1986: 267). Im 20. Jahrhundert entstand die imperialistische, totalitäre Spielart des Antisemitismus (die sich von traditionellen Formen der Judenfeindschaft wesentlich unterschied) (ebd.: 24). Erst mit den totalitären Bewegungen, also im Zeitalter des Imperialismus und in der darauffolgenden Epòche totalitärer Bewegungen und Staaten, wurde die antisemitische Ideologie in besonderer Weise mörderisch aufgeladen.[62] Hannah Arendt geht davon aus, dass es eben kein Zufall war, dass gerade der Antisemitismus den Kern und Kristallisationspunkt der nationalsozialistischen Ideologie bildete (ebd.: 25).

---

des Dritten Reichs einander besser erklären können (vgl. auch Därmann 2020). Die Logik des Konzentrationslagers habe es schon lange vor deren Systematisierung und Radikalisierung durch das Dritte Reich gegeben (*Politik*: 134). Im Fall Südafrikas reagierte die englische Krone beim Wechsel ins 20. Jahrhundert mit der verstärkten Einrichtung von Konzentrationslagern auf den Kleinkrieg der widerständigen Afrikaner gegen die britischen Truppen. »Man pferchte die Zivilbevölkerung, hauptsächlich Frauen und Kinder, an öden trostlosen Orten in stacheldrahtumzäunte Lager, in denen die Sterblichkeit außergewöhnliche Ausmaße erreichte.« (135) Ausdrücklich betont Mbembe, dass diesem aus der Kolonialherrschaft stammenden »Vorbild das Dritte Reich eine wesentliche Funktion hinzufügte: den geplanten Massenmord. Einen geplanten Massenmord dieser Art hatten die Deutschen übrigens schon 1904 in Südwestafrika erprobt – den ersten Völkermord des 20. Jahrhunderts« (135).

[62] Mbembe beeindruckt durch Schärfe und Präzision der Kritik an der Moderne als einem europäischen Projekt grenzenloser Expansion, das (spätestens) in den letzten Jahrzehnten des 18. Jahrhunderts in Gestalt der Expansion der europäischen Kolonialreiche entfesselt worden war (*Kritik:* 110), ehe im folgenden Jahrhundert der Imperialismus Europas triumphierte. In diesem Zusammenhang kritisiert der Autor den Kern des politischen Denkens (von Aufklärung und Moderne) in Europa und analysiert entsprechend Denker wie Burke, Kant, Diderot oder Condorcet. Wir verstünden die Moderne nicht, solange wir nicht verstanden haben, dass ihre Entstehung mit dem Erscheinen des Rasseprinzips und der langsamen Umwandlung dieses Prinzips in die Matrix der Herrschaftstechniken zusammenfällt, und zwar heute ebenso wie damals (111). Zwar sei das Denken mit Fragen nach dem Universalismus, den individuellen Rechten, der Handlungsfreiheit, dem Verhältnis zwischen Mitteln und Zielen, der nationalen Gemeinschaft und der politischen Fähigkeiten, der internationalen Gerechtigkeit (110) konfrontiert worden – aber eben mit und in diesem Universalismus zeige sich die starre Grenze, durch die der Andere ausgeschlossen wurde: der rassistisch abgewehrte Andere ebenso wie der abgewehrte Kontinent Afrika (111).

»Afrika« als Projektion Europas und seiner Herrschaft

Mbembe sieht die Wahrnehmung Afrikas durch Menschen und Gesellschaften im europäischen Westen durchzogen von Projektionen. Die damit verbundenen Vorstellungen haben mit der Komplexität dieses Kontinents und ihren Menschen nicht oder nur selektiv zu tun und sind, mehr noch, von dem dominiert, was Menschen und Gesellschaften jeweils über Afrika und seine Menschen sich vorzustellen wünschen – worin sich ihre Ängste, ihre Sehnsüchte, ihre Dominanz- und Beherrschungsvorstellungen zeigen. Vor allem aber sind diese Vorstellungen durchzogen und durchsetzt von einem Rassismus der Dominanz.

Kritik der schwarzen Vernunft

Für Achille Mbembe sind *schwarze Vernunft/Rassismus/Afrika* daher lediglich unzureichende Notbegriffe für einen jahrhundertelangen Vorgang der Ausbeutung, Versklavung und Vernichtung von Schwarzen. Sie werden formuliert in einer Sprache, die, oft im Zeichen der Moderne und der Aufklärung, diesen ungeheuren Vorgang in den vielfältigsten Ausformungen maskiere. Dieser Prozess der Erniedrigung und der systematischen Abweisung von Menschenrechten macht für diese so bezeichneten und so definierten Gruppen eine jahrhundertelange Folter aus. Die Kehrseite dieser Fiktion, dieses phantastischen *und* real gemachten Konstrukts und seiner ideologischen Projektion ist die Realität eines Ur-Dualismus, der seine Rechtfertigung seinerseits teilweise im alten Mythos rassistischer Überlegenheit fand (*Kritik:* 29). Es war dieser Mythos, der es dem Zentrum der westlichen Welt und damit der seinerzeit »zivilisiertesten« Region der Welt erlaubt hat, einerseits die Idee des Menschen als Träger bürgerlicher und politischer Rechte zu produzieren, andererseits auf der Abwehr und Negation großer Teile der Menschheit zu bestehen, die als nicht zugehörig definiert wurden (ebd.). Daraus entstand die Konfrontation: der Westen gegen den »Rest der Welt«, die Gestalten des Andersartigen, die Differenz und die reine Macht des Negativen – bezogen auf *»Afrika«* im Allgemeinen und den *»Neger«* im Besonderen (30).

Mit der Vorstellung eines paranoiden Wahns im kolonialen Rassismus hat Achille Mbembe nicht nur Bilder und Phantasien gemeint, sondern eine geschichtlich wirksam gewordene Realität: Der Rassismus war im Laufe der letzten fünf Jahrhunderte Ausgangspunkt zahlreicher Katastrophen und Ursache unerhörter psychischer Verheerungen wie auch zahlloser Verbrechen und Massaker (13). Mbembe sieht eine Phase, die durch die organisierte Entrechtung gekennzeichnet ist, als Männer und Frauen afrikanischer Herkunft für die Zwecke des transatlantischen Sklavenhandels (15.-19. Jahrhundert) in menschliche Objekte, menschliche Waren und menschliches Geld verwandelt wurden. Sie wurden gefangen, verbracht, ausgebeutet und sämtlicher Menschenrechte entkleidet. Sie hatten weder Namen noch eine eigene Sprache und durften keine mitmenschlichen Beziehungen unterhalten. (14)

Dieses Verbrechen an den Menschen, die man Schwarze und zuvor »Neger« genannt hat, ist auch deswegen so umfassend, weil es ihnen systematisch die grundlegendsten Rechte, Mensch zu sein und »*das Recht, Rechte zu haben*« (Hannah Arendt), entzogen hat und zugleich in jeder Hinsicht über ihr Dasein und ihre Rechte einschließlich ihrer Tötung verfügt hat. Der Autor hat dem Wort »Neger« nachgespürt:

»Auf phänomenologischer Ebene bezeichnet der Ausdruck zunächst einmal keine Bedeutung tragende Realität, sondern eine Lagerstätte oder eher noch eine Kruste aus Dummheiten und Phantasmen, die der Westen (und andere Teile der Welt) zusammenbraute und mit der er Menschen afrikanischer Abstammung überzog, noch bevor sie in das Netz des im 15. und 16. Jahrhundert aufkommenden Kapitalismus gerieten. Als ein lebendiges menschliches Wesen mit bizarren Formen, von den Strahlen des Himmelsfeuers geröstet, mit einer übermäßigen Ausgelassenheit ausgestattet, von Freude überwältigt und vom Verstand verlassen, ist der Neger vor allem anderen ein – gigantischer und fantastischer Körper, ein Glied, Organe, eine Farbe, ein Geruch, Fleisch und Blut, eine unerhörte Ansammlung von Empfindungen. Wo er Bewegung ist, kann diese Bewegung nur eine der Kontraktion an Ort und Stelle, des Kriechens und des Krampfes sein (Hegel, Vorlesungen über die Geschichte der Philosophie).« (Der Brunnen der Phantasmen, in: *Kritik:* 82)

Durch einen »Prozess der Eintrichterung (sei) diese dicke Kruste aus Dummheiten, Lügen und Phantasmen zu einer äußeren Hülle geworden, die seither dazu bestimmt ist, an die Stelle ihres Seins, ihres Lebens, ihrer Arbeit und ihrer Sprache zu treten«. Diese Hülle ist mit der Zeit »versteinert und hat sich in ein Außenskelett verwandelt (...), eine zweite Ontologie – und ein Krebsgeschwür (...), das an dem davon Befallenen nagt, ihn verschlingt und schließlich zerstört«. »Ein Gift, von dem man sich fragen sollte, was es in dem Menschen bewirkt, der es herstellt und destilliert, und was es in dem Menschen anrichtet, dem es systematisch eingeflößt wird.« (Ebd.: 83)

Achille Mbembe spricht in teils grotesk und verstörend wirkenden Bildern von einer seltsamen Macht, die der Name *Afrika* besitzt. Er gleiche einer Maske, die das Gesicht verbirgt, indem sie es verdoppelt und die Welt durch die Maske in einer Art Schatten gesehen wird (*Kritik:* 103). Dabei bleibt aber dieses Afrika selbst verborgen – gelöscht und verhüllt zugleich, das Grab eines Bildes, in dem das Licht nicht mehr reflektiert wird und dessen Glieder sich nicht bewegen können (104), dessen Name letztlich eine leere Form ist. Es entsteht ein Nichts, Phantome der Leere, Phantasiebilder einer Macht, die alles verschlingt: Afrika als Symbol dessen, was gleichermaßen außerhalb und jenseits des Lebens stehe. (105) »Afrika« ist assoziiert mit einer von Härte, Gewalt und Verwüstungen heimgesuchten Welt. Es sei das Sinnbild einer dunklen und blinden Kraft, gefangen in einer gleichsam präexistenten und präpolitischen Zeit (101), das heißt außerhalb der Politik und damit einer Zerstörung von Politik. Der »Neger« ist Zeuge, der dem Kolossos der Welt, ihrem Doppelgänger, ihren kalten Schatten zeigt (107), ein Bildnis riesigen Ausmaßes, das man in einem leeren Grab beerdigt, Ersatz für die nicht vorhandene Leiche, Platzhalter des Gestorbenen. »Als Kolossos der Welt ist der Neger jenes Feuer, das die Dinge in der Höhle oder in dem leeren Grab, das unsere Welt ist, beleuchtet und so zeigt, wie sie wirklich sind.« (108) Zugleich ist er der beunruhigendste menschliche Zeuge der Gewalt und der Ungerechtigkeit, die Negation von Verantwortungsgefühl und Gerechtigkeit – das Ergebnis der Rassenarbeit und die Negation der bloßen Idee der Gemeinsamkeit und einer menschlichen Gemeinschaft – etwas, was letztlich zu Wiedergutmachung, Rückerstattung und Gerechtigkeit im Sinn einer Kritik des Rassismus auffordert (109).

Das Phantasma Afrika und der Wahn des Rassismus

Achille Mbembe sieht in der Moderne bzw. in ihrer dunklen Unterseite eine Form der Abschließung: »Neger« und »Rasse« sind in der Vorstellungswelt der europäischen Gesellschaften eins (12). Mit der Entfaltung des modernen Projekts der Aufklärung entfalte sich zugleich die Vorstellung des Anderen. Der *»Neger«* und *»Afrika«* als Erfindung, als Projektion, als Wahn: »Im Wahn gibt es immer einen »Neger«, einen Juden, einen Chinesen, einen Großmogul, einen Arier.« (Gilles Deleuze, zit. n. *Kritik:* 13) Der Autor spricht von *schwarzer Vernunft/raison nègre* – was eine höchst widersprüchliche Formulierung der Tradition europäischer Aufklärung und vermeintlich reiner Vernunft darstellt. Denn in Wahrheit handelt es sich für Mbembe um Gestalten des Wissens, um ein Ausbeutungs- und Ausraubungsmodell, ein Paradigma der Unterwerfung und der Modalitäten ihrer Überwindung und schließlich eines psychischen Traumakomplexes, eines großen Käfigs, eines komplexen Netzes aus Spaltungen, Unsicherheiten und Mehrdeutigkeiten, in welchem Rassismus[63] und rassistische Zuschreibungen die ideologische und praktische Grundlage sind und das sich auf ein entsprechendes Phantasma Afrika bezieht. Der Autor nennt den Begriff der *schwarzen Vernunft* selbst einen mehrdeutigen und polemischen Ausdruck (27).

Der Begriff der »Rasse« sei eine Gestalt der wahnhaften und gelegentlich auch hysterischen Phobie. Die »Rasse« ist in dieser Sicht das, was sich seiner selbst versichert, indem es hasst, Schrecken verbreitet, mordet, d.h. den anderen nicht als seinesgleichen, sondern als ein bedrohliches Objekt konstituiert, vor dem man sich schützen, das man loswerden oder, da man keine vollständige Herrschaft darüber erlangen kann, einfach vernichten muss (vgl. Baldwin 1993). Das weiße Denken über »Rasse« folgt einer projektiven Paranoia. Rassistische Erzählungen, die über das fabulieren, was der Andere, der Schwarze, der »Neger« sei, weisen zurück auf eigene Projektionen, ihre Machtwünsche, ihre Sexualität und ihre Angst davor. Ihnen korrespondiere, und hier bezieht sich Mbembe wieder auf Frantz Fanon, ein Drang nach Rache, mit dem Zorn derer, die unter dem Joch der Unterdrückung allzu oft gezwungen sind, unzählige Beleidigungen, alle erdenklichen Arten von Gewalt und Demütigung und zahllose Verletzungen hinzunehmen (*Kritik:* 28) Das Konzept der »Rasse« sei sowohl eine nützliche Fiktion wie – in seiner Umsetzung – eine autonome Gestalt der Realität (29).

Kritik der schwarzen Vernunft kritisiert die Strukturen einer gesellschaftlichen Entwicklung, in der es von der Entfaltung der Mündigkeit abhänge, dass wir in einer liberalen freien und tendenziell gleichen Gesellschaft leben. Dieser Terminus begreift den Mythos der liberalen Gesellschaft, in der vermeintlich jeder sich entfalten kann. Der Mythos, so der Autor, ist ein wirkmächtiger emphatischer Begriff von Gleichheit und Freiheit. Aber er thematisiert nicht auch nur ansatzweise angemessen gesellschaftliche Ungleichheit im aufkommenden Kapitalismus und Rassismus. Die Koexistenz von beidem ist weniger oder gar kein Gegenstand dieser Emphase für die reine Vernunft der Entfaltung der Menschenrechte und schließlich der Bürgerrechte. Mbembe geht davon aus, dass diese emphatische Beschwörung der Aufklärung und der Vernunft keineswegs rein, sondern durchzogen ist von den gesellschaftlichen Erfahrungen und vor allem Strukturen sozialer, ökonomischer, politischer und patriarchaler Abhängigkeiten, von Ungleichheit und Rassismus.

---

[63] Ich verwende im Folgenden das Wort »*Neger*« in Achille Mbembes eigener polemischer und zugleich selbstbewusster Verwendung.

Wird die Prachtstraße zur Freiheit aus selbstverschuldeter Unmündigkeit beschritten, so lassen sich die Vorherrschaft der Ungleichheit, die ungleichen Machtverhältnisse im sich entfaltenden Kapitalismus leicht übersehen. Waren nicht Hobbes und Locke Kronzeugen der aufkommenden liberalen Demokratie, also jene, die der Ungleichheit und der Stützung des Sklavenhandels auf rassistische Weise ihre Philosophie angeboten haben?

»Politik der Feindschaft«: Zur »Vor«-Geschichte kolonialer Gewalt

In seiner Streitschrift *Politik der Feindschaft* plädiert Achille Mbembe dafür, den Blick auf die vergessene Gewalt der Kolonialzeit und ihre Folgen in den demokratischen Institutionen, dem Rechtssystem und den gesellschaftlichen Spannungen zwischen Innen und Außen, zwischen Eigenem und für fremd Erklärten zu werfen. Zudem warnt er vor den Gefahren der Gewalt in Demokratien, vor der rücksichtslosen Durchsetzung von Kapitalinteressen auf und vor den – mit dem sich ausbreitenden Kapitalismus verbundenen – *ökologischen Katastrophen*, formuliert also für den Fall, dass diesen Warnungen nicht anders als bisher begegnet wird, eine Art pessimistischer Prophetie.[64]

Im Kapitel zum »*Ende der Demokratie*« in der »Politik der Feindschaft« zielt Mbembe auf das, was in den westlichen Debatten um die Demokratie vielfach vernachlässigt wird: die Entstehung der westlichen Demokratien aus Prozessen von Kolonisierung, Rassismus und Gewalt. Es ist der Versuch, die 300-jährige Geschichte der Moderne und der Demokratie anders als in den allzu gefälligen Darstellungen zu analysieren und der westlichen Vernachlässigung, teils Verdrängung dieser Vorgeschichte den Spiegel vorzuhalten, das heißt unsere Gegenwart gegen den Strich zu lesen (23). Denn wie anhand der Kolonialphilosophen exemplarisch diskutiert wurde (vgl. Teil 2), war die Entwicklung von Wirtschafts- und Demokratietheorie durch Formen der Umschichtung der Weltbevölkerung, durch Menschenraub, Ausbeutung des natürlichen Reichtums und Arbeitszwang geprägt (26). Westliche

---

[64] Ihn interessiert an dieser Stelle weniger, unter welchen spezifischen Bedingungen einer umfassenden Sozialisation und Kultur gegenseitiger Achtung und Empathie sowie unter welchen Bedingungen sozialer Fairness, d.h. ohne die Formen des brutalen Kapitalismus, das Gewaltpotenzial perspektivisch entschieden verringert werden kann. Diese Perspektive ist indes Gegenstand seines Beitrags für die international beachtete Konferenz *Die Rekonstruktion der Welt. Hilfe. Solidarität. Politik* von Medico international im Februar 2021 (siehe im Folgenden den Abschnitt 3: »Die Welt reparieren«).

Mächte setzten die peripheren Länder Krieg, Besetzung und Ausplünderung aus: Daraus entstand ein brutales kolonialrassistisches Eroberungs- und Unterdrückungs-Projekt (27). Die von Norbert Elias beschriebene Zivilisierung war die Kehrseite einer äußerst brutalen und physischen Gewalt. Mbembe sieht die Vereinigten Staaten als demokratischen Sklavenstaat, mit Verweis auf W.E.B. Du Bois' bahnbrechendes Werk *Black Reconstruction in America* (1998/1935) (36), als eine »Gemeinschaft der Gleichen und eine Gruppe von Nichtgleichen oder Menschen ohne Teilhabe«.

»Man hat dem Neger in fast allen Staaten, welche die Sklaverei abschafften, Wahlrechte verliehen; geht er aber zur Urne, so setzt er sein Leben aufs Spiel. Wird er unterdrückt, so kann er klagen, aber seine Richter sind alle Weiße.« (Alexis de Tocqueville: Über die Demokratie in Amerika, zitiert nach *Politik:* 37f.). Der innere Frieden im Westen basierte zu einem großen Teil auf Gewalt in der Ferne, die Zivilisierung der Sitten war möglich durch die entgrenzte Gewalt »da draußen«. Kolonialsysteme und Sklaverei bildeten den bitteren Bodensatz der Demokratie. Die drei Systeme – Plantage, Kolonie und Demokratie – könnten sich nicht voneinander trennen (42f.). Mbembe sieht darin eine Verstrickung der Demokratie mit dem Plantagen- und Kolonialreich, nicht ohne Auswirkungen auf die Gewaltbereitschaft in der heutigen Weltordnung. Er analysiert die insbesondere seit der zweiten Hälfte des 19. Jahrhunderts tobenden und zunehmend militärtechnisch brutalisierten, quasi-genozidalen kolonialen Eroberungskriege. Zudem verweist er auf die von ihm »Nekropolitik« genannten Verheerungen in großen Teilen Zentralafrikas wie in der Sahelzone, einschließlich der schmutzigen Kriege der De-Kolonisierung in Indochina, Algerien, Angola und Mosambik – mit dem Zehnfachen an Toten auf der Seite der Einheimischen (51) und der Brutalisierung trotz und parallel zu den Versuchen der »Einhegung« der Kriege durch das Recht im Krieg und das Recht zum Krieg (52).

Denn die Kolonialkriege waren exakt in der Zeit weiter brutalisiert worden, in der die Regeln des modernen Kriegsrechts erstmals auf den Konferenzen in Brüssel 1874 und Den Haag 1899 sowie 1907 formuliert worden waren (52). Das ist zugleich ein überzeugendes Beispiel für die Auslagerung der Gewalt der Demokratien in die Kolonien und für ein gänzlich instrumentelles Rechtsverständnis, das die Machtinhaber von jeder echten Beschränkung befreit habe – das konstituierende Element ist vielmehr rohe, weil uneingeschränkte Gewalt (53). Mbembe sieht die Kolonialkriege, erst recht in der imperialistischen Phase seit Ende des

19. Jahrhunderts als Kriege, die nicht nur außerhalb des Rechts standen, sondern immer auch von Ausrottungswünschen begleitet waren. Er geht davon aus, dass die größten kolonialen Völkermorde in Siedlungskolonien stattfanden, da man dort darauf aus war, die Spuren einheimischer Besiedlung zu leugnen und zu beseitigen, und verweist hierzu auf Studien wie die von Martin Shaw, »Britain and genocide«, die sich mit den Formen britischer Herrschaft in Afrika, dem Nahen Osten und Indien befassen. (53) Dabei verweist der Autor auf ein »Recht«, »das seinen Ursprung im Nichtrecht hat und sich als außerhalb des Gesetzes stehendes ›Gesetz‹ etabliert« (55). Zudem hebt er die Bedeutung einer Art Mythologisierung und Beherbergung dieser Ursprünge des »Rechts« in der Gewalt des Kolonialherren und ihren sinnbildlichen Ausprägungen hervor, die zu eigentlichen Nicht-Orten werden: *die Plantage, die Kolonie und – heute – das Lager und das Gefängnis (56).*

Die absolute »Trennung« im Kolonialregime und in der »Apartheid«

Mit dem Begriff der »Trennung« sucht Mbembe – aus der Ich-Perspektive – das Spezifische des Kolonialregimes zu bestimmen: Auf der einen Seite steht mein lebendiger Körper – auf der anderen Seite stehen die anderen, mit denen ich niemals vollkommen eins sein werde und mit denen ich niemals eine auf Gegenseitigkeit oder wechselseitiger Einbindung beruhende Beziehung eingehen kann (88f.). Diese anderen werden als psychische Objekte konstruiert, die konstitutiv sind im Sinne der Abwehr für das bestimmende Ich (91). Ohne dieses Gegenüber verliere das affektive, emotionale und psychische Leben in der dominanten Gesellschaft seinen Gehalt (91). So sehr es als ein äußerliches gedacht werden muss, kann das dominante Ich sich schlicht nicht davon lösen, auch nicht dadurch, dass es den anderen erbittert verfolgt. Trotz des Versuchs der absoluten Trennung sind das vermeintlich böse Objekt und das Ich niemals vollkommen getrennt, sodass die Ausweisung oder gar Vernichtung letztlich das dominante Ich bzw. die dominante Gesellschaft keineswegs befreit. (91) In dem Maße, in dem der Wunsch nach Feinden, nach Apartheid oder sogar nach Ausrottungsphantasien in Demokratien präsent sind, tendieren sie nicht nur zur Gewalt, sondern zur Zerstörung.[65]

---

[65] Die »*Verweigerung*« eines Feindes wird in diesem Zusammenhang andererseits sogar als narzisstische Kränkung erlebt (93). Keinen Feind zu haben, heißt jeder (für Gesellschaft und Politik konstitutiven) Hassbeziehung beraubt zu sein, die in dieser Logik dazu berechtigt, allen erdenklichen Wün-

Im 2. Kapitel betont der Autor die Bedeutung von Freund-Feind-Spaltungen in der Demokratie und die daraus entstehende Gefahr einer Entdemokratisierung. Am Beispiel der Entwicklung in den palästinensischen Gebieten sieht er Apartheid-ähnliche Formen der Trennung, Einschließung und der Vernichtungsangst bei den Betroffenen. Er begreift die palästinensischen Gebiete als Versuchslabor für »Formen der Kontrolle, der Überwachung und Trennung, wie der regelmäßigen Abriegelung, der Begrenzung der Zahl der Grenzübertritte, der regelmäßigen Verhängung von Ausgangssperren in den palästinensischen Enklaven, der Überwachung der Bewegung oder der vollständigen Abschließung ganzer Städte« (84); dies definiert für ihn ein Regime der Trennung, das noch weitergehe als die Bantustans im ehemaligen Apartheid Südafrika. Sein Hauptargument hierfür ist eine geschichtlich verwurzelte apokalyptisch erscheinende Katastrophen-Wahrnehmung der Palästinenser als den Wiedergängern der Zerstörung von Juden und Israel. (85)

(Selbst-)Zerstörung in Kolonialismus, Faschismus und Nationalsozialismus

Im 3. Kapitel von »Politik der Feindschaft« sieht Mbembe die liberale Demokratie historisch kontaminiert: durch den Rassismus, die Aufteilung der Welt und die Bedingungen der Weltherrschaft sowie den Status des Krieges und seiner Schicksalshaftigkeit und einen damit verbundenen, insbesondere in der ersten Hälfte des 20. Jahrhunderts dominierenden tiefen Kulturpessimismus (122f.). Dieser hatte Deutschland und Europa nach dem Ersten Weltkrieg regelrecht überschwemmt und zu einer so nicht dagewesenen Verschmelzung von Nationalismus und Militarismus geführt (125). Für Sigmund Freud war es das Skandalon dieses entfesselten Krieges, das erkennen ließ, dass der Prozess einer Zivilisierung auch etwa der Aggressionstriebe keineswegs vor einem Rückfall, einer kollektiven zerstörerischen Regression gefeit war (126f.).

Daran schließt der Kulturhistoriker eine bedrückende Überlegung an: Wenn nämlich das nach außen gewendete Andere (zu Bekämpfende) nach innen selbst zur Zielscheibe für Gewalt und Ausrottung gemacht wird, kommt es nicht nur zu einer Ausrottungspolitik des jüdischen

---

schen freien Lauf zu lassen (93). Die Unterscheidung zwischen Freund und Feind, die für Carl Schmitt das Politische konstituiere und eine tödliche Feindschaft »legitimiere«, werde existentiell, wenn der Feind diffus ist und Anlass für paranoide Phantasien bietet, d.h., wenn er ohne Gesicht, ohne Namen und ohne Ort ist (94).

Volkes, sondern auch dazu, das Objekt dieser Aggression selbst zu seinem Ziel zu machen und damit zu einer destruktiven Rückwendung der Außenwelt gegen die eigene Person, das eigene Subjekt. Dieses muss nun das Unzweckmäßige tun, gegen seinen eigenen Vorteil arbeiten und die Aussichten zerstören, die sich ihm in der realen Welt eröffnen, und eventuell seine eigene reale Existenz vernichten. Mit anderen Worten: In dem Maße der Zerstörung und Ausrottung des angeblich gefährlichen Anderen, der »Gegenrasse«, kommt es, gewissermaßen im Maße der Realitätsverzerrung, unweigerlich zur Selbstzerstörung. Kolonialismus, Faschismus und Nationalsozialismus sind für den Autor drei extreme und pathologische Formen dieser Rückkehr der angeblich äußeren Welt ins Subjekt (128) Achille Mbembe sieht vor diesem Hintergrund zwischen dem – im Übrigen gleichzeitig forcierten – Kolonialismus, dem Faschismus und dem Nationalsozialismus mehr als nur zufällige Zusammenhänge. Alle drei gehen von der absoluten Überlegenheit der sogenannten westlichen Kultur aus, die als Kultur der »weißen Rasse« verstanden wird; hinzu kommt, dass sie einen zweiten Mythos teilten, nach dem alles nach Europa und alles von Europa kam – es gibt somit eine intensive Ausstrahlungskraft mit der neu sich konstituierenden Form des *Lagers* (131). Diese gleichzeitige Ausstrahlungskraft und das Absorptionsvermögen waren Mbembe zufolge der Anfang einer Kette von Verbrechen und Schrecken, die kolonialen Prozesse, die Konzentrations- und Ausrottungsprozesse mit dem Rassismus verbunden. Das Konzentrationslager, wie es in den kolonialen Kriegen auf Kuba, den Philippinen, in Südafrika und in Südwestafrika ausgeweitet wurde, diente zunächst als Kriegsinstrument zur Unterdrückung der Zivilbevölkerung mit der systematischen Unterdrückung und Gefährdung insbesondere von Frauen, Kindern und Alten (132).

Verstrickung und Entleerung der Seelen

Beim komplexen Wechsel von Erinnerung und Vergessen erscheint die »*Kolonie als eine Ur-Szene*«, die allerdings nicht nur als eine Art Spiegel dient, sondern auf Vergangenheit und Gegenwart verweist (Kritik: 197). Die undurchsichtige Präsenz hängt unmittelbar mit der Untertanmachung zusammen. Zwar sei die Kolonie zunächst eine militärische Eroberung, die bürokratisch aufrechterhalten wird, ein Kampf auf Leben und Tod und zugleich ein Krieg, der durch Staatsverwaltung und Polizei – also die Aufrechterhaltung der Gewalt – auf Dauer gestellt wird (199) – Mbembe folgt hierbei z.T. Fanon und Foucault. Es zeigt sich demnach eine umfassende Gewalt im täglichen Verhalten des Kolonisators, gegen die Vergangenheit, ein verstricktes Netz unterschiedlicher, wiederholter und kumulativer Formen von Gewalt – selbst die Träume der »Eingeborenen« sind tief davon beeinflusst (200). Ihr entsprechen blutige Explosionen, Tanz und Besessenheit. Es bildet sich eine Machtformation, die sich im eigenen Seelenleben verselbstständigt und damit den Körper und die Seele dominiert. Dies kann sich bis zu sadistischer Gewalt steigern, bei der sich der Kolonisator ohne Grenzen auf die Jagd nach dem Opfer begibt (201).

Der Autor spricht von einem narzisstischen, sadistischen Potentaten, der die Differenz klarmacht und zugleich Ähnlichkeiten zurückweist. Dadurch entsteht eine Double-bind-Position des Kolonisators gegenüber dem Ausgesetzten (202); in seiner Allmacht erfindet der Kolonisator sein Objekt und verfügt über dieses – im Sadismus des narzisstischen Triumphs in einer Ökonomie der Schatten, deren Eigenheit darin besteht, dass sie »das Leben selbst in eine geisterhafte Realität« verwandelt (208). Es kommt zu einem auf Dauer gestellten Prozess, der Raum, Zeit und Wahrnehmungen erfasst, der im Extremfall zu einer »schwarzen Zeit« wird. Dies wird auch in Romanen beschrieben, zum Beispiel in Kossi Efouis' *La Polka* (232).[66]

»Requiem für den Sklaven«

Die Bilder, Erzählungen und Metaphern, zu denen Achille Mbembe greift, haben ein eigenes Gewicht: Sie verweisen auf die jahrhundertelange Geschichte der Unterdrückung und auf Millionen versklavter und in Eroberungs- und Unterdrückungskriegen ermordeter Menschen. Der Autor bezieht sich immer wieder auf Frantz Fanons drastische Darstellung zerstörerischer Gewalt, die dieser in Algerien als Arzt erlebt hat.

Nur vor diesem Hintergrund versteht sich, in welcher Dichte er die Frage des Pakts mit den Toten als zentrale Frage der Geschichte der Sklaverei, der »Rasse« und des Kapitalismus zu erzählen versucht (255). Seines Erachtens besteht darin die eigentliche Arbeit der »nächtlichen Macht«. Im Kapitel *Requiem für den Sklaven* verweist er auf Amos Tutuolas 1954 erschienenen Roman *Mein Leben im Busch der Geister*. Da-

---

66 »Der Roman beginnt mit dem Bericht des Erzählers, der dasitzt und auf eine Straße blickt, auf der keine Bewegung zu sehen ist. Noch bevor wir den Namen des erzählenden Subjekts erfahren, werden seine Sinne heraufbeschworen, in diesem Fall der Gesichtssinn, sein Blick. Und dieser Blick ist auf einen Trümmerhaufen gerichtet, auf »Häuserwände«, die samt Fenstern und Türen und ihren vom Feuer entblößten Beschlägen umgestürzt sind.« (Mbembe, Kritik 2017: 232)

rin werden Umstände beschrieben, die dazu führen, dass jemand dazu verdammt ist, die Identität eines Toten anzunehmen:

»Er war überaus froh, wie er mich als den toten Körper seines Vaters entdeckte, dann hob er mich auf den Kopf und ging sofort voller Freude zu der Stadt. (…) Als er mich trug und so in der Stadt erschien, fragten ihn alle Geister seiner Stadt, was für eine schwere Last er da trage, (…) worauf er erwiderte, das sei der tote Körper seines Vaters (…), und als die Geister und Geistinnen das hörten, schrien sie vor Freude und folgten ihm zu seinem Haus. Als er bei seinem Haus ankam und all seine Familie sah, (…) dachten sie, ich sei wirklich der tote Körper ihres Vaters; und so fand die Feier statt, die für Tote sogleich gefeiert werden muss. (…) Dann sagten sie einem Geist unter ihnen, der ein Zimmermann war, er solle einen soliden Sarg machen. Nach einer Stunde brachte er ihn, aber als ich von dem Sarg hörte, war die Zeit gekommen, da ich glaubte sie wollten mich lebendig begraben und da versuchte ich mein Bestes, ihnen zu sagen, dass ich nicht sein toter Vater bin, aber ich konnte nicht sprechen. Als also der Zimmermann den Sarg gebracht hatte, legten sie mich hinein und legten auch viele Spinnen mit hinein, bevor sie ihn dann verschlossen, sie sagten, ich würde die Spinnen (…) auf der Fahrt in den Himmel essen. (…) Danach gruben sie hinter dem Haus ein tiefes Loch und begruben mich dort als einen Toten.« (269)

Achille Mbembe spricht von einer wechselseitigen Verschränkung zwischen dem Toten und dem Lebenden: Fragmentierte Existenzen erscheinen in stets neuen Fragmentierungen, Strukturen und Identitäten zerfallen. Vielleicht mag der von Mbembe zitierte Aimé Césaire uns die Dimension dieses kolonialen rassistischen Verbrechens vergegenwärtigen: Was der Westen Hitler nicht verzeihe, sei »nicht das Verbrechen an sich, das Verbrechen gegen den Menschen, (…) nicht die Erniedrigung des Menschen an sich, sondern das Verbrechen gegen den weißen Menschen, die Erniedrigung des weißen Menschen, und dass er, Hitler, kolonialistische Methoden auf Europa angewendet hat, denen bislang nur die Araber Algeriens, die Kulis Indiens und die Neger Afrikas ausgesetzt waren« (zit. nach Kritik: 290).[67]

---

[67] Césaire schreibt an anderer Stelle: »Der Kolonisator, der im anderen Menschen ein Tier sieht, nur um sich selber ein ruhiges Gewissen zu verschaffen, dieser Kolonisator wird objektiv dahingebracht, sich selbst in ein Tier zu verwandeln. … Man erzählt mir von Fortschritt und geheilten Krankheiten. Ich aber spreche von zertretenen Kulturen, (…) von Tausenden hingeopferten

Im Wissen um die gleichwohl existierende Differenz zwischen kolonialen Verbrechen und dem Holocaust geht es Césaire und Mbembe um eine Antwort auf die rassistische Erniedrigung und Zerstörung und daher darum, den Ausdruck »*Neger*« für sich und seinesgleichen zu »rehabilitieren«: »*Neger bin ich und Neger werde ich bleiben*«. Das Wort ist ein Synonym für eine Gemeinschaft »erbitterten Ringens um die Freiheit und unbezähmbarer Hoffnung« (Césaire, zit. n. Kritik: 291) – Hatte nicht, so ergänzt Achille Mbembe, die koloniale Gewalt gegenüber der algerischen Widerstandsbewegung sich daran gemacht, in den 1950er Jahren die Methoden der Nazis in einem wilden und namenlosen Krieg gegen ein Volk nachzuahmen, dem es das Recht auf Selbstbestimmung verweigerte? Hat der Krieg, wie Fanon glaubte, nicht den Charakter eines wahren Völkermordes oder eines Ausrottungsunternehmens angenommen, dieser äußerst grauenhafte Krieg, der atemberaubendste, den je ein Volk geführt hat, um das koloniale Joch abzuschütteln? (293)[68]

Menschen. ... Ich spreche von Millionen Menschen, denen man geschickt das Zittern, den Kniefall, die Verzweiflung (...) eingeprägt hat.« (Césaire: Über den Kolonialismus. Berlin 1968: 21ff.) – »Ja, es wäre der Mühe wert, das Verhalten Hitlers und des *Hitlerismus* einer detaillierten klinischen Studie zu unterziehen und dem ach so distinguierten, ach so humanen, ach so christlichen Bürger des zwanzigsten Jahrhunderts mitzuteilen, dass Hitler in ihm ›haust‹, dass Hitler sein ›Dämon‹ ist, dass er, wenn er ihn rügt, einen Mangel an Logik verrät, und dass im Grunde das, was er Hitler nicht verzeiht, nicht das ›Verbrechen‹ an sich, das ›Verbrechen am Menschen‹, dass es nicht ›die Erniedrigung des Menschen an sich‹, sondern dass es das Verbrechen gegen den weißen Menschen ist, dass es die Demütigung des Weißen ist und die Anwendung kolonialistischer Praktiken auf Europa, denen bisher nur die Araber Algeriens, die Kulis in Indien und die Neger Afrikas ausgesetzt waren.« (Ebd.: 12)

[68] Es war übrigens Jean-Marie Le Pen, der Gründer der rechtsextremen französischen Partei Front National (heute Rassemblement National), der seine Erfahrung als Soldat im Kampf gegen den algerischen Unabhängigkeitskrieg zur Grundlage seiner rassistischen und antisemitischen Ideologie gemacht hat, die nicht ohne die Leugnung des Holocaust auskam. Wie immer die Differenz, um die es jeweils geht, zu beschreiben ist: Im Krieg in Algerien ging es um äußerste, durch nichts geminderte systematische Brutalität, um einen »totalen Krieg« (Fanon).

Verwerfung der weißen »Vernunft«. Achille Mbembe und Frantz Fanon

Achille Mbembe konfrontiert den Leser in *Politik der Feindschaft* anhand von Erfahrungen aus der Arztpraxis Frantz Fanons mit den zerstörerischen Kräften des algerischen Kolonialismus. Seine Beispiele gehen unter die Haut: Fanon hatte die Praxis der Demütigung und der Zerstörung von Leben im Krankenhaus und in der Psychiatrie in dem französisch beherrschten Algerien erkundet und beschrieben. Diese Politik der Unterdrückung war die Kehrseite des zivilisatorischen Frankreichs, der liberalen Demokratie in den 1950er und 60er Jahren. Achille Mbembe begreift diese Doppelseite als Spaltung und sieht darin die Gefahr eines Bürgerkriegs (Politik: 121).

»Auf den ersten Blick leidet (der junge Algerier) von 26 Jahren unter heftigen Migräneanfällen und Schlaflosigkeit, aber im Grunde geht es um seine sexuelle Impotenz. Nachdem er einer Einkreisung entkommen ist, lässt er sein Taxi zurück, das er anfangs für den Transport von Flugblättern und politischen Funktionären, dann immer häufiger auch von algerischen Kommandos im Rahmen des Befreiungskampfes benutzt hatte. In dem Taxi werden zwei Munitionsgurte gefunden. Er schließt sich überstürzt dem Untergrund an und bleibt lange ohne Nachricht von seiner Frau und seiner zwanzig Monate alten Tochter, bis seine Frau ihm schließlich eine Nachricht zukommen lässt, in der sie ihn bittet, sie zu vergessen. Der Grund für die Bitte liegt in der Tatsache, dass sie zweimal vergewaltigt worden ist, zunächst allein von einem französischen Offizier, dann von einem zweiten, diesmal jedoch vor den Augen anderer, die man als Zeugen bezeichnen könnte. Eine zweifache Entehrung, die sogleich das Problem der Scham und Schuld aufwirft.« (174) Es gehe darum, »die Frau (und über sie den Ehemann) zutiefst zu erniedrigen, um ihren Stolz und ihre Würde und das Bild, das sie von sich selbst und ihrer Beziehung haben, unheilbar zu zerrütten« (ebenda). Letztlich werde dem jungen Algerier in diesem Prozess nahegelegt, er selbst sei schuld an der Vergewaltigung seiner Frau, seinetwegen habe man sie entehrt. (Politik: 176f.)

Der Überlebende einer Massenerschießung in einem Dorf unweit von Constantine »hat mit eigenen Augen Tote und Verwundete gesehen«. »Nach einem Überfall wurden sämtliche Bewohner eines Dorfes zusammengetrieben und verhört. Niemand sagt etwas. Daraufhin gibt ein Offizier den Befehl, das Dorf zu zerstören, die Häuser in Brand zu stecken, die verbliebenen Männer in ein Wadi zu treiben und zu erschießen. 29 Männer werden aus nächster Nähe getötet. Der Patient (Fanons) entkommt dem Massaker mit zwei Schussverletzungen und einem gebrochenen Oberarm. (…) Eines Nachts bemächtigt er sich der Waffe eines Kämpfers und schießt ungeschickt auf die schlafenden Soldaten. Er wird brutal entwaffnet und die Hände werden ihm gebunden. Er ist erregt und schreit. Er will alle und jeden töten. (…) Im Leben muss man töten, um nicht selbst getötet zu werden, erklärt er. Und um töten zu können, darf man nicht selbst vorher getötet werden. Mein Leben oder Überleben hängt also vom Töten anderer und vor allem solcher ab, die ich im Verdacht habe, eigentlich Fremde zu sein und sich nur zu verkleiden. Und: »Sobald ich einschlafen will, kommen sie in mein Zimmer. Aber jetzt kenne ich sie. … Ich werde sie alle ausnahmslos töten.« »(Erst) wenn der Wunsch nach wahllosem Töten gestillt ist, wird der Überlebende wieder den ersehnten Schlaf finden.« (178f.)

Achille Mbembe erwähnt eine dritte Person aus den Berichten von Fanon, einen 19-jährigen Soldaten der nationalen Befreiungsarmee, der »eine Frau getötet hat, deren Geist ihm nun unablässig nachgeht«. Der Kranke sei »stark deprimiert, hat trockene Lippen und ständig feuchte Hände«. Er trachte sich nun selbst nach dem Leben, nachdem er einen Mord begangen hat. Sein Körper sei von Kräften belagert, die ihm die Lebenskraft aussaugen. Der Patient hatte die Tötung der Frau so erzählt: (183) »Die Frau begann uns anzuflehen, sie nicht zu töten. Einen Augenblick später war sie tot. Ich hatte sie mit meinem Messer getötet. Ich wurde entwaffnet.« Die Mutter des Patienten »war von einem französischen Soldaten aus nächster Nähe getötet worden und zwei seiner Schwestern wurden von den Soldaten mitgenommen, und er weiß nicht, was aus ihnen geworden ist und wie sie behandelt worden sind in einem Umfeld, in dem Verhöre, Folter, Haft und Vergewaltigung zum Alltag gehören«. (181) »Auf dieses nach Rache schreiende Blutvergießen antwortet er, in dem er das Blut einer anderen Frau vergießt, die selbst niemandes Blut vergossen hat, aber indirekt in den Teufelskreis des ohne ihr Zutun geführten Kriegs verstrickt ist, und zwar durch ihren Mann, der tatsächlich für den ungesühnten Mord an zwei Algeriern verantwortlich ist und nun seine Frau verliert. Verlust der Mutter auf beiden Seiten und für den zum Zeitpunkt des Mordes abwesenden Mann Verlust der Ehefrau. Auf beiden Seiten bleiben Waisen zurück und der Mann, der nicht da war, aber eigentlich sterben sollte, ist nun Witwer. Die Frauen bezahlen nicht nur für die Taten ihrer Männer. Sie sind die Währung dieser Todesökonomie.« (So Mbembe, Politik: 183f.)

Diese von Fanon formulierten Beobachtungen einer Todesökonomie kennzeichen auch das Denken Achille Mbembes. In seiner Suche nach Antworten entfernt er sich wiederum von den Überlegungen Fanons, die noch darauf hinausgelaufen waren, mit Gewalt die Ketten zu zerreißen.

Der Kolonialismus führte in Frankreich dazu, dass man sich eine Ideologie der Zivilisation zurechtgelegt hat, mit der andere unterdrückt, bekämpft und abgewiesen werden – zusammen mit der Entfesselung des Antisemitismus (*Kritik:* 123). Diese spezifische kulturelle Entwicklung hat zu tun mit der Weigerung hinzuschauen, mit der Verdunkelung, dem Übertünchen und dem Leugnen, die schon aus dem 16. und 17. Jahrhundert bekannt sind. Damals ging es darum, die Beziehung Frankreichs zu seinen Sklaven gesetzlich zu regeln, wobei das Ausstellen und Verladen schwarzer Sklaven in den Häfen des Landes ausdrücklich akzeptiert wurde (131), und später, in der Epoche der Aufklärung, war auch Frankreich in den Dreieckshandel mit Sklaven zwischen Europa, Amerika und Afrika verstrickt.

Zwar haben Jean-Jacques Rousseau und Voltaire die Schändlichkeit des Sklavenhandels erkannt, den bereits existierenden Handel und die realen Ketten, die ihn ermöglichten, aber ignoriert (132). Sie machten die Sklaverei im Ergebnis zu einer Metapher für die conditio humana, was zugleich eine Geste des Wegsehens und der Gleichgültigkeit der französischen Aufklärung enthüllt (132). Dieser Dialektik der Ferne und der Gleichgültigkeit korrespondiere die Verkleidung der schwarzen Gestalten und ein im hohen Maße unbekümmerter, anzüglicher und frivoler Rassismus (134).

Nichtwissenwollen und rassistische »Zivilisations«-Arroganz

Diesen Tendenzen korrespondiert politisch dem Autor zufolge die Selbstverblendung des Nichtwissenwollens, wonach »auf dem Schlachtfeld der Sieg (…) dem Stärksten und nicht dem an Wissen Reichsten gehört« – so zitiert er aus Alexis de Tocquevilles Betrachtungen in »*De la colonie en Algérie*« (137). Sie enthalten eine willkürliche, bewusste Verdeckung, nicht zuletzt infolge einer gewaltigen Phantasietätigkeit über das, was man (also die »weißen Franzosen«) über Afrika zu wissen meine. Mit der Unsichtbarmachung geht die Abweisung und Abschließung einher. Mal ist Afrika in den Vorstellungen Frankreichs ein wunderbares, mal ein unbewohnbares Land, vielfach ist es eine Mischung aus Fetischismus und Kannibalismus, in jedem Fall aber ein Schicksal, das »besessen« werde.

Voltaire formuliere in »*Über den Geist und die Sitten der Nationen*« unter Verweis auf Universalität und Mitleid zwar eine Kritik an der Grausamkeit und Habgier der Sklavenhalter, tue dies aber im Gestus der Herablassung, ohne kosmopolitisches Begreifen: »Die runden Augen der Neger, ihre breitgedrückte Nase, ihre wulstigen Lippen, ihre eigentümlich geformten Ohren, das wollige Haar und selbst das Maß ihrer Geisteskräfte lassen sie von anderen Menschenracen völlig verschieden erscheinen« ; Victor Hugo verweise auf ein Detail, »das nur ein Detail, aber dennoch von größter Bedeutung (sei): (…) der Weiße hat den Schwarzen zu einem Menschen gemacht; (…) Europa wird Afrika zu einer Welt machen« (147f.). Der französische Ministerpräsident Jules Ferry rechtfertigt schließlich 1885 die – mit Bismarck abgestimmte – Kolonialpolitik, die sich über Menschenrechte hinwegsetzte, damit, »dass die überlegenen Rassen ein Recht gegenüber den unterlegenen Rassen besitzen« würden. Die Erklärung der Menschenrechte »wurde nicht für die Schwarzen Zentralafrikas geschrieben. (…) Ich wiederhole, die überlegenen Rassen besitzen ein Recht, weil sie eine Pflicht haben. Sie haben die Pflicht, die unterlegenen Rassen zu zivilisieren.« (Jules Ferry 1885, zit. nach Kritik. 148).

Achille Mbembe beschreibt zudem eine zweite Phase im kolonialen Rassismus, die er zunächst am Ende des 18. Jahrhunderts verortet: Einer Phase zahlloser Sklavenrevolten folgten schließlich die Kämpfe für die Abschaffung des transatlantischen Sklavenhandels, später die Dekolonisierung Afrikas und die Bürgerrechtsbewegung in den USA bis zur Abschaffung der Apartheid Ende des 20. Jahrhunderts. Dabei kam es 1804 im Resultat eines Sklavenaufstands, 20 Jahre nach der Gründung der Vereinigten Staaten, in Haiti zu einer antikolonialen Revolution und zu einer der weitreichendsten Verfassungen der neuen Welt: ohne Adel, mit Religionsfreiheit und der Infragestellung von Eigentum und Sklaverei – eben das, was die amerikanische Revolution vermieden hatte (Kritik: 38f.). Césaire wiederum hatte an Haitis Revolution kritisiert, dass dort danach ein selbsternannter König im Namen schwarzer Größe ein autoritäres Regime etabliert hatte, das furchtbar scheiterte. (40)

Und zeigt es nicht auch eine eigene Selbstverblendung des Nichtwissenwollens, dass sich das Deutschland der ersten Jahrzehnte nach 1945 in der Abwehr der Auseinandersetzung mit den Verbrechen des Nationalsozialismus eingerichtet hatte und dass es danach, seit dem Beginn der rechtsterroristischen Morde des Nationalsozialistischen Untergrunds (NSU) vor 20 Jahren, in einem Teil der Sicherheitsbehörden und der Öffentlichkeit zur hartnäckigen Verdrängung des Rassismus gekommen ist? Immerhin wird inzwischen deutlich, wie stark die Verdrängung des Alltags-Rassismus gewesen ist, der erst mit dem Aufschrei über den Mord an George Floyd jedenfalls für eine Zeit lang aufgebrochen werden konnte – und der in den Vereinigten Staaten nichts weniger als einen kalten Bürgerkrieg ausgelöst hat.

Postkolonie

In *Postkolonie. Zur politischen Vorstellungskraft im gegenwärtigen Afrika* (2000) kritisiert Mbembe den verbreiteten Afropessimismus, der von Hass und Abscheu gegenüber Schwarzen beherrscht werde, die Afrikanisten, die ihre Urteile auf der Basis fragmentarischer Daten, Halbwahrheiten oder Lügen formulieren würden, aber auch den Afroradikalismus, der versucht habe, sich gegen die gewalthaften Zuordnungen des Okzidents zu wehren. Aus der Kritik dieser Versuche (vgl. Postkolonie: 15) verficht der Autor ein Konzept, das darin besteht, die Gesellschaften, die vor kurzem aus der Erfahrung der Kolonisierung getreten sind, in ihrer inneren Kohärenz und in ihren eigenen Zeichensystemen zu entwickeln, ihre Stereotype zu rekonstruieren und sie in ihrer ganzen Komplexität vorzustellen (170). Dabei stehe das Problem der Unterwerfung und ihrer Folgen ebenso wie die Emanzipation des Subjekts im Vordergrund (171). Mbembe würdigt die postkolonialen Theorieversuche wegen ihrer Dekonstruktion von imperialem Wissen und der Kritik an jeder Form von differenzfeindlichen und damit der Gestalt des anderen feindlichen Universalismus; moniert aber, dass mit ihnen vielfach das Gewicht des Mitmenschen und eine Ethik des Nächsten in den Hintergrund getreten sei (16). Demgegenüber ist Mbembe bemüht, aus der Analyse der Abwertung, der Erniedrigung und der Schande, die Léopold Sédar Senghor, Aimé Césaire, Frantz Fanon und andere akzentuiert hatten, die Bedingungen einer Politik des Lebens zu rekonstruieren, also angesichts von Gewalt und Tod und der Erinnerung an sie der Frage nachzugehen, was es heiße, »ich bin ein menschliches Wesen, lebendig und existiere« (18). Dies gehe nicht ohne die Genealogie der »Kolonie« im politischen, kulturellen, militärischen, ökonomischen und psychischen Bereich (18).

Die Erfahrungen mit Verwerfungen, ökonomisch-politischen Abgründen und Nachwirkungen kolonialer Zerstörungsprozesse führen Mbembe zu einem skeptisch-widersprüchlichen Schluss: »Um die Frage zu beantworten, was an diesem Jahrhundertbeginn von der afrikanischen Suche nach Selbstbestimmung übrig ist, sind wir also bei Schattengestalten gelandet, in den Räumen, in denen etwas zu sehen, wahrzunehmen, aber nicht greifbar ist; bei etwas, das einem Phantasma gleicht, genau am Scheidepunkt zwischen Sicht- und Greifbarem, Wahrgenommenen und Fassbaren. In vieler Hinsicht verstört ein solcher Schluss.

Er verweist tendenziell darauf, dass es Afrika als solches gar nicht gibt. Es gibt nur unsere Fähigkeit, Schatteneffekte zu erschaffen, d.h. buchstäblich zu lügen. Über Afrika dürfte daher eigentlich nur als Schimäre gesprochen werden, an der wir uns in völliger Blindheit abarbeiten; als Alptraum, den wir produzieren und von dem wir leben und den wir manchmal genießen, der uns aber in gewisser Weise zutiefst abstößt, so sehr, dass wir ihm gegenüber gelegentlich den Ekel vor einem Kadaver äußern können.« (304) Postkolonial sei »eine Epoche der Verschachtelung, ein Raum des Wildwuchses, der nicht nur aus Unordnung, Zufall und Unvernunft besteht; der auch nicht unergründlich und unbewegt ist, sondern aus einer Art gewaltsamen Ausbruch« hervorgehe. (305)

»Befreit von der Last der ›Rasse‹ ... und des Wunsches nach Rache, die jeder Rassismus auslöst« (Mbembe)

Senghor und Césaire suchten mit dem selbstbewussten Gebrauch des Begriffs *»Neger«* sich und die Schwarzen auf dem Höhepunkt des kolonialen Rassismus zu rehabilitieren. In seiner »Rede über die Negritude« (1987) fragte Césaire: »Wer sind wir in dieser weißen Welt? Was dürfen wir hoffen, und was sollten wir tun?« – Seine Antwort: »Wir sind Neger.« Man dürfe den Unterschied nicht verschleiern und nicht umgehen oder für unsagbar erklären (vgl. Kritik: 290f.). Für Césaire bedeutet dieses Wort eine der historischen Formen des Menschseins in der Welt und ist zugleich ein Synonym für eine Gemeinschaft erbitterten Ringens um die Freiheit und Ausdruck unbezähmbarer Hoffnung, also für etwas, das nichts mit der üblichen »Rassen«-*A*ssoziation zu tun hat. Dieser Name bringe im Umkehrschluss das Streben (nicht die Realität) nach einer breiteren Brüderlichkeit und nach einem Humanismus zum Ausdruck, welcher der Welt gerecht wird (»Rede über den Kolonialismus«, zit. n. Kritik: 291f.). Er suche die radikale Differenz, ohne die die Öffnung der Welt unmöglich sei.

Mbembe formuliert diesen Anspruch mit den besonderen Erfahrungen kolonialer Gewalt, wie sie von Frantz Fanon beschrieben worden ist: in dem von Frankreich beherrschten Algerien, wo ein besonders brutaler Rassismus der Folter herrschte (293); in einem Frankreich, das die »Methoden der Nazis« in einem »wilden und namenlosen Krieg gegen ein Volk« nachzuahmen versuchte, dem es »das Recht auf Selbstbestimmung verweigerte«. Dieser Krieg habe »den Charakter eines wahren Völkermordes«, »eines Ausrottungsunternehmens«, angenommen (Fanon 1961: 212, 88, zitiert nach Kritik: 293). Fanon gehe es um ein Denken, das dem Kolonialismus und dessen ehernen Gesetzen eine »ähnliche Unerbittlichkeit und Wirkungskraft entgegensetzen müsse« (295); ohne diese ernsthafte Konfrontation sei Fanons Projekt »eines gemeinsamen Zuwachses an Menschlichkeit« nicht denkbar (296). Wenn der Kolonialismus sich mitten im Individuum festgesetzt habe und dort eine fortgesetzte Arbeit des Durchkämmens, der Vertreibung aus sich selbst, der rational verfolgten Verstümmelung verrichte, bedürfe es einer umfassenden grundlegenden Antwort.

Mbembe betont, dass er Fanons Theorie der Gewalt im Rahmen einer allgemeineren Theorie, der Theorie des Aufstiegs zum Menschsein begreife (306); dieser Aufstieg bestehe »für den Kolonisierten darin, sich aus eigener Kraft an einen höheren Ort zu begeben, als ihm unter Verweis auf die Rasse oder infolge der Unterjochung zugewiesen wurde« (306).

Mbembe erörtert die Erfahrung absoluter Gewalt durch den Kolonisator, den Kampf auf Leben und Tod, um als Kolonisierter diesem Terror etwas entgegenzusetzen, allerdings ohne dies letztlich im Kampf enden zu lassen. Im Gegenteil: Er bezieht sich zwar ausdrücklich auf die Lebensgeschichte und die militante wie politische Praxis von Nelson Mandela, doch in einer Perspektive der gegenseitigen Anerkennung und der Versöhnung beschreibt er Mandela als einen Menschen, der auch in den Jahren der einsamen Gefangenschaft auf *Robben Island* dennoch »niemandes Sklave« war (314). Für Mbembe geht es darum, aus der Erfahrung des Schwarzen die »angeborene Würde jedes Menschen betonen zu können, die Idee einer menschlichen Gemeinschaft, einer einzigen Menschheit, einer wesenhaften Ähnlichkeit und Nähe zwischen den Menschen« (315). Dem dienen seines Erachtens die meisten schwarzen ästhetischen Traditionen (316), bei denen am Anfang oft »eine gespielte Gewalt, ein gespieltes Sakrileg und eine gespielte Überschreitung (wirkt), von denen man hofft, dass sie das Individuum und seine Gemeinschaft aus der Welt, wie sie war und wie sie ist, heraustreten« und den verborgenen Traum der Wiederauferstehung der Lebewesen und Dinge wahr werden lassen (317). Es gelte als Ziel, ein freier Mensch zu sein, ein Mensch unter anderen Menschen (Fanon) (324) und dies auch unter den heutigen Erfahrungen mit Vertreibung, Ausstoßung und Ungerechtigkeit (322ff.). Formen der Konfrontation mit dem rassistischen Erbe – in Gestalt von Restitution, Wiedergutmachung und Gerechtigkeit – sind dem Autor zufolge Voraussetzungen für den kollektiven Aufstieg zum Menschsein (325). Für eine Perspektive, die nur von einer Welt ausgeht, gibt es die Vorstellung Édouard Glissants: *All-Welt* (326).

Am Schluss seiner fundamentalen *Kritik der schwarzen Vernunft* hält Mbembe fest: »Aber so sehr die Wiedererlangung eines angemessenen Anteils an der Menschlichkeit oft über die Proklamation der Differenz erfolgt, ist diese nur ein Moment eines umfassenderen Projekts – des Projekts einer kommenden Welt, einer vor uns liegenden Welt, deren Bestimmung universell ist; einer Welt, die befreit ist von der Last der Rasse und des Ressentiments und des Wunsches nach Rache, die jeder Rassismus auslöst.« (Kritik: 332)

2. Gert Krells kritische Stellungnahme zum Denken Achille Mbembes

Gert Krell (2020) hat auf Schwächen in Passagen von Achille Mbembes *Politik der Feindschaft* hingewiesen und zu Recht eine Differenzierung im Grad der Durchherrschung von Demokratien durch dominante und rassistische Strukturen angemahnt. Krell betont, dass im Zentrum von Mbembes Analysen und Überlegungen die Sklaverei und der Kolonialismus stehen und dass die Fixierung auf einen vermeintlichen Antisemitismus für eine kritische Auseinandersetzung mit Mbembes Weltbild womöglich nicht geeignet sei. In der Tat haben die »Europäer und die USA in verschiedenen Regionen des Südens die reale Hölle verbreitet«.

Krell verweist auf den ersten Völkermord des 20. Jahrhunderts durch deutsche Kolonialtruppen in Südwestafrika. (299f.) Umso schärfer kritisiert er Mbembes Zeitdiagnosen: Darin finde das Verhältnis zwischen Zivilisation und Gewalt im Kolonialismus nicht nur eine Fortsetzung in Faschismus und Nationalsozialismus, sondern auch in den westlichen Demokratien. Sie seien demnach Orte der Entrechtung und Vernichtung. Die Bedeutung des liberalen Rechtsstaats werde minimiert. Hinzu komme, dass für Mbembe die Gewaltverhältnisse in nicht westlichen oder nicht demokratischen Staaten mit ihren Feindkonstruktionen kaum ein Thema seien (301). Krell übersieht hierbei allerdings, dass Mbembe sehr wohl ausführlich die Verhältnisse in autoritären, nicht demokratischen Staaten, nicht zuletzt in seinem Herkunftsland Kamerun[69]

[69] Mbembe hat immer wieder die autoritären Praktiken des Landes in Erinnerung gerufen, in dem er aufgewachsen ist. Wolfgang Reinhard (2016) berichtet über Kamerun, dass es zunächst nicht im Zentrum des Sklavenhandels stand (458), auch wenn dort die afrikanischen Vermittlergruppen (für Handel und auch Sklavenhandel) von besonderer Bedeutung waren (922). Erst ge-

(im Buch *Postkolonie*), und weiteren afrikanischen und südamerikanischen Ländern kritisiert.

Der Forscher mit dem Schwerpunkt Postkolonialismus rückt in der Tat in seinen Analysen die mit Kolonialismus und Rassismus verbundenen internationalen Macht- und Wissensstrukturen in den Blickpunkt und konterkariert die Tatsache, dass sie durch historistische Geschichtserzählungen vergessen gemacht werden. Den scheinbar ungebremsten Siegeszug von Aufklärung, Moderne und Demokratie sowie den Status quo von Menschenrechten hinterfragt Mbembe. Das Kernanliegen in Mbembes politisch-philosophischen Betrachtungen wie in *Politik der Feindschaft, Kritik der schwarzen Vernunft* und *Postkolonie* ist, aus einer eurozentrischen westlichen Perspektive gegenüber den ehemals Kolonisierten, vor allem in Afrika und Amerika, herauszutreten und sich systematisch den kolonialen Praktiken, Unterdrückungs- und Wissensformen zu stellen. Ihn interessiert die Kritik an Unterdrückung, Dominanz und (kolonialem) Rassismus, kurz: die Kolonialität der Moderne und die Kritik an orientalistischen Diskursen. Sein Anliegen ist außerdem, die unterdrückte Seite des Wissens und der Erfahrung aus der Unsichtbarkeit herauszuholen und koloniale und postkoloniale Herrschafts- und Denkformen zugunsten der Entwicklung eigener Diskurse umzukehren.

Postkoloniale Theorien und Studien sind machtkritisch ausgerichtet (vgl. Kerner 2012: Einleitung) und gehen davon aus, dass ihre aktuellen Zeitdiagnosen von der jahrhundertelangen Dominanz autoritärer

---

gen Ende des 19. Jahrhunderts, mit der Politik Bismarcks, durch die Kamerun deutsches Kolonialgebiet wurde, kam es zu Formen besonders autoritärer Kolonialpolitik und zu schweren Kämpfen um die Kolonialgebiete (948). Deren Ausbeutung ging in dieser Phase mit wachsender Brutalisierung seitens der europäischen Kolonialnationen einher. Gerade in den deutschen Kolonien führten wirtschaftlicher und politischer Druck infolge der zunehmenden Durchdringung der Gebiete ziemlich gleichzeitig Anfang des 20. Jahrhunderts zu Unruhen und ausgedehnten Aufständen. Diese richteten sich in Kamerun insbesondere gegen die brutale Ausbeutung schwarzer Arbeitskraft bei der Plünderung der Regenwaldzone durch Konzessionsgesellschaften und gegen die Verdrängung der etablierten afrikanischen Zwischenhändler durch deutsche Konkurrenz (967). Nicht zufällig kam es in dieser Phase in Südwestafrika nach Aufstandsversuchen der Hereros und Nama zum Genozid, dem drei Viertel der Hereros bzw. die Hälfte der Nama zum Opfer fielen – ein Ergebnis brutaler Kriegführung und Unterdrückung, teils mit völkermörderischen Absichten der deutschen Führung (967). Nach dem Ersten Weltkrieg ging Kamerun teils an die Briten, teils an die Franzosen als den Siegermächten des Krieges.

Macht-, Wissens- und Ideologiestrukturen geprägt sind. Daher schätzen sie das Potenzial an individueller und gesellschaftlicher Gestaltung in demokratisch orientierten Gesellschaften und Politiken skeptisch ein – dies, obwohl einer der postkolonialen Theoretiker, Michel Foucault, genau dieses objektive Potenzial in seinem Theorieentwurf integriert und von den Chancen subversiven Widerstands spricht. In der Folge ergeben sich mit dem postkolonialen Ansatz ganz unterschiedliche Analysepotenziale von Widerstand. Kritiker wie Gert Krell verlangen dagegen, Demokratien in ihrer menschenrechtlichen Veränderbarkeit und mit Blick auf die realen Veränderungen etwa in westeuropäischen Ländern angemessen differenziert zu erfassen, mögen diese auch zunächst unzureichend erscheinen.

Die Einhegung willkürlicher, rassistischer Gewalt kann hier in der Tat rechtsstaatlich eingefordert und umgesetzt werden. Beispielsweise wird ja trotz der furchtbaren rassistischen Verbrechen des NSU-Terrors (Funke 2015), des Versagens der Sicherheitsbehörden (Funke 2017), der (versuchten) Massaker an Juden in Halle im Oktober 2019 und an Personen mit Migrationshintergrund etwa in Hanau und eines alltäglichen Rassismus, der von rechtsextremen Parteien genährt wird, der antirassistische Kampf in der Demokratie gegen Gewalt auch in den Einstellungen von 80-90% der Bevölkerung mehr oder weniger stark unterstützt (vgl. Funke/Nakschbandi 2017).

Auch Gert Krell bestreitet den von Felix Klein und anderen gegen Mbembe erhobenen Antisemitismus-Vorwurf. Wenn jemand eine Utopie von einer Weltgesellschaft der allgemeinen wechselseitigen Anerkennung unabhängig von Nation, Rasse oder Geschlecht und natürlich auch von Religion vertrete, habe Antisemitismus darin keinen Platz. Dementsprechend fänden sich keine klassischen judenfeindlichen oder antisemitischen Stereotype bei Mbembe.

Für diesen sei der Holocaust eine der größten Menschheitskatastrophen, was natürlich nicht heißt, dass diese nicht mit anderen historischen oder gegenwärtigen Verbrechen analytisch in Zusammenhang gebracht werden können, solange sie nicht zur Verharmlosung des einen oder des anderen Verbrechens führen. Es gebe vielseitige Maßnahmen der Trennung, Kontrolle, Diskriminierung, Verdrängung und Abwehr sowie der Negierung der Geschichte der Palästinenser – und einige auffallende Parallelen (getrennte und asymmetrische Verkehrswege, Wassernutzung und Rechtssysteme) zum Apartheid-Regime in Südafrika. Erst recht dann, wenn rechtsgerichtete Nahostpläne zur Annexion Realität würden, sei dies mit Apartheid vergleichbar (Krell

2020: 305). Dabei findet Krell die Reflexionen Mbembes zur Politik Israels gegenüber den Palästinensern überzogen, wenn darin behauptet wird, dass die fanatische »Zerstörungsdynamik Israels darauf abziele, das Leben der Palästinenser in einen Trümmerhaufen und einen zur Entsorgung bestimmten Berg aus Müll« zu verwandeln (*Politik:* 86, zitiert nach Krell 2020: 308).

Diese Dämonisierung aber singularisiere Israel nicht, da Mbembe – ebenfalls auf überzogene Weise – alle anderen westlichen Demokratien ähnlich kritisiere (ebd.: 309).[70] Die Unterstellung, Mbembe sei ein Aktivist der BDS-Bewegung und diese sei antisemitisch, verfängt Krell zufolge ebenfalls nicht, und zwar nicht nur, weil Mbembe sich kaum mit der BDS-Bewegung beschäftigt habe, sondern weil diese selbst nicht antisemitisch sei. BDS habe das Ziel, die Besatzung und Kolonisierung in den von Israel 1967 besetzten Gebieten zu beenden; es gehe ihr nicht um die Beseitigung der politischen oder gar physischen Präsenz von Juden im ehemaligen Palästina (310).

Auch die mit der Bewegung verbundene Boykottforderung könne nicht mit der radikal antisemitischen Tradition des »Kauft nicht bei Ju-

---

[70] Krell erörtert in diesem Zusammenhang zwei Textstellen in *Politik der Feindschaft*, in denen Mbembe vom »Talionsprinzip des Alten Testaments« spricht. Das Talionsprinzip – »Auge um Auge, Zahn um Zahn« – ist eine Rechtsfigur, nach der zwischen dem Schaden, der einem Opfer zugefügt wurde, und dem Schaden, der dem Täter zugefügt werden soll, eine Reziprozität angestrebt wird. In der christlichen, antijüdischen Abwehr des Alten Testaments wurde das Prinzip allerdings zu einem Prinzip von Vergeltung und Rache und damit zu einer antisemitischen Metapher umgewandelt. Mbembe beschreibt indes in *Politik der Feindschaft* koloniale und postkoloniale feindliche Ausrottungsphantasien, die im Gefolge der eigenen Gewaltgeschichte gewissermaßen ihre eigene Gewalt auf die Feinde projizieren, von denen sie Zerstörung befürchten: »In letzter Konsequenz münden sie nahezu unvermeidlich in Zerstörungslust – Blutvergießen, das Blut verschafft sich Geltung, in ausdrücklichem Anschluss an das Talionsprinzip des Alten Testaments.« (92) Mit anderen Worten wird hier eine Rache- und Vergeltungsphantasie zitiert, die sich ausdrücklich auf das (missverstandene) Talionsprinzip des Alten Testaments beziehe. Ähnlich auf Seite 114f.: »Es ist wahr, dass die westlichen Länder, nachdem sie in der Ferne – fern von den Blicken der eigenen Bürger – Tod und Verderben gesät haben, nun Vergeltung fürchten, fromme Racheakte im Sinne des Talionsprinzips. Um sich gegen solche Rachegelüste zu wappnen, benutzen sie den Rassismus als Krummschwert, als vergiftete Ergänzung eines zerlumpten Nationalismus, der in seinen letzten Fetzen zerfällt …« Hieraus auf eine antisemitische Disposition von Mbembe zu schließen, wäre vermessen; vor allem: Es wäre aus einem Zusammenhang gerissen, der von einer Kritik am Westen bestimmt ist.

den« im NS-Deutschland verglichen werden, diesen Vorwurf hält Krell daher für demagogisch (311). Das heiße indes nicht, dass eine Boykottstrategie gegenüber der Politik Israels politisch wie moralisch sinnvoll sei. Entsprechende Vorwürfe des Antisemitismus gegenüber Mbembe, dem BDS und Israelkritikern legen seines Erachtens den Verdacht von Ersatzhandlungen nahe, zumal der BDS in Deutschland eine zu vernachlässigende Größe ist und – so ist zu ergänzen – auf der anderen Seite der Anteil von Rechtsradikalen an antisemitischen Straftaten weit über 90% ausmacht.

Krell empfiehlt den Beteiligten an der deutschen Debatte und einer entsprechenden Politik, zur Lösung des Nahostkonflikts für ein Ende des israelischen Siedlungsprozesses – und der damit verbundenen Ausübung ungerechter Herrschaft – mit der Perspektive eines wechselseitigen Gewaltverzichts und weiterer Verhandlungen einzutreten (319). Zudem rät er, Kritik an der rechtsgerichteten Politik Israels ohne Gewalt, ohne Hetze gegen Israel und ohne antisemitische Parolen zu praktizieren (319); sich aber vor allem dem berechtigten Anliegen von afrikanischen Intellektuellen zur Aufarbeitung der eigenen kolonialen Vergangenheit (Entschädigung für die Nachkommen der Ermordeten, Restitution von Raubgütern, Kultur der Erinnerung und Würdigung) angemessen zu widmen.

3. Die Welt reparieren! Mbembes Plädoyer für solidarische Globalisierung

Achille Mbembe hat sich nach den Angriffen gegen ihn auf der international beachteten Konferenz von medico international (vom 12. bis 14. Februar 2021) zur *(Re)konstruktion der Welt. Hilfe. Solidarität. Politik* »zurückgemeldet« – zusammen mit Wissenschaftler:innen und Vertreter:innen antirassistischer Bewegungen aus Südafrika, Kenia, Indien, Chile, Haiti und Deutschland. Eine Aussage Mbembes gab das Motto der Konferenz ab: »Das Politische in unserer Zeit muss von dem Imperativ ausgehen, die Welt gemeinsam zu rekonstruieren. Damit die Idee der Entkolonialisierung in planetarischem Maßstab irgendeinen Wert hat, kann sie nicht von der Annahme ausgehen, dass ich reiner bin als mein Nachbar.«

Achille Mbembe trug vor, wie die Welt von den spezifischen afrikanischen Erfahrungen lernen könne. Die südliche Hemisphäre sei ein Labor besonderer Art, das Epizentrum globaler Transformation; gerade weil Afrika zeige, dass die Welt für beträchtliche Teile kein bewohnbarer Ort und damit kein Platz für alle ist. In den letzten 20 bis 30 Jahren sähen wir stattdessen einen Prozess wachsenden Verlustes der Autonomie, neuer multilateraler Abhängigkeiten, den Durchbruch neuer Formen der Hegemonie des globalen Kapitalismus und damit eine Verstärkung von Ungleichheit, der Isolierung von Risiken und ganzen Risikozonen, andauernden Notstand und Ausnahmezustand. Wie können nun diese weltweit beobachteten Prozesse im Sinne einer Perspektive gemeinsamer Fürsorge und Sorge für die Welt neu rekonstruiert werden?

Der Philosoph bezweifelt, dass diese Rekonstruktion auf der Verteidigung der Werte der liberalen Ordnung basieren könne. Dies sei angesichts der Ungleichheit, die wir in den liberalen Gesellschaften und Nationen beobachten, und der Rückkehr von Gewalt sowie eines Rassismus, der insbesondere in den Vereinigten Staaten, in Europa und anderen Teilen der Welt gegen die Schwarzen gerichtet sei, ein zentraler Widerspruch im modernen Liberalismus. Auch bei formaler Freiheit bleibe die Ungerechtigkeit vor dem Hintergrund der historischen Entwicklung des Kolonialismus bzw. der Sklaverei in den Vereinigten Staaten, in Südafrika oder in Brasilien bestehen, also in Ländern, wo es für illegal erklärt wurde, sich um jene zu kümmern, von denen man doch abhängig war.

Im kolonialen Rassismus war Verantwortung schlicht abgelehnt worden; der Kern der weißen Vorherrschaft vertrug sich nicht mit der Sorge für jene, die von dieser ausgebeutet, rassistisch entwertet und deren Leben von ihr gefährdet wurde. Die Orientierung an Kant bzw. dem Neokantianismus und den Vorstellungen des Kosmopolitismus reicht Mbembe zufolge deswegen nicht, weil diese Art von Kosmopolitismus Ungleichheiten enthalte oder diese nicht wahrnehme und es dabei eben nicht um eine globale Gleichheit gehe.

Was sich außerhalb des Westens befand, sei intellektuell und praktisch kaum wahrgenommen worden. Stattdessen brauche man eine Kritik der liberalen Ordnung auf der Basis einer Politik der gemeinsamen Erde, der gemeinsamen Welt, in der man nach anderen als den üblichen Wissensarchiven suchen und sich den radikalen Brüchen in Vergangenheit und Gegenwart selbstkritisch im Sinne einer gemeinsamen Fürsorge und Sorge für die Welt stellen sollte. Mbembe vertritt damit aus seiner Kritik an den gegenwärtigen Verhältnissen kapitalistischer Globalisierung eine durchaus konkrete Perspektive der Sorge, Fürsorge und Gerechtigkeit.

Solche Visionen, die auf der Konferenz von medico, zum Teil im Anschluss an Mbembe, weiterentwickelt worden sind,[71] kommen nicht ohne eine globale Perspektive zur Abwendung der Klimazerstörung, der Eskalation von bewaffneten Konflikten und des sich ausdehnenden Rassismus aus. Sie brauchen wiederum lokale Initiativen, in denen sich diese Visionen zeigen, die sich vernetzen und in Bündnissen der Druck erhöhen, um politisch relevant zu werden. Es sind ja, auch in der derzeitigen Pandemie, längst Mehrheiten etwa in Deutschland vorhanden, die aus Solidarität, nicht auf Kosten anderer, geimpft werden wollen und die auf eine Strategie gegenüber den gewinnorientierten Großunternehmen und der etablierten, auf kapitalistische Konkurrenz setzenden Politik vertrauen. Ein befreites Leben, in Vielfalt, basierend auf gemeinsamen Grundlagen gegenseitiger Achtung, ist eine Utopie, aber eine realistische, die ansteht.

[71] Die Beiträge sind zum Teil auf Video dokumentiert unter: www.medico.'e/reconstruction

Teil 4:
Das Erbe des Rassismus in den Vereinigten Staaten von Amerika

Mitglieder der Alt-right-Bewegung vor dem Aufmarsch in den »Emancipation Park«, Charlottesville, 12. August 2017

Pride, White America and Fascism?[72]

Erst die Bewegung *Black Lives Matter* hat einer breiteren Öffentlichkeit bewusst gemacht, dass der autoritäre Rassismus in Teilen der amerikanischen Gesellschaft auf die Entstehungsgeschichte der Vereinigten Staaten selbst, die Sklaverei, den im Bürgerkrieg errungenen Sieg Abraham Lincolns gegen die Sklaverei und den Backlash einer gewalttätigen Massenbewegung des Ku-Klux-Klan in den folgenden Jahrzehnten zurückgeht. Jene Traditionen waren wichtig für die herrschende Sklavenhaltergesellschaft während und nach der Gründung der Vereinigten Staaten sowie während der Sezession und des Bürgerkriegs 1860 (vgl. Keyes 2020). William Keyes zufolge bildet der »Stolz« seit der revolutionären Gründung der Vereinigten Staaten am Ende des 18. Jahrhunderts das Herzstück des amerikanischen Ethos. Dieses Befreiungsethos stand in direktem Zusammenhang mit der kapitalistischen Entwicklung und dem Verständnis, sich selbst aus der Gefahr zu befreien und dabei, auch durch harte Arbeit, eine weiße Staatsbürgerschaft zu entwickeln. Die Sklaverei war ein Instrument dieses Selbstvertrauens und Überlegenheitsgefühls. Letzteres wurde, so Keyes, mit der Ausweitung des afroamerikanischen Einflusses infrage gestellt, insbesondere während und nach der New-Deal-Ära der Vereinigten Staaten, und mit kodiertem Rassismus beantwortet. Die Hinwendung zu diesem verdeckten Rassismus war auch eine »Reaktion« auf das gestiegene Selbstvertrauen der Afroamerikaner während des Ersten und Zweiten Weltkriegs.

---

[72] Ich beziehe mich im Folgenden auf Resultate eines mit Jeff Grossman durchgeführten Seminars zum autoritären Populismus im Corona-Frühjahr 2020 an der University of Virginia in Charlottesville. Ich danke den Studierenden dieses Seminars, die eindrucksvolle Studien vorgelegt haben, zur Geschichte des Rassismus insbesondere William Keyes. Teile dieses Kapitels erschienen bereits in Funke 2020.

Die Sklavenhaltergesellschaft in Virginia[73]

Die Sklaverei wurde in der ersten Hälfte des 19. Jahrhunderts zu einem Gegenstand zentraler Auseinandersetzungen. Die Republikaner verschärften ihre Haltung gegen die Sklaverei, und die Sklavenhalter gerieten in die Defensive, bis Vizepräsident John C. Calhoun im Kongress 1832 die Abtrennung Süd-Carolinas von den Vereinigten Staaten vorschlug. 1837 erklärte er die Sklaverei zu einem positiven Gut. Zuvor herrschte die Einstellung vor, die Sklaverei sei nützlich, nun aber wurde sie insgesamt für gut befunden. Sklaven und Sklavenhalter seien dem System dienlich. Afrikanische Sklaven seien durch ihre Beziehung zu den Weißen ausgezeichnet. Sie würden zivilisiert, auch moralisch und intellektuell; die Sklavenhaltergesellschaft wurde also paternalistisch verstanden – wie das Verhältnis eines Vaters gegenüber seinem Sohn. Afrikaner würden nie zivilisiert werden können, wenn sie es nicht von den weißen Europäern lernten. Es förderte deren Gefühl der Überlegenheit und stärkte deren nationsweite Anerkennung durch offensive Verteidigung.

Mit dem Willen zur Ausweitung der Sklaverei wandten sich die Hardliner des Südens in den späten 1850er Jahren einer Strategie der Sezession zu, vor allem in den von Sklaverei dominierten Staaten wie Alabama, Mississippi und South Carolina, dessen Sezession am 20. Dezember 1860 stattfand und bald darauf einen Bürgerkrieg auslöste. Wenig später wandten sich 13 Staaten, darunter auch Georgia, gegen den Norden. Der Sieg des Nordens beendete zwar formell die Sklaverei, aber er überwand weder die Welle der Gewalt noch das Ausmaß des Rassismus im Süden. Nach der Ermordung von Abraham Lincoln 1865 scheiterte der Versuch, die Afroamerikaner in die Gesellschaft zu integrieren. Der Lincoln nachfolgende Demokrat Andrew Jackson verband sich mit den

---

[73] Zeit-online vom 22.8.2019: »Im August des Jahres 1619 legte ein englisches Schiff an einem Stück Küste mit dem Namen Point Comfort an. Der Küstenabschnitt befindet sich im heutigen Bundesstaat Virginia und war damals noch britisches Gebiet. Das Schiff brachte 20 Afrikanerinnen und Afrikaner aus dem heutigen Angola gegen ihren Willen auf das nordamerikanische Festland. Sie betraten die damals noch englische Kolonie, wurden verkauft und versklavt. (...) (Der) Ort Point Comfort (wurde) durch das Ereignis vor 400 Jahren zu einem Symbol für Ungerechtigkeit und Schrecken (...). Die afrikanischen Sklavinnen und Sklaven trafen in Nordamerika ein, bevor die Mayflower im Jahr 1620 mit englischen Siedlern eintraf. Sie waren da, bevor Nordamerika zu den Vereinigten Staaten wurde. Und somit sind sie ein essenzieller Teil der US-amerikanischen Entstehungsgeschichte.«

Interessen der Plantagenklasse und suchte die Vorherrschaft der Weißen aufrechtzuerhalten.

Rassentrennung – vom Bürgerkrieg bis zum Civil Rights Act von 1964

In jenen Jahren breiteten sich der rassistische Geheimbund des Ku-Klux-Klan und Lynchmorde aus,[74] mit einem Höhepunkt nach dem Ersten Weltkrieg. Diese Bewegung war der Nährboden für die faschistischen Bewegungen der 1930er Jahre in den Vereinigten Staaten. Zwar gelangten seine Anhänger nie direkt ins Weiße Haus; aber sie blieben auch in der Zeit des New Deal unter Roosevelt nicht zuletzt im Süden präsent und nutzten die Gesetzgebung des New Deal für ihre eigenen Zwecke. So sehr, dass zeitweise die Maßnahmen der »affirmative action«, also der positiven Diskriminierung, vor allem den Weißen dienten, zum Nachteil der Schwarzen. Während ein solcher Rassismus vor allem in den Südstaaten die Weißen in ihrer Vorstellung von Überlegenheit bestärkte und ihnen gleichzeitig die entsprechenden Programme zugutekamen, sahen sie sich selbst als Opfer ihrer eigenen rassistischen Propaganda, als Weiße, die von Schwarzen beeinträchtigt worden seien. Hieraus entstanden auch die Jim-Crow-Gesetze.[75] Parallel richteten

---

[74] »Mit dem Amerikanischen Bürgerkrieg wurde ›Lynching‹ zu einem Instrument der Einschüchterung gegen Afroamerikaner oder andere Minderheiten, oft praktiziert von Mitgliedern des Ku-Klux-Klans, aber auch von anderen zumeist weißen Teilen der Bevölkerung der Südstaaten. Nach älteren Schätzungen (…) wurden in den Jahren von 1889 bis 1940 insgesamt 3833 Menschen gelyncht; 90 Prozent dieser Morde fanden in den Südstaaten statt, vier Fünftel der Opfer waren Afroamerikaner. Nach 2015 vorgelegten Zählungen der *Equal Justice Initiative* (EJI) (…) starben in der Zeit zwischen 1877 und 1950 allein in zwölf Südstaaten mehr als 4400 Menschen bei rassistisch motivierten Lynchaktionen. Laut EJI-Dokumentation *Lynching in America* hatte sich entgegen dem im Dezember 1865 verabschiedeten 13. Verfassungszusatz, der die Sklaverei verbot, eine ›zweite Sklaverei‹ etabliert, die Schwarze faktisch rechtlos einer Form öffentlicher Folter aussetzte, die von den Behörden der Staaten und des Bundes weitgehend toleriert wurde. Der Report schließt mit dem Fazit, dass dieses Lynchen Terrorismus war. Manchmal wurden von Fotos der Lynchingopfer Postkarten angefertigt. Diese dienten sowohl der Belustigung der Täter und ihrer Sympathisanten als auch zur Abschreckung und Einschüchterung der afroamerikanischen Bevölkerung. Besonderes Aufsehen erregte der Fall des bei seiner Ermordung 14-jährigen Emmett Till (…).« (Siehe zu diesem das entsprechende Kapitel in Teil 6.) (wikipedia, Lynchjustiz, Abruf 29.12.2020)

[75] Als Jim-Crow-Gesetze (*Jim Crow laws*) werden eine Reihe von Ge-

sich faschismusähnliche Bewegungen gegen die Politik des damaligen Präsidenten Roosevelt – schon damals gab es die Auffassung, es könne sich in den Vereinigten Staaten nur um eine eigene, einheimische, bewusst amerikanische Form des Faschismus handeln (vgl. Churchwell 2020). Ein amerikanischer Redner habe 1937 die Erfahrungen mit den Faschisten in jener Zeit für Amerika folgendermaßen ausbuchstabiert: Er müsse so wie der spanische, der italienische oder der deutsche Faschismus im Wortsinn einheimisch sein: »Der Faschismus muss ein Eigengewächs sein, den Worten Benito Mussolinis folgend, dass der Faschismus nicht importiert werden kann, sondern besonders an unser nationales Leben angepasst werden muss.« (Zitiert n. ebd.) Logischerweise klinge daher das Programm gegen Schwarze/Afroamerikaner für amerikanische Faschisten sehr plausibel, so wie der Antisemitismus für die Deutschen. Der Schriftsteller Lewis Sinclair (2017) warnte bereits Mitte der 1930er Jahre davor; und der Sohn des berühmten amerikanischen Rabbiners Stephen Wise, James Watermann Wise, erklärte: Wenn der Faschismus nach Amerika kommt, werde er sich in die amerikanische Flagge hüllen. Er werde amerikanische Symbole und amerikanische Slogans verwenden: »Erwarten Sie nicht, dass die das Hakenkreuz hochhalten. Als ultranationalistische Bewegungen greifen sie auf vertraute nationale Gebräuche zurück und behaupten zugleich, bloß politi-

---

setzen bezeichnet, die in der Zeit zwischen der Abschaffung der Sklaverei in den Vereinigten Staaten 1865 und dem Ende der Rassentrennung nach Inkrafttreten des Civil Rights Acts und des Voting Rights Acts Mitte der 1960er Jahre in den Südstaaten in Kraft waren. Ziel der von den weißen Southern Democrats initiierten Gesetze war es, der schwarzen Bevölkerung ihre in der Zeit der Reconstruction erlangten Rechte sowie die ökonomischen und politischen Errungenschaften zu nehmen. Benannt sind die Gesetze nach der von Thomas D. Rice erfundenen Figur des Jim Crow, dem Stereotyp des tanzenden, singenden Schwarzen. Kern der Gesetze war die Rassentrennung (*racial segregation*) in allen öffentlichen Einrichtungen, darunter insbesondere auch im Bildungssystem und öffentlichen Personennah- und -fernverkehr. Der Supreme Court entschied 1896 im Fall *Plessy v. Ferguson*, dass diese Trennung zulässig sei, solange der Grundsatz »separate but equal« (»getrennt aber gleich«) gewahrt bliebe. In der Praxis waren die der schwarzen Bevölkerung zugänglichen Einrichtungen jedoch deutlich schlechter ausgestattet und unterfinanziert. (Vgl. Wikipedia, 3.3.2021.) 1954 wurde durch die Supreme-Court-Entscheidung im Fall *Brown v. Board of Education* die Rassentrennung im Bildungssystem für verfassungswidrig erklärt. Die Umsetzung dieser Entscheidung erfolgte jedoch nur langsam. Mit dem *Civil Rights Act* von 1964 und dem *Voting Rights Act* von 1965 verloren die Jim-Crow-Gesetze ihre Grundlage. (Vgl. Wikipedia, abgerufen 3.3.2021)

sches Business as usual zu betreiben.« (Zit. nach Churchwell 2020: 57f.) Dies entspricht auch den Vorstellungen des Führers der spanischen faschistischen Falange, José Antonio Primo de Rivera, denen zufolge jeder Faschismus lokal und einheimisch verankert sein müsse: »Wir werden, wenn wir die Leistung der Italiener oder Deutschen nachvollziehen, spanischer sein, als wir es jemals waren. (…) Im Faschismus lassen sich, wie in Bewegungen aller Zeitalter, unter den lokalen Charakteristiken bestimmte Konstanten finden. (…) Wir brauchen ein totales Gefühl (!) für das Erforderliche: ein totales Gefühl für das Vaterland, das Leben, die Geschichte.« (Zit. nach ebd.: 58)

Aber viel entscheidender sei, wie tief der Faschismus in der amerikanischen Geschichte verankert ist. Die Behauptung, für das Volk zu sprechen und die nationale Größe wiederherzustellen, bedeutet ja, dass jede Version des Faschismus ihre eigene lokale Identität haben muss (ebd.). Hinzu kommt der diesen Bewegungen eigene Macht-Opportunismus. Da spielt die nostalgische Sehnsucht nach einer reineren, mystischen, oft ländlichen Vergangenheit eine Rolle; es gibt einen Traditionskult, paramilitärische Gruppen; die Delegitimierung politischer Gegner:innen und die Dämonisierung von Kritiker:innen; die pauschale Kennzeichnung einiger Gruppen als authentisch national, während alle anderen zu Feinden erklärt werden; es kommt zu Intellektuellenfeindlichkeit und Angriffen auf die freie Presse, zu Antimodernismus, zur Fetischisierung patriarchaler Maskulinität; zudem entsteht ein verzweifeltes Opfergefühl und kollektiver Groll (vgl. Spiegel, 10.10.2020).

Daneben finden sich Wahnvorstellungen der Säuberung und eine erbitterte Verteidigung gegen ethnische und kulturelle »Verunreinigung« sowie eugenische Vorlieben für bestimmte »Blutlinien«: die Hervorhebung des »Herrenvolkes« und die Herabsetzung aller anderen (vgl. Churchwell 2020: 58f.).

Verdeckte rassistische Strategien der Republikaner

In den 1960er Jahren änderte sich das Wahlverhalten in den Südstaaten massiv. Nachdem der demokratische Präsident Lyndon B. Johnson 1964 den Civil Rights Act unterzeichnet hatte, sank der Prozentsatz der Weißen aus dem Süden, die demokratisch wählten, innerhalb von vier Jahren von 45% auf 13%. 1968 wurde in der Südstaatenstrategie der Republikaner beim Wahlkampf für Richard Nixon die weiße Überlegenheit zur Mobilisierung eingesetzt (ebd.: 20). Sie waren nicht mehr an der Unterstützung von Afroamerikanern interessiert, sondern n rassistischer Polarisierung.

Seit 1980 setzte der Republikaner Lee Atwater (1951-1991) eine verdeckte rassistische Strategie als zentrales Element im Wahlkampf um. Er wurde der Stratege des kodierten Rassismus und der Denunziation der Gegner aus der Demokratischen Partei, indem er Gerüchte verbreiten ließ und schon damals, anknüpfend an den verbreiteten Rassismus, Fake News als wirkungsvolles Wahlkampfinstrument entwickelte. 1978 begann er seine Beraterkarriere und wurde dann zu einem zentralen, erfolgreichen Wahlkampfstrategen der Gerüchtemacherei für Ronald Reagan 1984.

Im Wahlkampf für George Bush senior im Jahr 1988 gelang es ihm, den demokratischen Präsidentschaftskandidaten Dukakis zu denunzieren. Kurz vor seinem frühen Tod »konvertierte« er und entschuldigte sich öffentlich bei Dukakis. Der spätere Präsident George W. Bush (junior) und sein einflussreicher Berater Karl Rove waren ebenfalls beeindruckt von Atwaters Technik. Dessen Strategie der Fake News und der Lügenmacherei ist nach Atwaters frühem Tod 1991 systematisch aufgedeckt worden.[76]

In dieser Tradition entstand 2009 (auch als »Antwort« auf den ersten afroamerikanischen Präsidenten Obama) die Tea-Party-Bewegung gegen die Bundesregierung; sie trat für eine strikte fiskalische Beschränkung, für eine Rückkehr zu den Rechten der Einzelstaaten und für eine Ablehnung des Sozialstaatsprogramms ein. Sie begann, sich in der republikanischen Plattform durchzusetzen.

---

[76] Siehe dazu Perlstein 2012. Darin wird ein aufschlussreiches Zitat Atwaters dokumentiert: »Du beginnst [den Wahlkampf], indem du ›Nigger, Nigger, Nigger‹ sagst. 1968 kannst du nicht ›Nigger‹ sagen – das schadet dir. Fällt auf dich zurück. Also fängst mit Sachen wie ›erzwungenen Busfahrten‹, ›Staatsbürgerrechten‹ und so einem Zeugs an. Du wirst so abstrakt, dass du über Steuersenkungen und reine Wirtschaftsthemen sprichst, und eine Nebenfolge dieser Themen ist, dass Schwarze durch sie stärker negativ getroffen werden als Weiße. Und im Unterbewusstsein ist das vielleicht Teil der ganzen Sache. Das sage ich nicht. Aber ich sage, wenn es so abstrakt wird und es eine Verschlüsselung ist, dann kommen wir mit dem Rassenproblem auf die eine Art und Weise davon. Folgen Sie mir — denn wenn wir dasitzen und sagen, ›wir wollen das senken‹, dann ist das abstrakter als die erzwungenen Busfahrten und verdammt nochmal abstrakter als ›Nigger, Nigger‹.«

Von Charles Murray bis Samuel Huntington: »The West against the Rest«

Es dürfte im Zuge des Siegs über den Kommunismus 1990 gewesen sein, dass sich die intellektuelle, teils neo-rassistische Rechte herausgefordert sah, ideologisch aufzurüsten. Das geschah nach innen durch die rassistischen Thesen eines Charles Murray, nach außen durch die These Samuel Huntingtons, dass es nun – lange vor 9/11 – gegen die neue größte Gefahr, den neuen Feind: den Islam *und* gegen China gehen müsse. Von ihm stammt die Parole: »The West against the Rest«. Diese »patriotische« Bewegung gewann in den ersten Jahren des 21. Jahrhunderts – während der Präsidentschaft von George W. Bush – an Kraft, insbesondere aber nach den Terrorattacken von 9/11.

Dieses Ereignis verstand die Bewegung als Attentat einer neuen Weltordnung, wogegen sie zusammen mit dem Präsidenten im Krieg gegen den Terror vorzugehen entschlossen war – zunächst, noch im gleichen Jahr, gegen Afghanistan, dann – ohne weitere zureichende Informationen – gegen den zum Feind erklärten Herrscher des Irak, Saddam Hussein und seine angebliche Verfügung über Massenvernichtungswaffen.

Schon in Huntingtons These vom *Kampf der Kulturen* Mitte der 1990er Jahre wurde unterstellt, dass es eine schier unüberwindbare Unvereinbarkeit zwischen dem Islam und dem Westen gebe. Ich erinnere mich, was Huntington nach seiner Präsentation des »Kampfes der Kulturen« im vornehmen Hamburger Überseeinstitut 1997 auf meine Frage nach den Bedrohungen, die er vornehmlich sehe, antwortete: »Wissen Sie, es wird der Islam sein, der den Westen bedroht. Und er wird besonders bedrohlich, wenn er sich mit China zusammenschließt.« Nach dem Abebben des Ost-West-Konflikts werde es einen Paradigmenwechsel in der internationalen Konfliktentfaltung geben: Die Konflikte würden vor allem von kulturellen, kulturell-religiösen Faktoren und der Unvermeidbarkeit der Feindschaft zwischen dem Westen und dem Islam sowie zwischen dem Westen und China bestimmt sein. Nach Huntington werden die »unveränderlichen« Faktoren *Zivilisation, Kultur und Religion* die entscheidenden Konfliktgeneratoren sein. Die islamische Kultur werde in Konflikt mit der westlichen Kultur treten. Tektonische Falten würden sich auftun und sich gleich Naturkatastrophen in kriegerischen Explosionen entladen.

Seines Erachtens waren es ausgerechnet die von extrem nationalistischen Serben angegriffenen Muslime in Bosnien, die diese »blutige« Seite des Islam an seiner »Nordgrenze« zeigen würden. Dabei ist es unstrei[illegible], dass extreme nationalreligiöse Serben ebenso wie extreme Kroaten

Anfang der 1990er Jahre den blutigen Konflikt begonnen hatten (vgl. Funke/Rothert 1999). Die Muslime in Bosnien führten, so Huntington in seltener Verzerrung der historischen Sachverhalte, einen blutigen und verhängnisvollen Krieg mit orthodoxen Serben und übten auch gegen katholische Kroaten Gewalt aus (Huntington 1996: 416).

Kaum einer hat die Verkehrung der bosnischen Opfer in Täter so ideologisch entschieden und empirisch falsch vertreten wie Samuel Huntington. Er hat dazu den extremen Nationalismus der Serben um Milošević und der Kroaten um Tudjman ausgeblendet, die Geschichte gefälscht und so an einer zentralen Stelle Ideologiepolitik durch Ausblendung betrieben. Großbritannien und Frankreich standen dabei – als Ausdruck ihrer kolonialen Tradition? – an der Seite der Serben. Bosnien wurde von Huntington als ein Beispiel für den Kampf der Kulturen angeführt (vgl. Funke 2003:75).

Huntington geht dabei von der ahistorischen Unverwechselbarkeit zivilisatorischer Identitäten aus. Das habe zwar nichts mit »Rassen« zu tun, aber es sei schwierig, die Hand nach Zivilisationen auszustrecken, die wie die islamische ihre Position im Gegensatz zu »unserer« westlichen Zivilisation definiert habe. Im Gespräch mit dem Herausgeber der Zeit, Josef Joffe, am 5. September 2002 bestätigte Huntington im Kontext der Vorbereitung des Irakkriegs die Thesen von den blutigen Grenzen des Islam noch einmal und ging bereitwillig auf die folgende suggestive Frage Joffes ein: »Jetzt aber, da ein zweiter Irakkrieg heraufzieht, steht fast die gesamte muslimische Welt gegen Amerika und gegen Israel sowieso – beide prototypische Repräsentanten des Westens. Der clash of civilisations zeigt sich in seiner ganzen Schärfe?« In seiner Antwort stärkte H. noch einmal die These und bezog sie zugleich noch auf die Eskalation zwischen Indien und Pakistan sowie die zweite Intifada (vgl. ebd.: 52ff.). In diesem Sinn korrespondieren weltweit präsentierte Gefahrenszenarien immer wieder neu mit den verzerrten Alltagsdeutungen einer »fremden« Kultur. Damit entsteht das Zerrbild einer Kultur des Islam, die traditionell von Gewalt durchzogen, von der Verachtung der Frauen bestimmt und eben von Grund auf und altersher fundamentalistisch sei. Anders als in der christlichen und jüdischen Religion habe es keine auch nur ansatzweise vergleichbare Entwicklung zu einem nicht-fundamentalistischen Islam, wie er im muslimischen Bosnien des alten Jugoslawiens verbreitet war (vgl. Funke/Rhotert 1999), gegeben. Zu den Anforderungen eines angemessenen Verständnisses im Dialog der Kulturen und Religionen gehört es aber, dass man den anderen wirklich kennenlernen will und sich über ihn aufklären lässt.

Der (post)kolonialistische und ideologische Krieg der Vereinigten Staaten gegen den Irak

Richard Clarke war unter Clinton und Bush Chef-Organisator der amerikanischen Anti-Terrorpolitik und leitete in den entscheidenden Stunden nach den Anschlägen auf die Twin Towers den Krisenstab im Weißen Haus.

In seinem Buch *Against All Enemies. Der Insiderbericht über Amerikas Krieg gegen den Terror* (Clarke 2004) stellt er der Bush-Administration ein vernichtendes Urteil aus. Seine Hauptthese ist, dass Bush schlicht nicht an den umfassenden Einsichten Richard Clarkes interessiert war, ebenso wenig das ideologische Trio Dick Cheney, Paul Wolfowitz und Donald Rumsfeld, letzterer im Verteidigungsministerium, erster als Vizepräsident. Sie waren vornehmlich daran interessiert, den Irak mit der irrigen These anzugreifen, Saddam Hussein besitze Massenvernichtungswaffen.

Ihre Beweggründe bestanden Clarke zufolge vor allem darin, Rache daran zu üben, dass die erste Regierung Bush 1991 Saddam Hussein gestattet hätte, seine Macht zu festigen, eine große feindliche Militärmacht auszuschalten und so die strategische Lage Israels zu verbessern; eine arabische Demokratie zu schaffen, die als Vorbild für andere freundlich gesinnte arabische Länder dienen könnte, eine weitere ungefährliche Ölquelle für den amerikanischen Markt zu sichern und damit die Abhängigkeit von Saudi-Arabien zu verringern (ebd.: 343f.). Präsident Bush war nicht einmal in der Lage, einigermaßen präzise Informationen über angebliche Massenvernichtungswaffen Saddams der Öffentlichkeit mitzuteilen, sondern fabulierte stattdessen von der Gefahr, dass Hussein sich Waffen beschaffen *könnte* (ebd. 344f.).

Insbesondere die ideologische Fixierung Cheneys und des Verteidigungsministers Rumsfeld führte dazu, sich – noch dazu unter Einsatz von Lügen – nicht in Afghanistan auf die Bekämpfung des Al-Qaida-Netzwerks zu konzentrieren, sondern dies zu vernachlässigen und sich mit einer kriegerischen »Großtat« (Bush) zu schmücken. Im März 2003 griffen sie zusammen mit Großbritannien unter Blair und einer »Koalition der Willigen« den Irak völkerrechtswidrig an und entfesselten damit eine Eskalation in der Region, die bis heute anhält. Das führte nicht nur als indirektes Ergebnis zum Terrorismus des »Islamischen Staates«, sondern auch dazu, dass der Westen im Sinne Huntingtons den Kampf gegen den Islam (und nicht nur gegen den islamistischen Terrorismus) aufgenommen und die Spannungen zwischen dem Westen und dem Islam angeheizt hat.

Untersuchungskommissionen des amerikanischen Kongresses haben detailliert die Kette an Fehlern rekonstruiert, die aus diesem politischen Unwillen eines Großteils der Administration um George W. Bush, Donald Rumsfeld und Condoleeza Rice, sich der realen Gefahr zu stellen, resultierte.

Der Angriff am 20. März 2003 war lange geplant und auf die Zerstörung des Gegners konzentriert.[77] Eine solche Militärstrategie, die in ihrer Präzision so beeindruckend war, wie sie in ihrer Selektivität und Isolierung auf militärische Ziele bestürzend ist, wurde auch im Irak angewandt. Sie blendet den Umstand aus, dass es in einem solchen Krieg nicht nur um den Sturz des Tyrannen und die Quantität und Qualität der Zerstörung und Tötungen geht, sondern auch um die Frage, ob und wie das Leben der Überlebenden anschließend neu geordnet werden kann. Seitdem beobachteten wir stattdessen im Irak, wie die Vereinigten Staaten im Namen des Krieges gegen den Terror selbst eine Brutstätte für Terror produziert haben. Nach Jahren der Beschönigung auch durch deutsche Sozial- und Politikwissenschaftler gibt es niemanden von Rang mehr, der das, was im Irak geschieht, nicht als Desaster beschreibt. Doch werden hieraus keine angemessenen Konsequenzen gezogen, weder von den Vereinigten Staaten noch von der internationalen Staatengemeinschaft. Inzwischen wissen wir, dass der völkerrechtswidrige Angriff auf den Irak das Land noch weiter zerstört, die Iraker gegeneinander aufgebracht, zu Millionen Toten geführt und schließlich mit dazu beigetragen hat, dass der IS sich hat ausbreiten können. Außerdem führte dies alles in einem nun fast 20-jährigen Krieg, nicht zuletzt um Syrien, zu einer nicht endenden Katastrophe – wie in einem neuen »30-jährigen Krieg«.

Barack Obama, Tea-Party-Bewegung und rassistische Gewalt

Obamas Sieg bei den Präsidentschaftswahlen 2008 verband die radikale Rechte mit den nach rechtsgerichteten Kräften der republikanischen Partei zu einer Allianz, die sich in der sogenannten Tea Party organi-

[77] Ich hatte zehn Tage vor Beginn des Krieges in Bagdad auf einer Reise mit einem Verein für deutsch-irakische Beziehungen Gelegenheit, mich in Bagdad und auch in der Nomenklatura des autoritären Regimes umzuhören. Damals war von Kriegsbegeisterung nichts zu spüren, vielmehr von einer Angst, die sich auf die gesamte Stadt gelegt hatte. Und gerüchteweise war zu vernehmen, dass es in diesen letzten Tagen vor Kriegsbeginn über ein von Bush nicht genutztes Vermittlungsangebot des damaligen Papstes womöglich noch die Chance gegeben hätte, ihn abzuwenden.

sierte. Zunächst schien es, dass ihre Anhänger nur dem konservativen Ideal eines »schlanken Staates« folgten, in der Realität jedoch hatten sie Obama als Gegner im Fokus und zwar jeden Aspekt seiner Präsidentschaft. Damit organisierte sich die Tea Party zur wichtigsten Repräsentanz des Rechtspopulismus (vgl. Neiwert 2017: 4). Der Rechtspopulismus verband sich mit nativistischen, gegen die Migranten gerichteten Bewegungen, verschärfte sich ideologisch durch Verschwörungstheorien gegen die »Tyrannei« des Präsidenten und geriet immer weiter in extreme Richtungen, oft verbunden mit der »patriotischen« Bewegung. Er manifestierte sich zudem in einem sogenannten Konstitutionalismus, der Bundesgesetze und Verordnungen ablehnte und teils sogar für eine Abspaltung von den Vereinigten Staaten plädierte. Verschwörungstheorien wuchsen, die Obama als illegitimen Präsidenten porträtierten, der in Übersee geboren sei, seine Geburtsurkunde gefälscht habe und einen muslimischen Staatsstreich plane, um die Vereinigten Staaten islamistischen Radikalen zu überlassen, die das Schariagesetz in den USA und weltweit durchsetzen wollten.

Nach einer Studie amerikanischer Wähler waren es 2013 37%, die die globale Erwärmung als Unsinn beschrieben, unter ihnen 58% der Republikaner (ebd.: 46). 28% der Wähler glaubten, dass eine geheime Machtelite sich dazu verschworen habe, die Welt durch eine totalitäre Weltregierung zu bestimmen. Eine relative Mehrheit der Wähler des Präsidentschaftskandidaten Romney, nämlich 38% glaubten dies. 28% der Wähler glaubten, dass Saddam Hussein in den Attacken von 9/11 einbezogen war – zehn Jahre nach dem Angriffskrieg von Bush gegen den Irak. Und immerhin 13% (und 42% der Romney-Wähler) dachten, Barack Obama sei der Antichrist. Im folgenden Jahr 2014 stieg die Zahl von Verschwörungsvorstellungen auf mindestens die Hälfte der Amerikaner. 25% glaubten, dass Präsident Obama kein amerikanischer Staatsbürger sei und 40%, dass die entsprechende Bundesbehörde Medikamente zurückhält, die Krebs heilen könnten. (47) Umfragen zeigten, dass diese Zahlen während der Wahlkampagne von Trump weiter anstiegen. Im August 2016 bezweifelten 72% der registrierten republikanischen Wähler, dass Obama amerikanischer Staatsbürger sein und zwei Drittel der Trump-Unterstützer, dass Obama im geheimen ein Muslim sei. Im August 2016 glaubten 69% der Trump-Wähler:innen, dass es ein Betrug wäre, wenn Hillary Clinton die Wahl gewönne. (47/48)

Nimmt man diese Umfragen ernst, so reichten klassische paranoide Vorstellungen von der Welt und insbesondere der zu Feinden wahrgenommenen Gegner die 40%-Grenze in der Bevölkerung und unter den

Anhängern der Republikanischen Partei zwei Drittel. Dies lässt das Ausmaß der ideologischen, sozialen und politischen Spaltung schon in den Jahren vor der Wahl Trumps erkennen. Offenkundig haben die Ereignisse der Attentate auf die Doppeltürme von Manhattan, die paranoide Begründung des Angriffskriegs gegen den Irak und die auch danach kaum sozial angegangenen Erschütterungen der Finanzkrise 2008 die paranoiden Vorstellungen eines Freund-Feind-Verhältnis zur Welt immer größere Teile der Republikaner, der Tea Party und von Medien wie Fox News beeinflusst und sich zu fundamentalen Glaubensvorstellungen radikalisieren lassen. Auch die Tatsache der globalen Erwärmung sei Unsinn und schon im Jahr 2011 hatte sich Trump mit diesen rechtspopulistischen Ideen der Tea Party einverstanden erklärt.

Kumulative Radikalisierung: Trumps Rassismus

In den vier Jahren der Trumpschen Präsidentschaft hat sich eine besondere, sich steigernde autoritäre Dynamik gezeigt. Es ist Donald Trump »gelungen«, *erstens* an historisch-kulturelle und mentale Traditionsbeständen anzuknüpfen und diese zu aktivieren: und zwar durch eine Kombination des Eingehens auf die Zukurzgekommenen und einer rechtsautoritären Einstellung bei einem beträchtlichen Teil religiös geprägter, vor allem evangelikaler Anhänger. *Zweitens* hat die Mobilisierung autoritärer Aggression gegenüber Minoritäten innerhalb und außerhalb der Vereinigten Staaten unmittelbar zur Ausdehnung rassistischer Gewalt und der Belebung und Neugründung rechtsextremer Gewaltformationen wie Ku-Klux-Klan oder Proud Boys, und zwar zunehmend über das Internet, geführt. *Drittens* ist systematisch von Anfang an das traditionelle institutionelle demokratische System der Checks and Balances angegriffen und geschwächt worden. *Viertens* ist durch Trumps autoritären, ja paranoiden Stil dieser Resonanzboden selbst noch einmal ins Schwingen gebracht worden. Dies führte zur rassistisch-gewalttätigen Mobilisierung beim Aufmarsch in Charlottesville 2017. Das Jahr 2020 zeigte schließlich eine faschistoide, von einem extremen Narzissmus forcierte Mobilisierung, die mit dem Ausgang der Präsidentschaftswahlen nur knapp gekontert wurde und in deren Gefolge weiter teils rechtsterroristische Gewalt droht.

Aggression aus Resignation – Regionen im Niedergang

Katherine Kramer (2016) hat für die ländlichen Gebiete von Wisconsin bei Forschungen des Alltagsbewusstseins dort lebender Bürger:innen die Wahrnehmung ausgemacht, dass ihre Region von der Politik ignoriert und nicht fair behandelt würde; die Menschen hätten einen eigenen Wertehimmel und Lebensstil, der von der Stadt und vom »Big Government« nicht respektiert werde und zu einem Gefühl fundamentaler Inferiorität führe. Ironischerweise werden aber Sozialstaatsprogramme, die vor allem den eher benachteiligten Schichten zugutekommen, von diesen am schärfsten abgelehnt.

Auch Arlie Russell Hochschild beschreibt in ihrem Buch »Fremd in ihrem Land« (2016) – anhand von Beobachtungen in einer Region in Louisiana – das tief verankerte Minderwertigkeitsgefühl bei ländlichen, männlichen, weißen Wählern gegenüber der fernen Washingtoner Regierung mit folgendem Bild: Sie stünden in einer langen Schlange vor einem Berg, von dem herab der amerikanische Traum denjenigen zuwinke, die den Weg mit harter Arbeit und eigenen Opfern zurückgelegt haben – bis jedoch irgendwann diese Linie nach oben von Afroamerikanern, Frauen und Immigranten durch vermehrte *affirmative actions* zerschnitten worden sei (ebd.: 29). Das gehe letztlich so weit, bis sie, die Weißen, wie Trump unterstellt, ausgetauscht und vergessen sein werden: Gegen diesen angeblichen Austausch durch ethnische Minoritäten wurde auch auf der Demonstration der extremen Rechten in Charlottesville 2017 protestiert.

In seiner soziologischen »Autobiografie« »Hillbilly Elegy« (2016) beschreibt J.D. Vance die über Generationen hinweg reichenden Erfahrungen des Niedergangs, der Aggression und Verzweiflung in den Regionen des Rust Belt und der Appalachen. Seine Großeltern zogen aus Kentucky, dem einstigem Land der Kohleförderung, in die Region der Auto- und Stahlindustrie nach Ohio. Aber auch diese vermeintliche Zukunft bietet mit dem Niedergang der dortigen Industrien für ihn, den Enkel, keine Perspektive mehr. Großeltern wie Eltern zeichnet der Autor in seiner eindrucksvollen, nicht verurteilenden Erzählung als autoritär und zugleich überfordert – Prügelstrafen, Drogenkonsum und Missbrauchserfahrungen sind verbreitet. Mehrere Familienmitglieder orientieren sich an den radikalen Versionen des protestantischen Glaubens, den Pentecostals oder an den Evangelikalen und ihren apokalyptischen, quasi totalitären Endzeitvorstellungen. Diese generationsübergreifenden Erfahrungen mit Abstieg, Verzweiflung und Depression sind [illegible]s, die vor allem vom sich ausbreitenden rechten Flügel der Republikaner und dann von Donald Trump aufgefangen und ihrerseits radikalisiert werden.

Da weithin soziale Supportstrukturen fehlen, ist der Rückzug in die Apathie sehr umfassend und wird auch noch durch religiöse Traditionen und die amerikanische Zivilreligion verschärft. Fritz Stern hat die USA als christlich verbrämte *Plutokratie* bezeichnet.[78] Die beschworene amerikanische Zivilreligion dient dem Glauben der Privilegierten und ebenso der Legitimierung ihrer Privilegien – als Ausdruck eines »gottgefälligen« Lebens. In dem Maße, in dem dies nicht durch die Alltagserfahrung gedeckt ist, dient diese Zivilreligion zugleich als Kitt gegen äußere und innere Feinde, um die Nation zusammenzuhalten. Ein solchermaßen entstehendes, politisch-religiös aufgeladenes Feindbild tendiert dazu, sich nach innen wie außen selbst als gut darzustellen und die Enttäuschung nach außen gegen vermeintlich Böse und Sündenböcke zu richten. Das führt wiederum dazu, dem militärischen und geheimdienstlichen Sicherheitskomplex gegenüber der Sozialhilfe den Vorrang einzuräumen und sich als amerikanische Großmacht zu identifizieren. Dahinter steht die lange Geschichte vom *amerikanischen Experiment* der ersten Siedler bis zum Radikal-Nationalismus der USA und ihrem Selbstverständnis als *auserwählte Nation*, der aus der »Bergpredigt« entlehnten *City upon the Hill* (vgl. Braml 2020).

Soziale Ungleichheit – Resultat des Rassismus

Die Leistungen der Arbeitslosenversicherung sind in den USA in der Regel auf 26 Wochen begrenzt, in einigen Staaten des Südens sogar auf einen noch kürzeren Zeitraum; die Berechtigung staatlicher Krankenfürsorge (Medicaid) haben Staaten wiederum hauptsächlich im Süden nicht auf Menschen mit niedrigem Einkommen ausgeweitet, wie es Obama Care eigentlich vorsieht. Zudem ist der Anteil der arbeitsfähigen US-Bevölkerung ohne Krankenversicherung bei Schwarzen eineinhalbmal höher als bei Weißen. 2020 zeigte sich, dass die Corona-Sterblichkeitsrate unter schwarzen Amerikanern signifikant höher lag als bei weißen Amerikanern: Afroamerikaner:innen machen 12,4% der Bevölkerung in den USA aus, aber sie erlitten 21,8% der bekannten Corona-Todesfälle (Stand Sommer 2020, nach Braml 2020). Josef Braml vertritt die These, dass das Fehlen eines ausgleichenden Sozialstaats in den USA unmittelbar mit dem sozialen, wirtschaftlichen und politischen Rassis-

[78] Zitiert nach Braml 2020. Vgl. auch Fritz Stern im Deutschlandfunk am 25.12.2014.

mus erklärt werden kann. Eine Reihe von Ökonomen haben die Ausnahmestellung, die die USA in der zivilisierten Welt bei der Behandlung sozial Schwächerer einnehmen, auf Rassismus zurückgeführt. Noch mehr als früher gilt Sozialpolitik heute als Unterstützung der »Anderen«: der Schwarzen.

Neorassistische Aufladung

Der bereits erwähnte rechtskonservative Wissenschaftler Charles Murray rechnete schon Mitte der 1980er Jahre in seinem Buch *Losing Ground* mit der amerikanischen Sozialpolitik der vergangenen drei Jahrzehnte (1950-1980) ab. Seine Thesen wurden von konservativen Think Tanks aufgegriffen, sodass die Regierung von US-Präsident Bill Clinton 1996 den Wohlfahrtsstaat entschieden einschränkte. Clinton erkärte im Dezember 1993, dieser Autor habe dem Land einen großen Dienst erwiesen. Von ähnlichem Einfluss ist der Bestseller *Bell Curve* (1994), den Murray zusammen mit Richard Herrnstein veröffentlichte und in dem der dem Denken Murrays »immanente Rassismus offensichtlich wurde: Schwarze seien danach genetisch bedingt weniger intelligent als Weiße. Wer Sozialpolitik betreibe, trage daher nur dazu bei, dass die Schwarzen sich noch stärker vermehrten und die USA noch mehr verdummten.« (Vgl. Braml 2020.)

Der Soziologe Joe Feagin[79] hat korrespondierende Einstellungen untersucht, nach denen soziale Unterschiede mit der »Überlegenheit« der Weißen zu tun hätten, ihrer höheren Arbeitsethik, »überlegenen« Intelligenz oder anderen Fähigkeiten und vermeintlichen Tugenden von Weißen, die Anerkennung verdienen würden.

In der Tat wird der *American Way of Life* lebenslang trainiert: »Kinder von weißen und schwarzen Eltern werden für unterschiedliche Jobs und soziale Schichten sozialisiert. Kindern weißer Amerikaner wird vermittelt, dass sie leistungsfähig und überlegen seien, Schwarzen Kindern dagegen wird von der dominierenden weißen Gesellschaft schon in früher Kindheit das Gefühl gegeben, dass sie minderwertig seien. (…) Die Ungleichheiten zwischen schwarzen und weißen Bürgern in den USA (seien) darauf zurückzuführen, dass Weiße zumeist über Generationen hinweg von ungerechten Bereicherungen in Form von Grundbesitz, Geldvermögen oder ›Sozialkapital‹ profitieren konnten. Auch heute habe Einkommens- und Vermögensverteilung wenig mit Leistung zu tun. ›Soziale Fiktionen‹ von der vermeintlich arbeitsamen und überle-

---

[79] Vgl. u.a. Feagin 2020.

genen weißen Rasse sollen zudem verdecken, dass (...) die meisten Angehörigen der weißen Elite ihre gut bezahlten Arbeitsplätze weniger aufgrund ihrer Leistung erhalten haben, (... sondern aufgrund) tradierter Familiennetzwerke, die häufig an privaten, für die meisten Normalsterblichen unerschwinglichen Eliteuniversitäten geknüpft und gepflegt werden.« (Braml 2020)

Diese De-facto-Aristokratie und die damit verbundene soziale Ungleichheit ist nicht nur ein moralisches, sondern auch ein wirtschaftliches Problem, da die amerikanische Wirtschaft zu zwei Dritteln vom Konsum angetrieben wird, der Konsum also möglichst breit angelegt werden sollte. Stattdessen ziehen sich nun die Amerikaner, die nicht am wirtschaftlichen Leben teilhaben können, zurück und werden anfälliger für Verbrechen, Drogen oder Selbstmord. Dem korrespondiert eine hoch individualistische Konzeption des amerikanischen Traums, nach der jeder seines Glückes Schmied sei und im Falle des Scheiterns daran selbst schuld sei.

Forcierung der Erosion des demokratischen Systems

Das Urteil des Obersten Gerichts vom 25. Juni 2013 im Fall *Shelby County versus Holder* war ein herber Rückschlag in der Geschichte des Antrirassismus: Es ermöglichte den Einzelstaaten erneut, afroamerikanische Wählerinnen und Wähler durch Auflagen zu diskriminieren. Durchgesetzt worden war dies schon vor über 120 Jahren, am 18. Mai 1896 durch das Urteil des Obersten Gerichts im Fall *Plessy versus Ferguson*: »Damit wurde die im 13. und 14. Verfassungszusatz garantierte Freiheit und Gleichstellung aller Bürger de facto ausgesetzt. Die Bundesstaaten, zumal im Süden der USA, hatten demnach die höchstrichterliche Erlaubnis, die Rassen nach Gutdünken zu trennen. Der öffentliche Raum, etwa Schulen, Restaurants und Hotels, war nunmehr richterlich verordnet schwarz-weiß. ›Getrennt, aber gleich‹ – mit dieser Formel betrog ein höchstrichterliches Urteil Schwarze in den USA um ihre Gleichstellung – für weitere 58 Jahre.« (Braml 2020)

Erst der Bürgerrechtsbewegung in den 1950er/60er Jahren gelang es, die Rassentrennung und -diskriminierung ein Stück weit zu überwinden, so etwa mit dem Urteil *Brown versus Board of Education 1954*, nach dem die Rassentrennung an staatlich finanzierten Schulen für unzulässig erklärt worden war (vgl. ebd.). Mit dem Voting Rights Act von 1965 sollten schließlich der afroamerikanischen Minderheit gleiche Voraussetzungen gegeben werden, um sich an den Wahlen zu beteiligen. Praktiken wie Analphabetismus-Tests zur Wähler-Registrierung wurden verboten und die Verantwortlichen entsprechender Einzelstaaten unter die Aufsicht des Bundesjustizministeriums gestellt.

Die Zentralität der sogenannten Rassenfrage ist in diesem Sinne nur historisch begreifbar und mag zur Erklärung des Phänomens beitragen, dass auf sozialen und liberalen Fortschritt jeweils unterschiedliche Formen eines »Backlash«, *also Rückschlags,* zu verzeichnen sind – wie unter bzw. nach Abraham Lincoln oder Franklin Delano Roosevelt, unter Präsident Johnson und unter Barack Obama. Zu tief verankert ist das Narrativ weißer Dominanz, das jeweils durch andere Minoritäten, zunächst und vor allem durch die Afroamerikaner, herausgefordert scheint. Dies gilt nicht nur für das Verhältnis von Schwarz und Weiß, sondern auch hinsichtlich anderer Minoritäten, vor allem der Mexikaner. Es ist offenbar die geschichtlich mächtige Tradition weiß-autoritärer Dominanz, die, wenn sie in der Exekutive durch den Präsidenten repräsentiert wird, schnell das filigrane System der *Checks and Balances* schwächen und teils außer Kraft setzen hilft. Das bisherige System ist durch die Ausdehnung der exekutiven Macht unter Trump erodiert. Es nimmt nicht Wunder, dass vor dem Hintergrund dieser auch religiös aufgeladenen Mentalitäten und der Rechts-Radikalisierung großer Teile seiner Partei infolge der Tea-Party-Bewegung ein autoritärer Populist in seiner Selbstbezogenheit die Klaviatur der Vorurteile gegen Schwächere, gegen das Ausland und die Administration, das Establishment bespielen konnte. Die exekutive Schlagseite des Präsidential-Systems in der amerikanischen Verfassung und ihre je neue extensive Ausdehnung in Zeiten äußerer oder innerer »Krise« offenbaren die Schwäche des Systems der *Checks and Balances.*

Dynamisierung der sozialen und ideologischen Faktoren durch die Exekutivmacht des Präsidenten

Unmittelbar nach Beginn der Wahlkampagne von Trump, die am 15. Juni 2015 eröffnet wurde, wurde erkennbar, dass die *ü*berzeugten Anhänger aus der Tea-Party keineswegs marginalisiert waren, sondern mit Trumps Kampagne an Gewicht gewannen. Trump begann mit einer aggressiven Abwertung der Mexikaner als »Vergewaltiger« und der Beschwörung von Gefahren von Einwanderern aus Mexiko, Lateinamerika und dem mittleren Osten. Zwar vermied er, so gut er konnte, unmittelbar rassistische Äußerungen. In der Kolumnistin Ann Coulter hatte er eine Unterstützung von rechtsaußen, die nicht zuletzt den weißen Nationalisten Richard Spencer zitierte, nach dem Einwanderung ein »Stellvertreterkrieg« gegen Amerika sei.

Als Präsident erklärte Trump wechselweise das Establishment, die Elite, schließlich die gesamte übrige Welt schuldig an inneren ökonomischen und politischen Miseren. Wo er diese Stimmungsmache aggressiv eskalieren konnte, benannte er Sündenböcke, also gefährdende Zerstörer, die insbesondere den weißen Männern in Amerika angeblich etwas wegnehmen und ihre Positionen erschüttern würden – *e*ine projektive Aggression.

Er bot ihnen Antworten, oft ohne Rücksicht auf die Realität: den Menschen von West-Virginia versprach er eine blühende Zukunft durch die Kohle. Den Stahlarbeitern, dass die Welt den Stahl fortan aus den Vereinigten Staaten beziehen würde. Trumps Verhalten bedeutete eine unrealistische Politik hohler Versprechen. Seine Sprache erinnerte Experten – angesichts der ihm bedrohlich nahekommenden Untersuchungen des Sonderermittlers Robert Mueller – an einen in die Defensive geratenen Mafiosi. In dem Maße, in dem auch angesichts des Realitätsverlusts dies nicht mehr funktionierte, eskalierte er sowohl die Versprechen als auch den Hass auf Sündenböcke. Und wie bei einer *Droge* braucht es davon – je unrealistischer diese Perspektiven sind – umso mehr. In dem Maße, in dem diese projizierten Sündenbock-Aggressionen keine Lösung der Probleme boten und immer weniger bzw. nichts mehr mit der sozialen und politischen Realität zu tun hatten, sondern in paranoider Weise *eine eigene Realität* herstellen, der man dann glaubt und der man sich autoritär verpflichtet, erhielt diese Bewegung den Charakter einer Sekte, die glaubt, was ihr gesagt wird und die sich gegen den Rest der Welt, als den Verursacher der eigenen Misere, mehr oder weniger aggressiv (ab)wendet. Die gegebene soziale und politische Realität wird *de-realisiert* und man schwimmt orientierungslos in einem Kosmos eigener Vorstellungen, ohne noch angemessen auf die nähere und fernere Umwelt Rücksicht zu nehmen. Stattdessen sieht man sich gerade dann als großartig, wenn man sie verachtet, negiert oder sie – sobald sie einem als fern und fremd erscheint – angreift (vgl. Arendt 1972 zum Umgang mit dem Desaster des Vietnamkriegs).

Wir wissen aus der Geschichte des deutschen Nationalsozialismus, wie eine paranoide Idee, also die Vorstellung, die Juden seien schuld am Kommunismus, Kapitalismus, dem Krieg und der Niederlage Deutschlands, jene, die sich ihr verpflichtet sahen und denen sie die entsprechende Organisation bereitstellte, scheinbar stark machte. Denn niemand ist so stark wie ein Paranoiker, der sich durch keine Realität mehr korrigieren lässt – erst recht, wenn man ihn als mächtig anerkennt oder er an die Macht gelangt ist.

Das »Vorspiel« des Sturms auf das Kapitol: Charlottesville 2017[80]

Für das, was sich im Sturm vom 6. Januar 2021 entfesselte, gab es ein Vorspiel. Am 11. August 2017 versammelte sich die extreme neonazistische Rechte in Charlottesville zur größten Demonstration seit Jahrzehnten in den Vereinigten Staaten. Trump beförderte keineswegs zufällig die von Steve Bannon, Sebastian Gorka oder Stephen Miller entwickelte Strategie der Mobilisierung eines gewaltbereiten Mobs, als er erklärte: *»There are fine people on both sides.«* (»Es gibt gute Leute auf beiden Seiten.«) David Neiwert hatte in »Alt-Amerika« nachgezeichnet, wie sich mit dem öffentlichen Auftreten Trumps und seiner Entscheidung, für das Präsidentenamt zu kandidieren, weiße Nationalist:innen, Verschwörungstheoretiker:innen, Xenophobe und Anhänger des Ku-Klux-Klan neu orientierten und Skinheads und gewalttätige Radikale massiver in Erscheinung traten als zuvor (2017: 2). Das *Southern Poverty Law Center* (SPLC) (zit. n. ebd.: 15) erfasste einen dramatischen Anstieg von Hassgruppen, extremistischen Organisationen und Hass-Gewalt, und dies schon seit 2008, mit Beginn der Obama-Präsidentschaft. Allein für die Jahre 2012 und 2013 zählte das Center 1360 aktive patriotische Gruppen und 873 andere Hassgruppen unterschiedlicher Natur wie Ku-Klux-Klan, Skinheads, Neonazis, homophobe und antimuslimische Gruppen. Es kam zudem wiederholt zu Terrorattacken.

Die Zusammensetzung der Demonstration in Charlottesville zeigte die Vielfalt und auch Widersprüchlichkeit dieser Gruppen. Aber sie fanden sich zusammen und waren gewalttätig, und es war keinesfalls zufällig, dass einer von ihnen zu einer Terrortat schritt: Nach dem offiziellen Ende der Demonstration fuhr der 20-jährige James Alex Fields aus Ohio offenkundig vorsätzlich in die Gruppe derjenigen, die den Abzug der rechtsextremen Demonstranten feierten. Er tötete hierbei die Bürgerrechtsaktivistin Heather Heyer (geb. am 29. Mai 1985) und verletzte mehrere andere schwer. Fields hatte auf seiner Facebookseite Propagandabilder veröffentlicht, wie sie auch von der sogenannten Alt-Right-Bewegung verwendet werden. Er postete Bilder von uniformierten Rechtsradikalen, die neben einer amerikanischen Flagge eine Hakenkreuzfahne präsentierten (vgl. Süddeutsche Zeitung, 13.8.2017).

Zur Zusammensetzung der Demonstrationsteilnehmer:innen, die sich unter dem Schlagwort »Unite the Right« einfanden, heißt es in Zeit online vom 14.8.2017: »In Charlottesville waren unter anderem Ras-

---

80 Dieser Abschnitt folgt in weiten Teilen Funke 2018b.

sisten der Gruppe Vanguard America[81] vertreten. Sie trugen schwarze Schilder mit weißem Kreuz. Die Mitglieder der Gruppe glauben an die biologische Überlegenheit von Menschen europäischen Ursprungs. Sie sind nicht grundsätzlich gegen die multiethnische Gesellschaft, sehen die Weißen aber an der Spitze einer natürlichen Hierarchie. Amerikanische Nationalisten befürworten dagegen einen rein weißen Staat. Auch in den USA gibt es Neonazis, also Menschen, die sich ausdrücklich auf die Ideologie Adolf Hitlers beziehen und gegen Juden, Nicht-Weiße, Homosexuelle und Behinderte hetzen. Auf den T-Shirts vieler Kundgebungsteilnehmer waren NS-Symbole zu sehen, die in den USA anders als in Deutschland nicht verboten sind. Einige skandierten ›Juden werden uns nicht ersetzen.‹ (…) Eng verzahnt mit den Rassisten und Nationalisten ist die rechtsextreme Alt-Right-Bewegung (…). Der damalige Chefstratege Trumps, Steve Bannon, bezeichnete das von ihm geleitete Nachrichtenportal Breitbart News einst als Sprachrohr von Alt-Right. Viele rechte Demonstranten trugen Kappen mit Trumps Wahlkampfmotto ›Make America great again‹. Auch wegen dieser Nähe zwischen Trump und Alt-Right-Aktivisten wurde der Präsident heftig dafür kritisiert, dass er die Täter von Charlottesville in einer Stellungnahme nicht beim Namen nannte, sondern nur ›Gewalt von allen Seiten‹ verurteilte.«

Trumps Putschversuch vom 6. Januar 2021

Trump hatte keineswegs zufällig seit seiner Inaugurations-Rede 2017 vier Jahre lang die Mobilisierung und Aufstachelung seiner Anhänger:innen betrieben. Er hatte soziale Enttäuschungen und die politische Aggression derer genutzt und radikalisiert, die in den vernachlässigten Regionen des Rust Belt, des mittleren Westens und des weißen Südens

[81] Die selbst ernannte »Vanguard America« (übersetzt: »Amerikanische Avantgarde«) hat ein klares Feindbild: den »Multikulti-Staat«. Die »Blut-und-Boden«-Aktivisten wollen eine »weiße Nation« auf »amerikanischer Erde« errichten. Die Ewiggestrigen setzen bei der Verbreitung ihrer Ideologie vor allem auf moderne Medien wie etwa Twitter. Nach Angaben der »Anti-Defamation League« ist die 2015 in Kalifornien gegründete Gruppe ein Sammelbecken für Antisemiten und steht der »Nationalistischen Front« nahe, einer Dachorganisation verschiedener Neonazi-Gruppierungen. Wie diese tragen die Mitglieder der »Vanguard America« bei ihren Aufmärschen Uniformen: Khaki-Hosen und weiße Polohemden. Die selbst ernannten »Avantgardisten« sind mehrheitlich Teenager oder junge Erwachsene und männlich. Es gibt aber auch eine »Frauen-Division« in der straff geführten, gefährlichen Gruppe. (Vgl. Spiegel online, 14.8.2017)

früher republikanische Kandidat:innen gewählt hatten und seit 2009 mit der Tea-Party radikalisiert worden waren. Sie vertraten ein häufig religiös unterlegtes rigides Weltbild, an das die Hetze Trumps gegenüber dem Establishment und den Minoritäten, die ihnen die letzten sozialen Chancen nehmen würden, anknüpfte.

Unmittelbar vor der Wahl 2020 radikalisierte Trump noch einmal seine Strategie. Er versuchte, seinen ihm treu ergebenen Justizminister William Barr zu zwingen, gegen seine politischen Gegner Biden und Obama vorzugehen, und suchte seine ihm bisher treue Anhängerschaft noch einmal auf sich zu verpflichten. Dabei gab er offenkundig seine Strategie auf, auch Wechselwähler:innen in den Vororten der Städte anzusprechen. Er war Repräsentant einer Partei, die mit ihm »eingemauert in der Festung des Selbstbetrugs« (Spiegel, 18.10.2020) in Sachen Klimakrise, Pandemie und Feindbeschwörung verharrte. In der panischen Ahnung einer möglichen Wahlniederlage erklärte Trump seinen Konkurrenten auf Wahlkampfveranstaltungen zu einem gefährlichen »Kriminellen« – und goutierte die Rufe der Versammelten: »Sperrt ihn ein, sperrt ihn ein.«

Damit hatte Trump alle Schranken des Anstands fallen lassen und in den letzten Wochen und Tagen vor der Wahl am 3. November eine Stimmung von Hass und Gewalt entfesselt, an die bewaffnete paramilitärische Formationen, nicht nur, aber vor allem in den besonders umstrittenen »Battle Ground«-Staaten erklärtermaßen anknüpften. Kaum noch verhüllt erging damit vom Präsidenten der Vereinigten Staaten die Aufforderung zur Zersetzung des Kernrechts einer freien, geheimen und gesicherten Wahl und – mit der Unterstützung gewalttätiger bewaffneter Gruppen – zum Putsch gegen die Demokratie. Im TV-Duell mit Joe Biden rief Trump am 22. Oktober 2020 eine der gefährlichsten bewaffneten Formationen auf, sich im Falle einer Eskalation um den Wahltag herum bereitzuhalten: »Proud boys stand back and stand by.«

Mit der Entfesselung von Hass und Angst und der Mobilisierung seiner Anhänger insbesondere im männlich weißen und religiös evangelikalen Spektrum sahen sich wie nie zuvor seit dem Zweiten Weltkrieg rechte und rechtsextreme paramilitärischer Formationen mobilisiert und planten Einschüchterungen, Störungen und Gewalt für den Wahltag (vgl. Spiegel, 17.10.2020).

Da gibt es die erwähnten neonazistischen frauenfeindlichen *Proud Boys* mit Zehntausenden Followers im Internet, die *Oath Keepers*, die neonazistischen und äußerst gewalttätigen *Three Percenters* mit Tausenden Followers und Zehntausende weitere kampffähige Milizionäre, die untereinander vernetzt sind und seit Trumps erstem Wahlkampf und seiner Präsidentschaft in wenigen Jahren enormen Zulauf erhalten hatten. Allein die *Oath Keepers* hatten mindestens 25.000 an der Waffe erfahrene und militärisch erprobte (ehemalige) Polizisten, Veteranen und Soldaten rekrutiert.[82] Die *Three Percenters* sind eine Dachorganisation bewaffneter Milizen, nach der es 3% der Bevölkerung braucht, um den revolutionären Krieg erfolgreich zu führen. Sie sind nach einem Bericht vom Oktober 2020 in allen 50 Staaten der Vereinigten Staaten vertreten; zwei Drittel haben eine Ausbildung in Militär oder Polizei; 10% ihrer Mitglieder sind in Berufen wie Sheriff eines Countys tätig (vergleichbar mit einem Landkreis in Deutschland), als Ortspolizisten oder in den Geheimdiensten und dem FBI. In Richmond beteiligten sich im Januar 2020 über 20.000 Menschen am »friedlichen« *Marsch der Milizen* zur Verteidigung des zweiten Zusatzartikels zur Verfassung der Vereinigten Staaten, der verbietet, das Recht auf den Besitz und das Tragen von Waffen einzuschränken. Waren es in der Demonstration der gewaltbereiten Rechtsextremisten im August 2017 in Charlottesville/Virginia noch wenige Tausende, so waren es ebenfalls in Virginia, nun in Richmond, Zehntausende – nicht zuletzt dank eines Präsidenten, der von diesen allen als ihr Alliierter wahrgenommen wurde und dessen Spindoktoren Steve Bannon, Sebastian Gorka und Stephen Miller es mit ihrer faschistoiden Ideologie ernst meinten.

Wieviel Faschismus steckt im Erbe des Trumpismus?

Anfang Juni 2020 ließ Trump vor dem Weißen Haus eine Demonstration vom Militär auflösen, um an der Seite des Generals Mark A. Milley und mit der Bibel in der Hand vor der St. John's Episcopal Church zu posieren. Er setzte Bundeskräfte ein, um Proteste gegen den Rassismus in den Städten zu zerschlagen und eine Atmosphäre bürgerkriegsähnlicher Unruhen hervorzurufen. Zudem unterstützte er mehr oder weniger ausdrücklich hochbewaffnete Milizen, die in seinem Sinn handeln würden, wenn er die entsprechenden Signale gab: Im Zweifel sollten sie zur Rettung des »Großen Amerikas« – womöglich in einer Art Twitter-Faschismus seiner 80 Mio. Twitter-Anhänger:innen – »generalmobilisiert« werden. Der Prozess der Aufweichung des die amerikanische

---

[82] www.theatlantic.com/magazine/archive/2020/11/right-wing-militias-civil-war/616473/ heruntergeladen am 10.10. 2020

Demokratie garantierenden Systems der *Checks and Balances*[83] wurde im Wahljahr 2020 im Zuge der politischen, sozialen, gesundheitspolitischen und kulturellen Krisen von Trump auf allen Ebenen forciert.

Ob es sich im Fall der Trumpschen Massenmobilisierung um Elemente einer faschistoiden Politik handelte, ist nicht erst Ende 2020 ernsthaft diskutiert worden. Unter Faschismus lassen sich politische Bewegungen verstehen, die vor dem Hintergrund eminenter ökonomischer, sozialer und kultureller Krisen die etablierten, nicht zuletzt demokratisch rechtsstaatlichen Verhältnisse durch eine Strategie der Massenmobilisierung, der Entfesselung von Unruhen und Kriegen nach innen und außen stürzen und eine neue nicht-demokratische, autoritäre und nationalistische Ordnung, gerade auch mit den Mitteln extensiver Gewalt herstellen wollen. Es geht also kurzum um folgende Ingredienzien: Erstens Bewegungen gegen die Demokratie, zweitens Gewaltausbrüche und -strategien und drittens eine nationalistische Ordnung des *Wir gegen die.*

In den Wochen und Monaten vor der US-amerikanischen Präsidentschaftswahl im November 2020 wurde nochmals intensiver auf die Frage reagiert, ob es sich unter veränderten Bedingungen um eine Neuauflage faschistischer Ideologie- und Strategieelemente handeln könnte. Madeleine Albright (2018) hatte vor den Gefahren eines neuen Faschismus in den Vereinigten Staaten gewarnt – eine Warnung, die sich auf die Erfahrung der »Epoche des Faschismus« (Nolte 1963) der Zwischenkriegszeit, vor allem auf Italien und Spanien, aber auch in der spezifischen Zuspitzung auf Deutschland bezieht. Der Historiker Christopher Browning (2018) analysierte die Gefahren, wie sie am Ende der Weimarer Republik aufgestiegen sind, und identifizierte Ähnlichkeiten mit der Entwicklung von Trumps-Politik.

Dazu gehört, dass Trump von Allmachtsphantasien geprägt ist und Wut (Rage) im Sinn einer autoritären Aggression auf zunehmend beliebig gewählte Feinde projizierte. Er mobilisierte damit seine ihm treu ergebene Anhängerschaft als Teil einer Art gewachsener autoritär-populistischer Glaubensgemeinschaft – und radikalisierte sie analog einer Droge. Diese Interaktion zwischen dem »Führer« und seiner Glaubensgemeinschaft radikalisiert sich mit der Agitation und macht aus Kritik paranoid gezeichnete Feinde. Leute aber, die einer Paranoia folgen, haben eine ungeheure Stoßkraft. Niemand ist so entschieden wie ein Pa-

[83] Siehe oben, S. 142. Vgl. die beeindruckenden Analysen auch zur heutigen Verfassungskrise in Ackerman 2019: 401-403.

ranoiker. Das wissen wir aus der Geschichte, nicht zuletzt von Hitler (vgl. Funke 2019a).

*

Erst die Wahl am 3. November 2020 und der Auszählungsprozess zeigten, dass die von Donald Trump fundamental angegriffenen Kernelemente der amerikanischen Demokratie und ihre *Checks and Balances* standgehalten haben und aktiviert worden sind: Trotz der großen Einschränkungen durch die Pandemiekatastrophe und einiger Ausbrüche von Gewalt sowie der Planung von Attentaten ist es den Ordnungskräften der Bundesstaaten gelungen, einen ordnungsgemäßen Wahlgang zu sichern.

Überdies ist es Joe Biden und Kamala Harris gelungen, eine Wahlkampfstrategie zu fahren, die den sozial orientierten linken Flügel der Partei nicht von der Wahl abgehalten hat und zugleich bei den Frauen und Männern in den Vorstädten wie auch bei Schwarzen, Latinos und anderen Minderheiten und nicht zuletzt bei den jungen Wählerinnen und Wählern Erfolg hatte.

Ihr Wahlsieg begründet die Hoffnung auf innere und internationale Entspannung. Joe Biden erklärte in der Nacht zum 8. November, das Coronavirus einzudämmen, bessere wirtschaftliche Startchancen für alle zu schaffen, das Klima zu schützen und gegen systemischen Rassismus vorzugehen. Trumps Niederlage macht die Chancen auf neue, konstruktive, vor allem aber auch sozial und ökonomisch tragfähige Perspektiven umso größer und dringlicher.

Ob dabei tatsächlich ein ökologisch erweiterter Green New Deal durchsetzbar ist, wird sich zeigen; er müsste Perspektiven für die deindustrialisierten und zurückgelassenen Regionen enthalten und auch eine Strategie der sozialen Sicherung umfassen, sobald die Pandemiekatastrophe unter Kontrolle ist.

Schock und Wunder des 6. Januar 2021

Der 6. Januar war zugleich der Tag, an dem ein kaum vorstellbarer Sieg der Demokraten in Georgia – und zwar des Afroamerikaners Raphael Warnock und des Juden Jon Ossof erreicht wurde. Die Direktorin des Einstein Forums in Potsdam, Susan Neiman, gab ihrer Erleichterung darüber Ausdruck: »Es schien ein Ding der Unmöglichkeit, dass ein Schwarzer oder ein Jude die Senatswahlen in dem republikanisch gefärbten Staat gewinnt. Dass beide zusammen gekämpft haben, im Namen der alten Solidarität zwischen Schwarzen und Juden zur Zeit der Bürgerrechtsbewegung, und am Ende gewonnen haben, ist wirklich ein Wunder. (…) Nach dem Ausgang der Wahl im November drohte Joe Biden das gleiche Schicksal wie Obama. Doch das weltbewegende Ergebnis der Nachwahlen für den Senat in Georgia gibt ihm nun die Möglichkeit für echte Veränderungen etwa in der Klimapolitik und den internationalen Beziehungen. (…) Wie mir ein Freund aus Senegal am Donnerstag schrieb: ›Alle Diktatoren und rechtsradikalen Staatschefs sind jetzt Waisenkinder.‹ Sie haben sich an Trump orientiert, bis hin zu Boris Johnson. Und jetzt ist ihr Vorbild weg. Das reicht bis zu den Leuten, die im Sommer die Treppe am Reichstagsgebäude in Berlin gestürmt haben und dabei teilweise Trump-Fahnen schwenkten. Auch Parteien wie die AfD wurden durch Trump genährt.«[84]

[84] Siehe ihr Interview mit Mathias Hausding: US-Philosophin Susan Neiman sieht Trump und AfD auf einer Stufe, MOZ, 9.1.2021; www.moz.de/nachrichten/brandenburg/extremismus-us-philosophin-susan-neiman-sieht-trump-und-afd-auf-einer-stufe-54333003.html

Teil 5:
Europa und der Westen nach 1945 – Lässt sich das Erbe des Kolonialrassismus überwinden?

Während der von Frontex geführten Operation Triton im südlichen Mittelmeer rettet das irische Flaggschiff LÉ Eithne zahlreiche Flüchtlinge (15. Juni 2015)

Fotos: wikimedia

AIDAsol im Hafen von Santa Cruz de La Palma.
»Die Bilder von toten Kindern oder Menschen in vollgepackten Flüchtlingsbooten führen dazu, dass die Leute keine Lust mehr auf Mittelmeer-Kreuzfahrten haben«, sagt Arnold Donald, Geschäftsführer von Carnival Cruises aus Miami (...). Und Arnold Donald ist nicht irgendein Geschäftsführer – sondern der Chef der weltgrößten Reederei, zu der auch Costa, P&O, Cunard und AIDA Cruises gehören.« (La Palma News, 3.10.2015)

1. 30 Jahre blutiger europäischer Kolonialismus nach 1945

Erst als die Bewegung Black Lives Matter sich Mitte des Jahres 2020 auch in Europa bemerkbar machte, wurde das jahrhundertelange Verbrechen des kolonialen Rassismus auf die Tagesordnung gesetzt. Ebenso wie der nach wie vor nicht aufgearbeitete Antisemitismus und der sich ausweitende gewalttätige Rassismus. Europa war der Entstehungskontinent einer 500-jährigen rassistischen Unterwerfung der Welt. Auch die ersten Jahrzehnte nach dem Zweiten Weltkrieg waren von einer Kette von Konflikten und Kriegen um die Befreiung vom Kolonialismus geprägt.

Unmittelbar nach dem gefeierten Ende des Zweiten Weltkriegs »kam es in algerischen Ortschaften (…) zu gewaltsamen Protesten arabischer Demonstranten gegen die französische Kolonialherrschaft. Frankreich reagierte auf diese Unruhen mit einem massiven Militäreinsatz, dem innerhalb eines Monats nach heutigen Schätzungen zwischen 20.000 und 30.000 Algerier zum Opfer fielen. Die Stunde der Befreiung Europas war aus kolonialer Perspektive eine der blutigsten der europäischen Kolonialgeschichte und markierte den Auftakt zur umkämpften Dekolonisation von 1945 bis 1975.« (Klose 2016)

Die Stärke der alliierten Sieger des Zweiten Weltkriegs war zugleich ihre Schwäche als Kolonialmächte. Das hat den Aufstieg antikolonialer Befreiungsbewegungen forciert und zu langjährigen blutigen Dekolonisierungskriegen geführt. Es kam zu den destruktiven Folgen britischer Kolonialherrschaft auf dem indischen Subkontinent und zu den verlustreichen Unabhängigkeitskämpfen vom Kongo bis Kamerun und schließlich zur Befreiung Portugals von einem autoritären Herrscher und der Kolonialherrschaft über Teile Afrikas in den frühen 1970er Jahren. Entgrenzter Gewalt als Normalität korrespondierte eine erneute Radikalisierung im Zuge der Dekolonisierung. Brutal erwies sich der Rückzug aus kleinen »weißen« Siedlungskolonien in Nord-, Zentral- und Ostafrika, der – wie in Französisch-Algerien – zu hunderttausenden Toten unter der einheimischen Bevölkerung geführt hat. Die Kolonialländer schufen mit der Ausrufung des Ausnahmezustands, speziell von Notstandsgesetzen die legale Basis für die entgrenzte Radikalisierung des kolonialen Repressionsapparats, für gewaltsame Umsiedlung, massenhafte Internierung der Zivilbevölkerung in Lagern, die systematische Anwendung von Folter und willkürlichen Massenexekutionen – wie dies Frantz Fanon für den Algerienkrieg beschrieb.[85]

---

[85] Siehe dazu den Steckbrief zu Algerien in Teil 2, Abschnitt 3.

In Algerien, Kamerun, Kongo …

Die Kolonialgesellschaften, aus denen das »Mitleid verschwunden war, waren kaum noch Gesellschaften mit Menschen, sondern durch Trennung und Hass gekennzeichnete Gemeinschaften« (Mbembe: *Politik der Feindschaft:* 143). Am Beispiel der Patienten Frantz Fanons in der zugespitzten Kolonialsituation Algeriens in den 1950er Jahren[86] verweist Mbembe auf das Ausmaß der physischen und psychischen Zerstörung einer auf Dauer kolonialisierten Welt.

»Unter den Kranken befanden sich Männer, die unter Impotenz litten, vergewaltigte Frauen, Folteropfer; Menschen, die mit Angst, Stupor oder Depression zu kämpfen hatten; viele, darunter auch Kinder, die selbst getötet oder gefoltert hatten; Menschen mit Phobien aller Art; Kombattanten und Zivilisten; Franzosen und Algerier; Flüchtlingsfrauen mit Wochenbettpsychosen und solche, die am Rande der Verzweiflung waren und einen Selbstmordversuch unternommen hatten, weil sie nicht mehr weiter wussten; stark gestörte Menschen, die eigentlich die Stimme verloren hatten, aber plötzlich zu schreien begannen und deren Erregung zuweilen die Form von Wutausbrüchen und Wahn (vor allem Verfolgungswahn) annehmen konnte.« (162)

»Es kam zum vollständigen oder teilweisen Zusammenbruch der biophysischen, psychischen oder mentalen Integrität des Kranken, der das Beziehungssystem, ohne das der Patient aus der Welt geworfen und kaserniert wird, bedroht.« (164)

Mbembe zeichnet hierbei nicht nur einen Prozess der Zerstörung, sondern letztlich auch der Selbstzerstörung kolonialer Herrschaft nach. In seiner Schrift zur *Postkolonie* (2016b) widmet er sich ausführlich den autoritären Wiedergängern des Kolonialismus in seinem Herkunftsland Kamerun. Er analysiert dessen zerstörerische autoritäre Führung nach der Entlassung in die Unabhängigkeit (191-216) und geißelt die zerstörerischen Abhängigkeiten Afrikas von informellen internationalen Parallelwirtschaften und die daraus resultierende Zersplitterung der öffentlichen Ordnung (126ff.). Er kritisiert die grotesken Formen der Prachtentfaltung der autoritären Staatsmacht, die nach Bewunderung verlange (173). Zu den Ergebnissen dieser Dekolonisierung gehören demnach ein verallgemeinerter Kontrollverlust der öffentlichen und privaten Ordnung und die Entfesselung unkontrollierter Gewalt mit dem Effekt der Verschärfung von Ungleichheit und Korruption (127).

---

[86] Siehe auch das Kapitel »Verwerfung der weißen ›Vernunft‹. Achille Mbembe und Frantz Fanon« in Teil 3.

Diese zerstörerische Dynamik hatte sich zuvor vor dem Hintergrund der Sklavenwirtschaft und des Handels mit Exportprodukten zu einer Tradition von Raubstaaten ausgebildet, die von Razzien, Menschenraub und dem Verkauf von Gefangenen lebten (129f.).

Der Kongo war im Zuge des *Scramble for Africa* im Gefolge der Berliner Kongokonferenz von 1884 nach mehrmonatigen Verhandlungen dem wenige Jahrzehnte zuvor entstandenen Königreich Belgien zugeschlagen worden. Als Pate für diese Übereignung sah sich der Leiter der Kongokonferenz, Reichskanzler Bismarck, der sich in jenem kurzen Zeitraum als mächtigster Mann der Welt wähnte. Bismarck wünschte dem »neuen Kongostaat« alles Gute – ein Vierteljahr später gründete Leopold II. den »Freistaat« Kongo (vgl. Albig 2014). König Leopold II. (er residierte von 1865 bis 1909) ließ über seinen Komplizen Morton Stanley im Herz der Finsternis im Namen der Freiheit, des Christentums und der Zivilisation und der angeblichen Abschaffung der Sklaverei ein Terrorregime sadistischer Zwangsarbeit in Lagern errichten, in dem die Menschen im Schatten der Weltöffentlichkeit drangsaliert, verstümmelt und getötet werden und innerhalb der folgenden rund 30 Jahre 10.000.000 Menschen und damit die Hälfte der im Kongo Lebenden umgebracht werden.

Im Fall der »Entlassung« des Kongo in die Unabhängigkeit kam es zu einem brutalen Verbrechen, an dem Vertreter der ehemaligen Kolonialmacht Belgien und der US-amerikanische CIA unter Allen Dulles beteiligt gewesen sein sollen. Die Belgien und dem damaligen König Baudouin mehr oder weniger aufgezwungene Entlassung Kongos in die Unabhängigkeit fand am 30. Juni 1960 statt. Der gewählte Ministerpräsident des Landes, Patrice Lumumba, antwortete auf die kolonialrassistische Rede König Baudouins mit empörter Kritik. Innerhalb der darauffolgenden, von großen Wirren geprägten sechseinhalb Monate wurde Lumumba von Komplizen Belgiens gefangen genommen, gefoltert und am 17. Januar 1961 ermordet. Ein Eingeständnis der Schuld an diesen Verbrechen erfolgte durch den heutigen belgischen König Philippe erst im Zuge der *Black-Lives-Matter*-Bewegung Mitte des Jahres 2020, knapp 60 Jahre später.[87]

[87] Der Tathergang und der Mordprozess ist beschrieben in der taz vom 16.12.2012. – Einigermaßen irritiert erinnere ich mich, dass ich als Schüler in den 1950er Jahren fasziniert die Abenteuer-Erzählungen Morton Stanleys las, der es mit großen Anstrengungen geschafft hatte, den Kongo aufwärts zu fahren und den verschollenen Forscher David Livingstone in Ostafrika aufstöberte.

Darüber hinaus kam es zu spät-kolonialistischen Interventionen: So waren im Jahr 1953 Briten und Amerikaner für den Sturz des anerkannten Ministerpräsidenten des Iran, Mohammad Mossadegh, mit verantwortlich, zudem kam es zu den – oft von der CIA unter Allen Dulles zu verantwortenden – Interventionen gegen missliebige Regierungen in Lateinamerika. An der Ermordung von Patrice Lumumba sollen nicht nur belgische, sondern auch US-amerikanische Verantwortliche beteiligt gewesen sein.

Durch die Anprangerung kolonialer Gewalt in der Weltöffentlichkeit verlor die koloniale Fremdherrschaft allerdings ihre Legitimationsgrundlage: Das beschleunigte den Prozess der (teils fluchtartigen) Auflösung der europäischen Kolonialreiche in den 1950er und 60er Jahren. Eine Ausnahme war zunächst Portugal, das in brutal geführte Kriege in Angola, Guinea-Bissau und Mosambik verstrickt blieb, ehe am 25. April 1974 mit der »Nelkenrevolution« die portugiesische Diktatur und danach, 1975, die gewaltsame Fremdherrschaft der ältesten europäischen Kolonialmacht auf dem afrikanischen Kontinent als letzte beendet wurde.

Es gehört zu dieser kolonialen Erbschaft, dass sogenannte Anti-Terrorexperten aus den entgrenzten Gewaltstrategien etwa der britischen und französischen Armee in ihren Einsätzen Strategien im Krieg gegen den Terror, insbesondere im Irak und Afghanistan, zu entwickeln versuchten und so dem kolonial-rassistischen Erbe bis in die jüngste Zeit verpflichtet blieben (vgl. Klose 2016).

2. Nach innen: Beschworene De-Legitimierung von Rassismus und Antisemitismus und deren Wiederkehr

Nach innen, aber unter den Augen der Weltöffentlichkeit, kämpfte Europa in den letzten Jahrzehnten um die Durchsetzung der Menschenrechte gegen Xenophobie und Rassismus, aber mit immer neuen Formen der Abwehr gegenüber Einwanderern gerade aus den früher besessenen und ausgebeuteten Kolonien. Die Abkehr von einem überhöhten Nationalismus in Europa nach 1945 war letztlich Resultat der Erfahrungen der ersten Hälfte des 20. Jahrhunderts, insbesondere des Antisemitismus des deutschen Nationalsozialismus.

Von den Verbrechen Anfang der 1960er Jahre erinnere ich und las wohl auch – nichts. So funktioniert Gehirnwäsche.

Diese Abkehr führte dazu, dass bis auf Teile der extremen Rechten und insbesondere der Neo-Nationalsozialisten auch die radikale Rechte einen direkten Bezug zum biologischen Rassismus und zum antisemitischen Extremismus vermied:

1) Vor dem Hintergrund der Entkolonialisierung und Migrationsprozesse nach dem Zweiten Weltkrieg wurden von Vertretern der extremen Rechten Thesen zu kulturellen und ethnischen Unterschieden verbreitet, das heißt, es wurde eine *neorassistische* Deutung forciert, ohne explizit auf den Rassismusbegriff zurückzugreifen (vgl. Zerger 1997: 84). Dies gilt insbesondere für »ethnopluralistische« Konzepte der extremen neuen Rechten, die kulturelle Differenzen verabsolutieren und mit dem »Recht auf Differenz« Einwanderung als kulturelle »Überfremdung« abwehren, so der Ideologe der französischen »Neuen Rechten«, Alain de Benoist. Die AfD hantiert dabei mit dem Begriff der *Kulturfremden*, wenn sie für die Abwehr, Separation, Rückführung und Austreibung von Migrant:innen plädiert. Dieser sogenannte kulturelle Rassismus lässt sich indes nicht völlig von einem biologischen Rassismus trennen. Wenn nämlich soziale oder kulturelle Unterschiede als naturgegeben angesehen werden, können genetisch und kulturalistisch argumentierende Diskriminierungen kaum auseinandergehalten werden, Gesellschaft wird Natur und Geschichte organisches Wachstum (vgl. Minkenberg 1998: 45ff.). Dann kann sich im Rassismus eine Stigmatisierung des Anderen nicht nur anhand der Hautfarbe, sondern auch von religiösen oder anderen kulturellen Praktiken ausdrücken.[88]

---

[88] Im neorassistischen Diskurs treffen wir auf die institutionelle Leugnung des Rassismus und die ideologische Verschiebung des Begriffs Rasse. Während die Existenz einer Hierarchie biologisch unterschiedener Rassen kaum noch offen vertreten wird, wird dagegen die Nationalisierung kultureller Eigenschaften, ein »Rassismus ohne Rassen« (Balibar) postuliert, der mit der Unaufhebbarkeit kultureller Unterschiede argumentiert. Dem liegt eine fundamentale Homogenitätssucht oder gar eine »Heterophobie« (Taguieff), d.h. die Naturalisierung und Verabsolutierung von Unterschieden in Gruppenmerkmalen zugrunde; (und damit, wenn man so will, eine (taktische) Anpassung und Modernisierung des Rassismus, die das Vorhandensein einer hierarchischen Ordnung als Folge rassistischer Ausgrenzung bestreitet, es aber ermöglichen soll, dem Antirassismus Abstraktion und letztlich selbst Rassismus vorzuwerfen.) (Vgl. Nolting 2003)

Von *Rassismus* muss geredet werden, wenn Menschen oder Gruppen nach physischen Merkmalen – wie dunkle Hautfarbe, blondes Haar, Nasenform ... – klassifiziert werden und diese Klassifikation mit Attributen der Höherwertigkeit oder Abwertung versehen wird. Es handelt sich also um eine »soziale Konstruktion von Wirklichkeit« (Robert Miles), nicht um die Wirklichkeit selbst.

2) Hierbei werden strukturelle Gemeinsamkeiten von Rassismus und rassistischem Antisemitismus ausgemacht: »Der Antisemitismus ist also differentialistisch par excellence – und unter einer Vielzahl von Gesichtspunkten lässt sich der gegenwärtige differentialistische Rassismus als ein verallgemeinerter Antisemitismus betrachten.« (Balibar 1990: 32, zitiert nach Zerger: 86) Dem entspricht eine Strategie, sich als nicht rassistisch darzustellen und gleichzeitig eine Legitimation rassistischen Verhaltens zu liefern – das ist eine Art »Meta-Rassismus«, der den Rassismus legitimiert, indem er »nicht die (angebliche) rassische Zugehörigkeit, sondern das rassistische Verhalten zu einem natürlichen Faktor erklärt« (Balibar, ebd.).

Zu den Besonderheiten des rechtsradikalen Diskurses gehört die Leugnung des *Vernichtungsantisemitismus* bei gleichzeitiger Mobilisierung des antisemitischen Ressentiments – und zwar sowohl durch die Leugnung des Holocaust und damit der Leiden der europäischen Juden wie durch die damit verbundene aggressive Abwehr der Erinnerung und entsprechender Formen der Anerkennung des besonderen geschichtlichen Leids. Es handelt sich um einen Antisemitismus der Erinnerungsabwehr oder einen sekundären Antisemitismus – wie in der Regel in rechtsextremer Ideologie Antisemitismus eine Art Kernideologie darstellt.

Offenkundig erschwerte in Deutschland die Tatsache, dass die Befreiung vom Nationalsozialismus durch eine militärische Niederlage, also von außen erfolgte, eine zureichende Auseinandersetzung mit den im Nationalsozialismus eintrainierten Wertmaßstäben. Die Spannung zwischen der Bildung demokratischer Institutionen und der anhaltenden Präsenz antidemokratischer Orientierungen hat in Westdeutschland gesellschaftlich zu einer Mischung der teils importierten liberaldemokratischen Orientierung mit den spezifisch deutschen autoritär-antidemokratischen Orientierungen und damit zur Bildung eines prekären demokratischen Amalgams beigetragen. Das ist die Leistung des Adenauer-Staates und zugleich seine Grenze. Historisch-soziologische Untersuchungen teilen uns mit, dass ein beträchtlicher Teil der Deutschen nach 1945 an Kernelementen des nationalsozialistischen Glaubens fest-

---

»Rassen haben (daher) sozial vorgestellte, imaginierte, keine biologischen Realitäten« (vgl. Miles 1991: 355). Rassismus folgt also der falschen Behauptung, es gäbe eine natürliche Aufteilung der Menschen in Gruppen mit jeweils angeborenen Unterschieden. Diese Unterschiede würden dann notwendigerweise die jeweilige Organisation, in der diese Menschen leben, bestimmen.

hielt: 1951/52 glaubten 44%, dass es mehr Gutes als Schlechtes im Nationalsozialismus gegeben habe. Parallel nahm die Weigerung, »Wiedergutmachung« an Juden zu leisten, auf 54% zu. Auch der Wunsch nach einem »Schlussstrich« verstärkte sich.

Zusammen mit der Adenauer'schen Vergangenheitspolitik und den Erfahrungen der Entbehrungen in den ersten Nachkriegsjahren griff offenkundig eine Mentalität der Abwehr und Aufrechnung immer weiter um sich. Die Praxis der Entnazifizierung und der Kriegsverbrecherprozesse waren in der Bevölkerung und den deutschen Eliten einer zunehmenden Kritik ausgesetzt, sie wurden als Ausdruck der »Siegerwillkür« gedeutet, die in eine Aufrechnungshaltung mündete. Vom US-amerikanischen Amt der Militärregierung für Deutschland (OMGUS) erstellte Studien kamen zu dem Ergebnis, dass in der Bevölkerung einem Anteil von nur 20% mit geringer Vorurteilsneigung 19-22% Rassisten, 21% Antisemiten und 18% »harte« Antisemiten gegenüberstanden (Stand Dezember 1946, nach Bergmann/Erb 1991: 57) Die Abwehr der Erinnerung an die von Deutschen begangene Ermordung der europäischen Juden und die damit verknüpfte Abwehr von Juden, die qua Existenz »daran« erinnern (müssen), gehört zu den irritierendsten Phänomenen der deutschen politischen Nachkriegskultur – bis zu den anhaltenden Nachwirkungen der Walser-Bubis-Debatte (vgl. Brumlik u.a. 2004 und Funke 2019a). Sie führte zu einer Judenfeindlichkeit nicht trotz, sondern wegen Auschwitz, einem »sekundären Antisemitismus« (vgl. zum Folgenden die instruktive Studie von Rensmann 1998). Dabei fällt auf, dass die Affekte, die bei der Frage nach Schuld und Verantwortung auftraten, bei denen größer waren, die das Wissen leugneten oder viel weniger Schuldkomplexe an sich herankommen ließen. So herrschte bei denen, die sich mit dem Nationalsozialismus identifiziert hatten, ein weit größeres Maß an Abwehraffekten. Allerdings gibt es seit den 1980er Jahren erhebliche Konfrontationen mit dem NS-Erbe und dem Antisemitismus, die in den folgenden Dekaden zu einem Abbau von Antisemitismus und des abwehrenden Schlussstrichdenkens geführt haben (vgl. Brumlik u.a. 2004). Die Grenzen dieses Abbaus zeigen sich indes in einem »sekundären Antisemitismus der Erinnerungsabwehr«.[89]

3) Rechtsextreme Parteien greifen ebenso wie rechtspopulistische Bewegungen in Europa zum Teil den beschriebenen kulturellen oder

[89] Dieser wird auch belegt durch den Bericht des Unabhängigen Expertenkreises Antisemitismus, Deutscher Bundestag, Drucksache 18/11970; http://dip21.bundestag.de/dip21/btd/18/119/1811970.pdf.

Neo-Rassismus, also Formen eines kodierten Rassismus auf, so die französische »Rassemblement National« (früher »Front National«), die Freiheitliche Partei Österreichs, die italienische Lega, die Alternative für Deutschland (AfD) oder der belgische Vlaams Blok. Vier Elemente sind für den Rechtspopulismus kennzeichnend: Im Kern steht erstens eine anti-elitäre Stilisierung gegen die »herrschende politische Klasse« und die Einrichtung einer – autoritär-charismatisch gelenkten – »Bürgerdemokratie« (Anti-System-Effekt), zweitens der inszenierte Gestus von »Tabubrechern«, die aufräumen mit der Sprache und den Verkehrsformen der liberalen, Interessen vermittelnden parlamentarischen Demokratien; drittens das Bedienen ethnozentrisch-rassistischer, nationalistischer oder antisemitischer Ideologieelemente. Dazu ist viertens ein Führungspersonal notwendig, das vermeintliche Volksstimmungen radikalisiert, enthemmt, verschiebt, instrumentalisiert und bei Bedarf ein Stück wieder zurücknimmt. Rechtspopulisten/-extremisten greifen Probleme auf, für die sie keine Antwort anbieten, weswegen sie auf die Projektion von Aggressionen und die Agitation gegen Sündenböcke nicht verzichten können. Insbesondere in Deutschland missbrauchen sie deswegen entweder »den Ausländer« oder »den Juden« als Instrument ihrer Aggression. Wenn man Menschen auf einen angestammten Kulturkreis festlegt und diese dann mit negativen Attributen versieht, handelt es sich ebenfalls um Rassismus: Die extreme Neue Rechte etwa in Frankreich oder Deutschland tut dies, wie erwähnt, unter dem Decknamen eines *»Ethnopluralismus«*, der nichts anderes meint als eine solche kulturelle Festlegung und eine entsprechende Abgrenzung.

4) Zu beobachten ist eine Wiederkehr von Rassismus und Antisemitismus. In Deutschland schien es so, als würden die Debatten um den Holocaust mit der demografischen Entwicklung und der Einigung auf den Bau des Holocaust-Mahnmals in Berlin nachgelassen haben (vgl. Funke 2019a: 235ff.). Aber fraglich bleibt, ob das ethnonationalistisch-rassistische Potenzial tatsächlich emotional und rational wirksam mitverarbeitet worden ist. Spätestens nach 9/11 wurde klar, dass es beträchtliche Teile der deutschen Bevölkerung gab, die Minderheiten abzuwehren versuchten (vgl. ebd. 241) und dass sie darin in Teilen der Medien bestärkt wurden.

Zur Faszination des Autoritären[90]

Sechs Jahre nach der Sarrazin-Debatte 2010 wiesen Andreas Zick und Beate Küpper in ihrer soziologischen Studie (Zick u.a. 2016) darauf hin, dass die Abwertung von Einwanderern, Asylsuchenden und Muslimen immer häufiger und deutlich direkter erfolgte. Die Entfesselung von Ressentiments gegen Flüchtlinge hatte eine Atmosphäre der Gewalt etabliert. Der *völkisch-rassistische Nationalismus* – wie er sich seit 2015/2016 immer weiter in der AfD breitgemacht hat – geht demgegenüber (prinzipiell) von der Existenz geschlossener ethnisch-biologischer und/oder ethnisch-kultureller Völker/Volksgruppen aus. Die innere Homogenität der Gruppe ist zu wahren und durch Abgrenzung/Ausgrenzung von allem, was die eigene Homogenität gefährdet, sicherzustellen.

Das Gutachten des Bundesamts für Verfassungsschutz (BfV) zur AfD hält hierzu fest: »In Parteien oder ihren Teilorganisationen werden verfassungsfeindliche Bestrebungen verfolgt, wenn sie darauf gerichtet sind, die in § 4 Abs. 2 BVerfSchG [Bundesverfassungsschutzgesetz] genannten Verfassungsgrundsätze durch politisch bestimmte, ziel- und zweckgerichtete Verhaltensweisen zu beseitigen oder außer Geltung zu setzen.« (BfV 2019: 8)

Die Garantie der Menschenwürde[91] schützt den einzelnen Menschen in seiner »personalen Individualität, Identität und Integrität und in seiner elementaren Rechtsgleichheit«. Dem Menschen kommt »um seiner selbst willen, allein kraft seines Menschseins, ein Achtungsanspruch« zu. Ein Konzept mit einem biologisch-rassistischen oder ethnokulturellen Volksbegriff wird dem nicht gerecht. (ebd.: 10ff.)

Das Demokratieprinzip ist dann verletzt, wenn der Parlamentarismus oder die aktuellen politischen Verhältnisse verächtlich gemacht werden, ohne aufzuzeigen, auf welchem Weg sie sonst dem Grundsatz der Volkssouveränität Rechnung tragen wollen (ebd.: 14). »Das Rechtsstaatsprinzip zielt auf die Bindung und Begrenzung öffentlicher Gewalt zum Schutz individueller Freiheit« (nach Art. 20, 3 GG) »und die Kon-

---

[90] Vgl. u.a. Funke 2016.

[91] Ende November 2020 ist dieses zentrale Prinzip der Menschenwürde vom Bundesverfassungsgericht erneut bekräftigt worden. Ein Betriebsrat hatte seinen schwarzen Kollegen rassistisch beleidigt und wurde daraufhin gekündigt. Diese Entscheidung hat das Bundesverfassungsgericht bestätigt. Damit steht die Menschenwürde über der Meinungsfreiheit. Die Menschenwürde »werde angetastet, wenn eine Person nicht als Mensch, sondern als Affe adressiert wird«. Der Kollege hatte die Worte »Ugah, Ugah« verwandt. (Vgl. zeit-online vom 24.11.2020)

trolle dieser Bindung durch unabhängige Gerichte sowie die Beibehaltung des Gewaltmonopols des Staates«.[92]

[92] Vgl. dazu näher Funke 2021.

Teil 6:
Black Lives Matter in den USA und Europa

Berlin, 30. Mai 2020: Kundgebung gegen Rassismus und Polizeigewalt an der US-Botschaft nach dem Mord an George Floyd durch einen Polizisten in den USA fünf Tage zuvor

1. »Systemischer Rassismus« – Vorgeschichte und Nachwirkung

Jahrzehnte rassistischer Morde in den USA und die Entstehung von Black Lives Matter

Nach dem Mord an George Floyd durch eine Gruppe von Polizisten am 25. Mai 2020 in Minneapolis kam es zu bundesweiten und weltweiten Protesten der Black-Lives-Matter-Bewegung. Mehr als 20-mal hatte dieser bei der gewaltsamen Festnahme demnach gesagt: »Ich kann nicht atmen.« Deutlich wurde auch, dass er offenbar von Anfang an stark verängstigt war.[93] Die Black-Lives-Matter-Bewegung war nicht zufällig nach dem Freispruch von George Zimmerman, dem Mitglied einer Nachbarschaftswache in einer Wohnanlage von Sanford (Florida), im Jahr 2013 entstanden, der den 17-jährigen afroamerikanischen, unbewaffneten Teenager Trayvon Martin im August 2012 in Sanford erschossen hatte. Im Sommer 2014 wurden die USA nach der Ermordung des ebenfalls unbewaffneten jungen Schwarzen Michael Brown in Ferguson/Missouri erneut und noch stärker von Massenprotesten erschüttert. (Vgl. Taylor 2017: 23f.) Ihr Protest richtete und richtet sich gegen eine lange Reihe rassistischer Polizeigewalt – Ausdruck eines »systemischen Rassismus« (Joe Biden) in den Vereinigten Staaten.

Die Historikerin Donna Murch schrieb damals: »Ich kann das, was gerade in Ferguson passiert, nicht in Worte fassen. Im Namen von Michael Brown braut sich ein wunderschöner schwarzer Sturm gegen staatliche Gewalt zusammen. Dieser Sturm ist so stark, dass sich eine ganz eigene Dynamik entwickelt hat und Menschen aus dem ganzen Land anzieht. Leute kommen aus den reichsten und privilegiertesten Orten des Landes in diese Region, deren Glanzzeit ein gutes Jahrhundert zurückliegt. (…) Diese wachsende Jugendbewegung bringt das noble Gefühl des Zusammenhalts unserer Vorfahren zurück. In den Worten eines lokalen Hip-Hop-Künstlers: ›Unsere Großeltern würden stolz auf uns sein.‹« (Murch, zit. nach Taylor 2017: 187f.)

Erst nach den Ereignissen in Ferguson, so die Kritik der Autorin, änderte Präsident Obama seine Rhetorik: Er sprach vor dem Jahreskongress der – 1909 unter anderem von dem afroamerikanischen Intellektuellen W.E.B. Du Bois gegründeten – National Association for the Advancement of Colored People (NAACP) von einem »Strafunrechtssystem« und kündigte Reformen des Justizsystems an. »Er bestätigte,

---

[93] Vgl. New York Times, 25.3.2021: »How George Floyd Was Killed in Police Custody.« (»Wie George Floyd in Polizeigewahrsam getötet wurde.«)

dass es große Unterschiede im Strafausmaß für verurteilte Schwarze, Weiße und Latinos gebe; er forderte, dass ehemaligen Häftlingen das Wahlrecht zugesprochen werden solle; und er verwies darauf, dass die 80 Milliarden $, die in den USA jährlich für den Betrieb der Gefängnisse ausgegeben werden, die Studiengebühren an allen Colleges und Universitäten des Landes decken könnten.« (Ebd.: 26)

Im folgenden Jahr, 2015, kam es zu dem Massaker in einer von Afroamerikaner:innen besuchten Kirche in Charleston durch Dylann Roof, und ein erschütterter Präsident Obama sang mit den Betroffenen Widerstandslieder. Mit der im gleichen Jahr angekündigten Kandidatur Donald Trumps sahen sich Rassisten und rechtsextreme Organisationen, vor allem jene, die durch rassistische und antisemitische Gewalttaten hervorgetreten waren, im Aufwind.

Einen Durchbruch schien die antirassistische *Civil-Rights*-Bewegung schon in den 1950er und 60er Jahren genommen zu haben. Geradezu emphatisch schrieb Martin Luther King Jr. (1929-1968) wenige Wochen vor seiner Ermordung: »Es betrübt mich keineswegs, dass Schwarze Amerikaner rebellieren. Das war nicht nur unvermeidlich, sondern in höchstem Maße erwünscht. Ohne das wunderbare Feuer, das unter Schwarzen lodert, gäbe es weiterhin nichts als Ausweichmanöver und leere Versprechen. Aber schwarze Menschen haben mit der Apathie und Passivität der Vergangenheit abgeschlossen. Mit Ausnahme der Ära der Reconstruction (1861-1877) haben sie auf amerikanischem Boden, auf dem sie seit Generationen leben, noch nie mit so viel Mut und Kreativität für ihre Freiheit gekämpft.« (King, zitiert nach Taylor 2017: 9) Die schwarze Rebellion habe die selbstgerechte Erzählung vom amerikanischen Traum als hohl entlarvt. Arbeitslosigkeit, Unterbeschäftigung, schlechte Wohnverhältnisse und Polizeigewalt, der »amerikanische Albtraum« (Malcolm X) prägten den Alltag der allermeisten Afroamerikaner:innen (ebd.: 10).

Zu einer beispielgebenden Kooperation kam es im Zuge der Civilrights-Bewegung mit dem Marsch von Selma/Alabama nach Montgomery im Jahre 1965: An der Seite von Martin Luther King marschierte der einflussreiche, aus Warschau stammende Rabbiner Abraham Joshua Heschel. An ihn hat jüngst, am 31. März 2021, in einer Veranstaltung des Dartmouth College (Hanover/USA) seine Tochter, Professor Susannah Heschel öffentlich erinnert.[94]

---

[94] Vgl. https://ricochet.com/podcast/the-learning-curve/dartmouths-prof-susannah-heschel-discusses-rabbi-abraham-joshua-heschel-the-civil-rights-

Etwas Ähnliches geschah vor knapp 30 Jahren mit dem Aufstand von Ende April, Anfang Mai 1992 im Stadtteil South Central[95] von Los Angeles. Er hing unmittelbar damit zusammen, dass die Polizeibeamten, die den Afroamerikaner Rodney King misshandelt hatten, freigesprochen worden waren (ebd. 19/165). Rodney King war 1991 nach einem Autorennen von vier Beamten des Los Angeles Police Department schwer misshandelt worden. Der Vorfall war von einem Zeugen auf einer Videokamera festgehalten worden.

Emmett Till – ein Beispiel für die Tradition der Lynchmorde

Die verbreitete Polizeigewalt in den Vereinigten Staaten gilt als Resultat eines systemischen Rassismus in großen Teilen der Polizeieinheiten96 und erinnert an die verbreitete Lynchmordtradition in der – auch neueren – Geschichte des Landes. Zusammen mit der rassistisch begründeten ökonomischen, sozialen und politischen Ungerechtigkeit gegenüber Minoritäten, vor allem aber der afroamerikanischen Bevölkerung, ist die zuletzt unter Ex-Präsident Trump auftretende gehäufte Zahl von Polizeimorden an Afroamerikaner:innen ein Katalysator für Aufstände dieser Bevölkerungsgruppe und sorgt darüber hinaus für Aufsehen in den Medien der Vereinigten Staaten und weltweit.

In der kollektiven Erinnerung der USA sind Lynchmorde im besonderen Maße präsent. So wird in dem 2016 eröffneten African-American-Museum in Washington eingehend an das Schicksal von Emmett Till erinnert, der 1955 als 14-Jähriger bei einem Besuch seines Onkels in Mississippi Opfer eines Lynchmordes geworden war. Die Täter waren aufgrund der Falschaussage einer Ladenbesitzerin freigesprochen worden; sie gestand erst Jahrzehnte später ein, dass sie die Belästigung durch Emmett Till erfunden hatte. In der Ausstellung werden sein zerstörter Kopf und die Reaktion der Mutter und der Öffentlichkeit gezeigt, wie auch die Beerdigung, die in Chicago stattfand und etwa in

movement/ (letzter Abruf 9.4.2021)

[95] Damals war ich Dozent in Berkeley und fuhr mit dem Bus in die Region des Aufstands im Stadtteil South Central. Ich bin bis heute von der Disziplin und Entschiedenheit der Afroamerikaner:innen beeindruckt.

[96] Die Autorin erwähnt die Heimat einer der brutalsten Polizeieinheiten des Landes, von Philadelphia zwischen 2007 und 2013; nach einem Bericht sind 80% der Menschen, die von Schüssen der Polizei verletzt oder getötet wurden, Afroamerikaner:innen, obwohl sie weniger als die Hälfte der Bevölkerung ausmachen (Taylor 2017: 11).

dem autobiografischen Bestseller von Michelle Obama, »Becoming«, breiten Raum einnimmt.

Die breite öffentliche Empörung über diesen aufgedeckten Lynchmord war neben der Zivilcourage Rosa Parks, die Schulbus-Segregation persönlich zu durchbrechen, einer der zentralen Faktoren, die nach 1955 zur Civil-Rights-Bewegung des nächsten Jahrzehnts führten. Es war nur einer der vielen Anlässe, um eine weltweite Bewegung der Erinnerung an die rassistische Erbschaft und den Rassismus heute zu entzünden.

Longue durée des Widerstands

In den Vereinigten Staaten mit ihren mehr als 500.000 Sklaven, deren erste 1619 eingetroffen waren, kam es zu einem gewaltigen Paradox: Die antikoloniale Revolution gegen die Engländer führte einerseits zu einer Erweiterung der Freiheit für die Weißen und andererseits zu einer beispiellosen Festigung des Systems der Sklaverei (Mbembe, Kritik, 39). In beträchtlichem Maße hatten die Plantagenbesitzer des Südens ihre Freiheit mit der Sklavenarbeit bezahlt. Dank ihrer vermieden die Vereinigten Staaten eine Klassenspaltung innerhalb der weißen Bevölkerung, die ansonsten zu Machtkämpfen mit unabsehbaren Folgen geführt hätte. (Ebd.: 40)

Dabei sind die verschiedenen Formen des Widerstands unter den Bedingungen des Sklavendaseins und des späteren Rassismus so alt wie die Unterdrückung selbst. Schon seit Ende des 18. Jahrhunderts sahen sich Sklaven immer wieder herausgefordert, sich als »Subjekte der Menschenwelt« einzufordern, wobei in der Phase zahlloser Sklavenrevolten nicht zuletzt der Kampf um die Unabhängigkeit Haitis 1804 herausragt (siehe dazu Teil 3). Es folgten schließlich die Kämpfe für die Abschaffung des transatlantischen Sklavenhandels, später die Dekolonisierung Afrikas und der Bürgerrechtsbewegung in den USA bis zur Abschaffung der Apartheid Ende des 20. Jahrhunderts.

Iris Därmann (2020) kritisiert zu Recht, dass die haitianische Revolution in der historischen Literatur nicht die gebührende Aufmerksamkeit erfahren hat. In ihrem Buch *»Undienlichkeit«* geht sie einen anderen Weg der Erfassung dessen, was Menschen trotz der zerstörerischen vernichtenden Bedingungen der Sklavenhaltung an Formen der Distanz und der Entziehung in diesen Jahrhunderten entwickelt haben. Sie zogen sich zurück, um mit den Angehörigen im Wald zu singen, ehe sie die Bedingungen der Sklavenarbeit auszuhalten hatten. Därmann deutet auch Formen der Melancholie als Ausprägungen innerer Distanz und des Rückzugs – und sie untersucht schließlich auch, wie sie mit dem ihnen aufgezwungenen Tod, dem Lynchmord oder den menschenfeindlichen Bedingungen an Bord der Sklavenschiffe umgingen.

2. Kein Whitewashing des systemischen Rassismus – die erste Amtshandlung des Präsidenten Joe Biden

Am ersten Tag seiner Präsidentschaft beendete Joe Biden den Versuch einer von Trump eingesetzten Historikerkommission, das sogenannte *Projekt 1776*, mit einem Federstrich. Dieses Projekt war noch geprägt von der Ausrichtung des reaktionären Flügels der republikanischen Partei, insbesondere von Lynne Cheney, der Frau des ehemaligen Vizepräsidenten Dick Cheney, den als linksradikale Propaganda beschimpften *1619 Report* über die Entstehung von Sklaverei und Rassismus zu kontern. Der Report hatte die enge Verbindung der Entstehung der Vereinigten Staaten mit dem Sklavenhandel zum Thema gemacht. Der Historiker Mischa Honeck sieht dieses inzwischen beendete Trump-Projekt als Teil einer Tradition des »Whitewashing der Vergangenheit, die die Heldentaten draufgängerischer, zumeist angelsächsischer Männer zu einem Motiv nationaler Größe verschmilzt« (Tagesspiegel vom 1.2.2020).

Die Folge der Logik des weißen rassistischen Nationalismus ist die Schönfärbung des schwierigen Erbes des US-amerikanischen Bürgerkriegs nach dem Mord an Abraham Lincoln 1865: Mit dessen Nachfolger Andrew Jackson wurde das eigentlich durchgesetzte Ende der Sklaverei nicht mehr angemessen verwirklicht und es begann eine lange gewalttätig-rassistische Phase der Segregation. Das Ende der Rekonstruktion 1877 war auch das Ende des Versuchs, den Rassismus entschieden zu bekämpfen. Man suchte eine Aussöhnung und nahm zugleich den gewalttätigen Rassismus des Ku-Klux-Klan hin oder förderte ihn – unter anderem mit Tausenden von Lynchmorden.

In den 1950er Jahren, auf einem Höhepunkt des Kalten Kriegs, dominierte der antitotalitäre Konsens, der zugleich die Geschichte des Rassismus unterdrückte. Zwar kam es mit der Bürgerrechtsbewegung in den 60er Jahren zur Erschütterung dieses Geschichtsnarrativs. Der Kulturkampf ging indes weiter und erfuhr in den 90er Jahren durch die dramatische Rechtswendung der Republikaner eine neue Zuspitzung: Anlässlich der Erstellung eines Lehrplankonzepts für den Geschichtsunterricht des Revolutionshistorikers Gary Nash mobilisierte Lizze Cheney eine Pressekampagne, die die Geschichtsklitterung der 1776er-

Kommission vorwegnahm (ebd.). In Donald Trump hatte diese reaktionäre protorassistische Geschichtsschreibung ihren großen Förderer.

Der Protest nach der Tötung von George Floyd hat also einen Durchbruch des Antirassismus bewirkt. Aber erst der Wahlsieg von Joe Biden am 3. November und das Wahlergebnis zugunsten der demokratischen Kandidaten am 5. Januar 2021 in Georgia – durch die schwer erkämpfte Erhöhung des Anteils der afroamerikanischen Wähler – schafften Voraussetzungen für konkrete Verbesserungen der Lage der Afroamerikaner*innen.

Der Weichenstellung Joe Bidens folgten in großer Schnelligkeit Schritte zur Rücknahme des rassistischen und unsozialen Politikprogramms seines Vorgängers: Dazu gehörten der Stopp des Mauerbaus an der mexikanischen Grenze, die Aufhebung der Einreisesperre gegenüber muslimischen Ländern, die Reform von Gefängnis- und Polizeisystem, die Beschleunigung des Impf-Programms gegen Covid-19, eine Erhöhung des Mindestlohns und ein massives Programm zur Ankurbelung der Konjunktur.

Forderung nach Reparationen

Aktuell gewinnt auch eine kluge Form der Forderung nach *Reparationen für rassistische Taten* an Gewicht. In seinen jüngsten Plädoyers für solche Entschädigungsleistungen sieht der Publizist Ta-Nehesi Coates erstmals realistische Chancen, dass dieses Thema ernsthafter als früher, etwa durch die demokratische Kongressabgeordnete Elizabeth Warren, verfolgt wird.[97] Vor dem Hintergrund immenser Schwierigkeiten, zu einer nicht-rassistischen, fairen Gestaltung des sozialen Lebens beizutragen, wird ein staatliches Ausbildungs- und Infrastrukturprogramm gefordert, das Gerechtigkeit gegenüber den Afroamerikanern bringen soll und die Armen aller ethnischen Gruppen einschließt (vgl. ebd.: 205). Dem Autor geht es darum, dass mit dem rassistischen Erbe nicht mehr nur im Sinne von rein verbalen Verständnisbekundungen für die Opfer umgegangen werde, sondern dass Amerika danach fragt, was es seinen verletzlichsten Bürgern schuldet. Denn ein Land, das wegsehe, ignoriere nicht nur die Sünden der Vergangenheit, sondern auch die Sünden der Gegenwart und die unvermeidlichen Sünden der Zukunft. Die Zahlung von vereinbarten Reparationen würde Amerikas Reifeprozess repräsen-

---

[97] Ta-Nehisi Coates 2014a. Siehe dazu, vor allem hinsichtlich der politischen Durchsetzungschancen: Ta-Nehisi Coates Revisits the Case for Reparations, The New Yorker, 10.6.2019.

tieren, vom Kindheitsmythos seiner Unschuld hin zu einer Weisheit, die seinen Gründungsvätern zur Ehre gereichen würde (214).

Die Bedeutung von Reparationen in den USA wird von Ta-Nehisi Coates in »Zwischen mir und der Welt« (2017) anhand der Geschichte des Afroamerikaners Clyde Ross erzählt. In Clarksdale/Mississippi 1923 geboren – einem Staat, in dem jahrzehntelang die meisten Lynchmorde verübt wurden – war Clyde Ross nach Chicago gegangen, um dem Rassismus zu entfliehen. Er engagierte sich dort in der Verteidigung von schwarzen Bewohnern, deren Hausbesitz durch manipulative Verträge gefährdet wurde. Coates beschreibt, wie durch rassistische, auf Segregation gerichtete Immobilienpraktiken der Stadtteil North Lawndale in Chicago zu einem neuen Getto geworden war. Mit seiner Organisation, der »Contract Buyers League«, gelang Clyde Ross nach einem jahrzehntelangen Kampf gegen die ruchlosen und unseriösen Verkaufspraktiken von Immobilienbesitzern, nicht nur sein eigenes, 1961 gekauftes Haus zu verteidigen.

Zur Frage der Reparationen gehört auch ein anderer Umgang mit rassistischen Massakern. Noch Anfang der 2000er Jahre hatte der Professor der Harvard Law School, Charles Ogletree, Überlebende des mörderischen Massakers an Afroamerikanern in Tulsa/Oklahoma von 1921 getroffen, für die die Vergangenheit keineswegs vergangen war. Diese alt gewordenen schwarzen Frauen und Männer, oft an den Rollstuhl gefesselt, wollten, dass für sie eine Klage geführt wurde, die wenige Jahre vorher noch gescheitert war. Letztlich geht Ta-Nehesi Coates davon aus, dass eben nicht nur ein paar Städte oder Unternehmen von Rassismus geprägt sind, sondern dass dieser das System der US-amerikanischen Geschichte prägt. Zudem könne keine Summe die jahrhundertelange Ausbeutung der Afroamerikaner in Amerika angemessen kompensieren (ebd.).

Die Familie des ermordeten George Floyd hat durch die Stadt Minneapolis eine Entschädigung in Höhe von 27 Millionen US-Dollar erhalten;[98] der Ende März 2021 begonnene Prozess gegen den angeklag-

[98] »Der Stadtrat der Großstadt im Bundesstaat Minnesota habe die Vereinbarung am Freitag einstimmig gebilligt, erklärte Bürgermeister Jacob Frey bei einer Pressekonferenz, an der neben Vertretern der Stadtverwaltung auch Angehörige von Floyd und die Anwälte teilnahmen. Ben Crump, Anwalt der Familie und zahlreicher anderer schwarzer Opfer von Polizeigewalt, erklärte, noch nie habe es in einem Bürgerrechtsfall vor Beginn des eigentlichen Verfahrens einen so hohen Vergleich gegeben. Die ›historische Einigung‹ mache deutlich, dass Floyd etwas Besseres verdient habe als das, was am 25. Mai 2020 – dem

ten Polizisten wird darüber entscheiden, ob wenigstens ansatzweise sich eine Einsicht herausbilden kann, dass mörderisches Unrecht auch geahndet werden kann.

Es gehört insgesamt zu den besonderen Leistungen des vor allem von Afroamerikaner:innen getragenen demokratischen Widerstands in den USA, dass dieser trotz des faschistischen Coup-Versuchs durch Trump und seine durch Rassismen geprägte Präsidentschaft nicht erlischt, sondern angefeuert wird. Der weltweite Aufschwung der Bewegung von Black Lives Matter, der doppelte Sieg der Demokraten und der Afroamerikanerinnen und Afroamerikaner in Georgia sowie die Wahl der Schwarzen Kamala Harris zur Vizepräsidentin sind starke Signale, dass der antirassistische Kampf weitergeht.

Tag seines Todes – passiert sei, sagte er. Sie zeige, dass Floyds Leben zähle, dass das Leben schwarzer Menschen nicht länger als ›trivial oder unwichtig‹ abgetan werden könne und dass die Tötung eines Schwarzen Konsequenzen nach sich ziehen müsse. (…) Nach Floyds Tod hatte die Familie nicht nur die vier am Einsatz beteiligten Polizisten verklagt, sondern auch Minneapolis. Der Stadtverwaltung wurde ›bewusste Gleichgültigkeit‹ vorgeworfen. Sie habe es versäumt, gegen gefährliche Polizeipraktiken vorzugehen und ihre Polizeibeamten richtig zu schulen. Damit habe sie eine Kultur exzessiver Gewalt und Straflosigkeit gefördert.« (taz vom 13.3.2021)

Fazit: Black Lives Matter in Deutschland und die Chance einer gemeinsamen Erinnerung

Verstärkte Wahrnehmung von Rassismus und antirassistischem Protest

Wie eingangs ausgeführt, kam es unmittelbar nach dem Mord an George Floyd vom 25. Mai 2020, noch dazu *während der Pandemie*, auch in Europa und Deutschland zu großen spontanen Protesten und Demonstrationen. Auch wenn Art und Ausmaß des (Alltags-)Rassismus in den Vereinigten Staaten und den europäischen Ländern wie in diesem Buch dargestellt je spezifisch sind, waren sich die europäischen Protestierenden in der Wut über den rassistischen Mord in den Vereinigten Staaten einig, aber ebenso darüber, dass zu lange und zu oft rassistische Diskriminierung und das eigene kolonialrassistische Erbe abgewehrt worden sind.

Dass es dem deutschen Bundesinnenminister Horst Seehofer über Jahre möglich war, Rassismus in der Polizei schlicht zu leugnen, ist angesichts des Totalversagens der Sicherheitsbehörden, die den Rechtsterror der Mordgruppe NSU nicht nur nicht entdeckten, sondern auch den Rassismus in den Sicherheitsinstitutionen knapp 20 Jahre lang abstritten, ein skandalöses Verhalten: So erklärte Seehofer noch im Jahr 2020, dass es keinen Rassismus in der Polizei gebe, weil er verboten sei. Erst im Spätherbst 2020 erkannte die Bundesregierung die Notwendigkeit der Konfrontation mit dem Rassismus in Gesellschaft und Ordnungsinstitutionen an.

Die verstärkte öffentliche Wahrnehmung von Rassismus und Antisemitismus ist überfällig. Das hätte nicht nur längst die Konsequenz aus dem Totalversagen der staatlichen Sicherheitsbehörden gegenüber dem NSU-Terror sein müssen. Zusätzlich gab es auch unter der sich ausbreitenden Hetze der Alternative für Deutschland und rechtspopulistischer Blogs und Bewegungen in der zweiten Hälfte des letzten Jahrzehnts ein erhebliches Anwachsen antisemitischer und rassistischer Straf- und vor allem Gewalttaten.

Hinzu kam eine rechtsextreme Attentatswelle: der Mord an dem hessischen Politiker Walter Lübcke am 1. Juni 2019, das Attentat auf die Synagoge in Halle im Oktober 2019 und am 19. Februar 2020 das Massaker des Rassisten Tobias R. an neun Menschen in Hanau, die eines gemeinsam hatten: ausländische Eltern oder Wurzeln.

Ein Jahr danach ist unüberhörbar, dass die Hinterbliebenen der Opfer dieser Attentate nicht nur traurig, sondern empört und wütend sind.

»Bronzen aus Benin« – Sicherung des Raubguts und Abwehr der Erinnerung

Die ökonomischen, politischen und kulturellen Hinterlassenschaften des mörderischen kolonialen Rassismus Europas zeigen sich ironischerweise auch in den jahrzehntelang in Kellern verborgenen mythischen Figuren von Leben und Tod, Rache und Vergebung – dem in Museen eingesperrten Raubgut der einstmals eroberten Kontinente. Savoy (2021) hat eine knapp 50jährige Leugnung von Museen und Politik aufgedeckt, sich überhaupt folgenreich mit einer möglichen Rückgabe zu befassen.

Am 16. Dezember 2020 wurde in Berlin im wieder aufgebauten Schloss mit großem digitalem Pomp das *Humboldt Forum* eröffnet. Es waren nicht nur die Kommentare in liberalen Zeitungen, die dieses Forum als kulturpolitischen Rückschritt, ja, als Zeichen der Ignoranz gegenüber der Verantwortung angesichts des kolonialrassistischen Erbes angriffen. Tatsächlich wurde bei der Eröffnungsveranstaltung mit dieser Verantwortung zynisch umgegangen. Der Generalintendant des Humboldt Forums, Hartmut Borgerloh, antwortete auf die Frage eines ARD-Journalisten nach der Raubkunst: »Ich denke, die Menschen werden uns hier die Bude einrennen, wie man in Berlin sagt, sie werden kommen und sie werden diesen Ort in Besitz nehmen.«[99] Angesichts des jahrzehntealten nigerianischen Gesuchs auf Rückgabe der durch eine britische »Strafexpedition« erbeuteten Benin-Bronzen musste diese Bemerkung als Abwertung und Abwehr erscheinen.

Kritisiert wurde in diesem Zusammenhang der Ort der Ausstellung, die schon lange umstrittene »Schlossrekonstruktion selbst, dieser geschichtspolitische Auffahrunfall, geboren aus dem Horror Vacui der frühen Neunzigerjahre und einer kosmetischen Auffassung von Stadt-

[99] Vgl. taz vom 17.12.2020: »Humboldt Forum in Berlin eröffnet: Kritik? Egal!« – und das verschreckte erste Zurückweichen aufgrund der furiosen Kritik am Forum drei Monate später: »Raubkunst in Berlin: Postkoloniale Leerstellen. Das Humboldt Forum lenkt ein: Die Benin-Bronzen werden wohl nicht gezeigt. Der Intendant geht von Rückgaben an Nigeria aus.« (taz vom 23.3.2021)

entwicklung, welche imaginierte Kontinuitäten einer europäischen Stadt an die Stelle realer historischer Kontinuitäten setzte«.[100]

Inzwischen haben die verdrängten Skandale der kolonialen Raubzüge afrikanischer Kunst die Mainstream-Medien erreicht. Am 18. Februar 2021 beschrieb Andreas Austilat im Tagesspiegel fast ganzseitig nicht nur, wie der berühmte Thron des Königs Njoya von Bamum, aus massivem Holz geschnitzt, mit Glasperlen und Kaurischnecken geschmückt, ins Deutsche Reich geschafft worden war, sondern wie es in den frühen Jahren des 20. Jahrhunderts auf den mörderischen Raubzügen deutscher Kolonialoffiziere und Abenteurer unter Wilhelm II. zuging. Der Beschaffer des Raubguts, der Hauptmann der Schutztruppe der deutschen Kolonialarmee Hans Glauning, war an dem Versuch beteiligt, im kamerunisch-nigerianischen Grenzland das deutsch besetzte Kamerun bis zum Tschadsee auszudehnen. Nebenbei akquirierte er wie seine Kameraden mehr oder weniger systematisch Raubgut für deutsche und andere Museen, darunter eben das Thron-»Geschenk«. Und jenseits aller bemühten Provenienzforschung ist schon die Online-Präsentation der Berliner staatlichen Museen afrikanischen Raubguts eine ergiebige Suchmaschine für Art und Ausmaß kolonialrassistischer Gewalt-Abenteurer der deutschen Kolonialarmee. Wie der als Freund der Einheimischen präsentierte Hauptmann dabei vorging, wird beiläufig erwähnt:

»Danach ist auch Glauning in Verbrechen verstrickt. Gefangene Frauen soll er seinen Hilfstruppen als Beute überlassen haben. Lange Trägerkolonnen müssen seine Objekte, darunter überschwere Trommeln, die sich heute im Berliner Museum befinden, transportieren. Mindestens in einem Fall stirbt ein Mensch dabei.« In seinen Briefen verwies er, so der Bericht, noch auf ein anderes Problem: Es sei schwierig, gut erhaltene Figuren zu finden, wenn die Dörfer niedergebrannt und zerstört seien. Und er empfahl, deutschfreundliche Häuptlinge zu belohnen – diese wurden von ihm als weise charakterisiert. »Alle anderen sind Feinde, ihr Widerstand ist zu brechen, ihr Vieh zu beschlagnahmen, selbst vergleichsweise kleine Vergehen sind mit dem Tod zu bestrafen.«

---

[100] Kolya Reichert, Ein imperiales Museum, das keines sein will, Zeit online, 17.12.2020. Nahezu zur gleichen Zeit entschloss sich eine Initiative von in Potsdam neu ansässigen ehemaligen Bundeswehrgenerälen, den Turm der Garnisonkirche wieder aufzubauen, und zwar möglichst originalgetreu, wofür sie erst in den letzten Jahren in der Öffentlichkeit massiv kritisiert wurde. Schließlich steht die Garnisonkirche für das nationalistisch-imperialistische Preußen und die unheilvolle »Versöhnung« von Preußentum und Nationalsozialismus beim »Tag von Potsdam« im Frühjahr 1933 (vgl. genauer Funke 2019a).

Weniger als 40 Jahre später gehörte ein vergleichbares Vorgehen zum Alltagshandeln im Vernichtungskrieg der deutschen Wehrmacht in Russland (vgl. Heer/Streit 2020).

Dies macht die Enttäuschung noch verständlicher, die die Black-Lives-Matter-Bewegung in Deutschland erfasst hat, nachdem sie – wie weltweit – auf die Verdrängungsgeschichte des Kolonialismus auch in Deutsch-Südwestafrika oder in Deutsch-Ostafrika und anderswo und auf die von Rassismus durchzogene Lage der Minoritäten hierzulande, insbesondere der Schwarzen, hat aufmerksam machen können. Und hat nicht der von heutigen (Rechts-)Konservativen hochgelobte autoritäre Reichskanzler Bismarck 1884 mit der mehrmonatigen Kongokonferenz sich ein wenig als Herr der Welt geführt und einen verschärften Run auf die noch verbliebenen, nicht kolonial erfassten Gebiete Afrikas ausgelöst?

Wessen Erinnerung zählt?[101]

Es hat bis zum Jahr 1979 gedauert, bis sich mit der Ausstrahlung des Filmserie »Holocaust« im westdeutschen Fernsehen ein beträchtlicher Teil der deutschen Öffentlichkeit mehr oder weniger wirksam von der Ermordung der europäischen Juden im deutschen Nationalsozialismus erschüttern ließ.[102] Ebenfalls sehr zeitverzögert, wenngleich in ganz anderer Form, lief die Debatte um den Rassismus. Dieser wurde zunächst auf das Phänomen des nationalsozialistischen Rassismus eingeengt und als historisch überkommen gedeutet. Rassismus war jahrzehntelang keine Kategorie des öffentlichen Interesses und galt vielfach als verpönt. Es bedurfte erst einiger streitbarer wissenschaftlicher Debatten, wie sie unter anderem durch das 1997 erschienene Buch »*Was ist Rassismus?*« von Johannes Zerger ausgelöst wurden, damit Rassismus überhaupt ein anerkanntes Thema werden konnte.

Der »schwarze« Anti-Rassismus hat dann versucht, die Öffentlichkeit stärker mit diesem Thema zu konfrontieren. Aber die beträchtliche Abwehr, sich den Themen Rassismus und Rechtsextremismus zu stellen, auch noch im ersten Jahrzehnt des neuen Jahrhunderts, führte dazu, dass nicht nur die NSU-Verbrechen vielfach als Taten organisierter Kriminalität abgewehrt wurden. Mehr noch: Auch die Aufarbeitung

---

101 So der Titel des einschlägigen Buchs von Mark Terkessides (2019).

102 Vgl. dazu näher Funke 2019a: 225.

des schließlich 2011 entdeckten NSU blieb ein Jahrzehnt lang halbherzig und stieß an die Grenzen der etablierten Sicherheitsinstitutionen, die bis in die jüngste Zeit von Rassismus nichts wissen wollten. In derselben Zeit feierte Thilo Sarrazin auch im Bildungsbürgertum mit seinen Büchern wie »Deutschland schafft sich ab« (2010) Millionenerfolge. Erst seit wenigen Jahren erscheint es der etablierten Öffentlichkeit nicht mehr möglich, die rassistischen Tendenzen und das koloniale rassistische Erbe in unserer Gesellschaft weiter zu verharmlosen oder zu leugnen. Die Abwehr gegenüber Antisemitismus und Rassismus ist eine Erbschaft, unter der viele Betroffene in Deutschland bis heute leiden.[103]

Es geht also nicht nur um die »Bronzen«, die nach Nigeria gehören. Das seltsam ausgestaltete (post)koloniale Humboldt Forum ist als Gan-

---

[103] Als jemand, der in der unmittelbaren Nachkriegszeit aufgewachsen ist, erinnere ich mich, dass zunächst weder der Antisemitismus noch der Rassismus wirklich zu einem Thema geworden ist: weder in der Schule, schon gar nicht in der Grundschule in den frühen 1950er Jahren in Cloppenburg, aber auch längere Zeit danach nicht. Man sprach später allenfalls über die Apartheid in Südafrika und die Geschichte des Rassismus in den Vereinigten Staaten und wenn überhaupt, ein wenig über den Nationalsozialismus als Erfahrung des Totalitarismus. Dies, obwohl die Folgen der NS-Zeit jedenfalls in meiner Herkunftsfamilie auch meinen Alltag prägten. (Vgl. Funke 2017) Zunächst war dies nicht einmal während der Studentenbewegung ein großes Thema – bis auf die Intellektuellenkreise um das Zeitschriftenprojekt *Das Argument*, wo auch intensiver über Antisemitismus diskutiert wurde. Gewiss, es wurde über Vorurteile gesprochen und ihre Bedeutung, im besten Fall in der Tradition der Frankfurter Schule. Und natürlich ging es später auch um Ausländerfeindlichkeit, nicht zuletzt gegenüber Türk:innen – von Rassismus war lange Zeit kaum die Rede. Gegenüber diesem Trend insistierten die Studierenden am Otto-Suhr-Institut auf der Behandlung des Rassismus, etwa durch Johannes Zerger oder Uwe Nolting zusammen mit einigen Sozial- und Politikwissenschaftlern wie Michael Minkenberg, Christoph Kopke, Lars Rensmann, Fabian Virchow, später Gideon Botsch, Matthias Quent und andere, wobei etwa der Rassismus am Beispiel der Stadt Oranienburg analysiert wurde. Als dann die Nichtregierungsorganisation *Forum gegen Rassismus und rechte Gewalt* Anfang 1997 in einer protestantischen Kirche gegründet wurde, prallte deren Arbeit auf den hermetischen Widerstand der CDU und des damaligen Landrats. Bis heute wird von Angehörigen dieser Seite bestritten, dass es Rassismus vor Ort gäbe – und dies, obwohl er sich vor der Haustür zeigte und eine ganze Generation mit Springerstiefeln und Bomberjacke Punks und Jugendliche jagte, Obdachlose und nicht zuletzt Schwarze ermordete. Und weitere Anzeichen gab es in Oranienburg wie in Mecklenburg-Vorpommern oder in Thüringen mit der Entfesselung des gewalttätigen Thüringer Heimatschutzes, aus dem dann der NSU entstand, der in Deutschland, ausgehend von Sachsen, jahrelang sein Unwesen trieb.

zes ein Ausdruck kultureller Regression und Erinnerungsabwehr. Auch verschiedene Exponenten deutscher Kolonialpolitik wie nicht zuletzt der von Konservativen geschätzte Otto von Bismarck gehören symbolisch »vom Sockel« gestoßen. Antisemitische, rassistische und vor allem imperialistische Vereine schossen im Gefolge der Kongokonferenz aus dem Boden, nicht zuletzt der 1890 gegründete Alldeutsche Verein, in deren Broschüren die Weltaufgabe der germanischen Rasse sowohl von extrem nationalistischer Seite als auch von den Wirtschaftseliten des Reiches beschworen wurde (vgl. Terkessides 2019: 41). Schon 1897 sprach Bernhard von Bülow als Staatssekretär des Äußeren von dem notwendigen *Platz an der Sonne* (ebd.: 42) – drei Jahre später wurde er einer der Nachfolger Otto von Bismarcks im Amt des Reichskanzlers. 1898 wurde Kioutschou in China vom Deutschen Reich annektiert.

Auch die Geschichte des Humboldt Forums verdeutlicht das lange Zeit ungeklärte Verhältnis zum eigenen deutschen Kolonialismus. Alexander von Humboldt habe »uns«, so formulierte es der Leiter des Goethe-Instituts und Initiator des Forums, Klaus-Dieter Lehmann 2008, im Vorfeld der Ausstellungseröffnung, die Tropen, die fernen Kulturen nahegebracht und deren Gleichwertigkeit belegt (44). Hermann Parzinger, Präsident des preußischen Kulturbesitzes, sprach von Alexander von Humboldts Neugier auf die Welt und seiner weltoffenen Beschreibung fremder Kulturen. Er posierte, so kritisierte seinerzeit Terkessides, 2017 als einer der Gründungsdirektoren des Humboldt Forums mit einer indigenen Maske, die von der westkanadischen Küste stamme (46). Terkessides verwies zudem auf ein Malbuch für Kinder aus dem Jahr 2009 mit dem Titel »Komm mit in die Wunderwelten«, das im Kontext des zukünftigen Humboldt Forums angeboten wurde und in dem es heißt: »In diesem Buch kannst du auf den Spuren großer Naturforscher, Entdecker und Sammler um die ganze Welt reisen und viele interessante Orte und Dinge erkunden. In der Vergangenheit haben wissbegierige, mutige Menschen gefährliche Reisen in ferne Länder unternommen, um andere Menschen und ihre Kultur kennen zu lernen. Sie haben auf diesen Reisen beeindruckende Objekte und Kunstwerke gesammelt und diese mit nach Berlin gebracht.« (47)

Parallel werden weiterhin Restitutions-Überlegungen abgewehrt und die Aufbewahrung von Objekten in Europa gewinnt die Rechtmäßigkeit daraus, dass »die offenbar nicht in der Lage sind, für die Objekte entsprechend Sorge zu tragen, was die sogar selbst zugeben« – so das Resultat der Beobachtung von Terkessides über die abwertende Haltung Hermann Parzingers gegenüber den afrikanischen Kolleg:innen (49) –

so als könnten »wir« das Erbe besser betreuen. Seine Abwehr, sich angemessen mit der Restitutionsfrage auseinanderzusetzen, führte dazu, dass 2017 die französische Kunsthistorikerin Bénédicte Savoy (52) im Streit aus einer Expertenkommission des Forums wegen deren Mangel an Transparenz und ihrer »sklerotischen Struktur« ausschied (52).

Noch dramatischer – so Terkessides in seiner Kette an Belegen für ein ungeklärtes Verhältnis zur kolonialen Vergangenheit – erscheint die Geschichte des »Völkerkundemuseums« in Berlin, das seine Sammlungen in der Tradition eines kolonialen Museums anlegte. Und nicht nur das: »Überhaupt ist es sehr schwer, einen Gegenstand zu erhalten, ohne zumindest etwas Gewalt anzuwenden. Ich glaube, dass die Hälfte Ihres Museums gestohlen ist«, so bereits der Resident des Reiches in Ruanda 1894 an den stellvertretenden Direktor des Völkerkundemuseums, Felix von Luschan (55). Es sind die Akteure im Umfeld des Museums für Völkerkunde, die in und nach dem Ersten Weltkrieg auch anthropologische Messungen an Kriegsgefangenen vornahmen und während des Nationalsozialismus sich um sogenannte arische Kulturgüter aus aller Welt, insbesondere aber in Bezug auf den Drang nach Osten bemüht haben (56).[104] Es war die Zeit des sich radikalisierenden rassistisch getönten Nationalismus.

Angesichts einer nicht mehr aufzuhaltenden Debatte, auch vor dem Hintergrund der Black-Lives-Matter-Bewegung, vervielfacht sich in den ersten Monaten des Jahres 2021 auch in Deutschland der Druck, Raubgut zurückzuerstatten. Aus den prekären Erfahrungen engherziger Wiedergutmachungspraxis (vgl. Niederland 1980) lässt sich nur folgern, dass bei der Forschung nach zurückliegenden Genoziden und genozidähnlichen Verbrechen die Debatte um Reparationen weitergehen wird. So ist dies bereits zu beobachten bei einer Initiative um Hilde Schramm in Berlin, die für einen finanziellen Ausgleich der Verbrechen von deutschen Nationalsozialisten in Griechenland streitet;[105] ebenso bei den Bemühungen um Reparationen für das Unrecht an den Hereros und Nama in Deutsch-Südwestafrika.

---

[104] Im Sinne einer angemessenen Erinnerung schlagen Bayer/Terkessides ein antirassistisches Kuratieren vor, das den Kolonialismus, aber auch aktuelle Formen von Rassismus behandelt (65).

[105] Der Verein *Respekt für Griechenland e. V.* setzt sich für die Anerkennung »deutscher Kriegsschuld« und daraus resultierender »Verpflichtungen gegenüber Griechenland« ein.

Die Forderungen Nigerias auf Rückgabe der Benin-Bronzen wurden bis Ende 2020 vom Humboldt Forum mit herablassenden, fadenscheinigen Bemerkungen – mit Deckung durch die Bundesregierung – abgewiesen. Der stetig wachsende öffentliche Druck führt allerdings im März 2021 zu einer seit über 40 Jahren überfälligen neuen Diskussion auch in der Politik.

Bénédicte Savoys fundamentale Kritik an der postkolonialen Arroganz ehemaliger Kolonialstaaten wie Frankreich, Belgien, Großbritannien und nicht zuletzt Deutschland trifft Politik und Museumsszene – und damit das Humboldt Forum – ins Mark und führt endlich zu Irritationen (vgl. Savoy 2021). Sie lässt die teils wütende Verteidigung des Humboldt Forums – von Wolfgang Thierse im Tagesspiegel vom 22.2.2021 bis Horst Bredekamp in der FAZ vom 8.3.2021 – souverän hinter sich.

Ende März 2021 erklärte Außenminister Maas schließlich nach knapp 50 Jahren der Blockade: »Zu einem aufrichtigen Umgang mit der Kolonialgeschichte gehört auch die Frage der Rückgabe von Kulturgütern. Das ist eine Frage der Gerechtigkeit.« (taz vom 23.3.2021)

Deutschland hatte sich schon einmal offen gegenüber Restitutionsansprüchen (damals vor allem gegenüber Mexiko) gezeigt – das war, als die couragierte Staatssekretärin im Auswärtigen Amt, Hildegard Hamm-Brücher, sich entschieden der Sache annahm; aber dann ließ – 1982 – die FDP die Koalition mit der SPD platzen – und die Chance war beendet (vgl. Savoy 2021: 164ff.).

Für eine gemeinsame Erinnerung in einem europäischen Deutschland

In Europa fehlt es weitgehend an einer bewussten und verantwortungsvollen Erinnerung an den europäischen Kolonialismus. Das gilt nicht nur für die Rückgabe des Raubguts und einen fairen Umgang mit dem in den Ausstellungen Präsentierten aus den ehemaligen Kolonien. Es geht mehr noch um ein Ende der ökonomischen und politischen Dominanz im Umgang mit den ehemaligen kolonialen Ländern und um eine faire und gerechte solidarische Globalisierung. Von einer solchen ist in Europa – vom Agrarsektor bis zur Rohstoffnutzung – wenig zu sehen und vor allem ist keine integrierte Strategie zu erkennen, mit der die Utopie von Achille Mbembe und medico international (siehe oben, Teil 3) durchgesetzt werden könnte.

Auch von einer konstruktiven Lösung des Umgangs mit Geflüchteten ist Europa weiter denn je entfernt – Frontex wird mit der Pushback-Strategie als menschenfeindlich und korrupt wahrgenommen; in zu vielen Ländern wie in Italien, Frankreich, Österreich, Tschechien und vor allem in Polen und Ungarn beeinflussen bislang Rassisten den öffentlichen Diskurs oder stellen wie in Ungarn und Polen sogar die derzeitigen Regierungen. Europa ist in seiner *Festung* eingemauert. Eine außenpolitische Interventionsfähigkeit zur Lösung und Abwendung kriegerischer Konflikte und internationaler Spannungszustände, etwa in und gegenüber dem Nahen und Mittleren Osten, existiert nicht (vgl. Steinberg 2020).

Vor allem: Es gibt mit einigen wenigen Ausnahmen keine ausgleichende, gegenüber den ehemaligen Kolonialländern faire oder gar gemeinsame soziale und ökonomische Entwicklung, vielmehr zeigt sich in der Pandemiebekämpfung ein – nicht einmal rational zu erklärender – Impfnationalismus.

Wer sich indes in der Frage der Erinnerungspolitik auf die deutsche Perspektive – gar die »deutsche Identität« – verengt, dem ist im Zweifel der Ansatz Achille Mbembes und die Perspektiven der anderen gleichgültig – und das ist in diesem Fall die afrikanische. Es fehlt der andere, wie Iris Därmann (2020) es nennt, der »fremde« Blick. Der aber ist gerade in den deutschen Debatten über Gewalt, Grausamkeit und totale Herrschaft notwendig, um auch die lange Geschichte von Gewalt und Genozid vor und nach dem Nationalsozialismus angemessener wahrzunehmen – und diejenigen, die als politische Philosophen allenfalls eine »halbierte Aufklärung« vertraten.

Iris Därmann betonte im Rahmen einer Präsentation ihres Buches *Undienlichkeit:* »Die Ideale aus der Epoche der Aufklärung hatten als ›halbierte Aufklärung‹ für Frauen und Kinder keine Gültigkeit – und für die versklavten Menschen in den Kolonien ebenfalls nicht. (…) Die Universalisierung dieser Rechte ist bis heute im praktischen Sinne nicht vollzogen. (…) Für die politische Philosophie sollte das Grund genug sein, der Geschichte von Gewalt und Unterdrückung mehr Aufmerksamkeit zu schenken und die Rolle, die Angehörige ihres eigenen Fachs dabei spielten, zu hinterfragen. Dafür wäre es sehr hilfreich, Europa stärker einem Blick von außen auszusetzen.« (Deutschlandfunk, 2.8.2020)

*

Das Hauptanliegen dieses Buches ist die Erörterung der kolonialen, rassistischen Erbschaft, wie sie nicht zuletzt von Achille Mbembe aus seiner afrikanischen Perspektive eindrucksvoll analysiert und – offensiv wie nie zuvor in den letzten 50 Jahren – von antirassistischen Bewegungen wie *Black Lives Matter* in die politische Debatte eingebracht wird. Stehen diese Auseinandersetzungen und ihre Aufarbeitung in Konkurrenz zur Erinnerung an den Holocaust, gerade in Deutschland? Die Kontroversen, wie sie von Felix Klein und anderen entfacht worden sind, mögen dazu verleiten, dies anzunehmen. Ich halte das für falsch. Verzichtet man auf eine billige Gleichsetzung des einen mit dem anderen, des Genozids an den Herero und Nama Anfang des 20. Jahrhunderts und der Verbrechen des Nationalsozialismus, insbesondere, aber nicht nur des Holocaust, lassen sich aus Analyse und Vergleich der Verbrechensgeschichten jeweils vertiefte Einsichten gewinnen.

Allerdings ist dies nicht möglich, ohne auch das kumulative Trauma einer mehrhundertjährigen rassistischen Demütigung, Verfolgung und Ermordung zu fassen: Hierzu gehören die Brutalität im algerischen Unabhängigkeitskampf, der Genozid an den Herero und Nama Anfang des 20. Jahrhunderts, die Dezimierung der Zivilbevölkerung im Kongo durch den belgischen König Leopold II. und die 500-jährige Geschichte der aus Afrika verschleppten Sklaven sowie der Afroamerikaner:innen in den Vereinigten Staaten. Die ihnen zugefügten Verbrechen sind spezifisch entstanden und verlaufen und haben spezifische traumatische Wirkungen.

In wiederum anderer Weise gilt das für die Ermordung der europäischen Juden und anderer Opfer von Massenmorden durch das nationalsozialistische Deutschland und seine willigen Helfer. Zu dem Besonderen, ja Singulären dieser Verbrechen gehört, dass alle Juden, die erreichbar waren, als Mitglied einer »Gegenrasse« vernichtet werden sollten, um die Angehörigen des »arischen Großdeutschlands« befreien bzw. »erlösen« zu können – so die Auffassung eines mörderischen, paranoiden »Erlösungsantisemitismus« (Friedländer), der unter den Bedingungen eines rassistischen Weltkriegs systematisch exekutiert worden ist, ehe den Alliierten endlich ein Ende des deutschen Mordens gelang.[106]

---

[106] Unübertroffen hierzu ist Friedländer 2006, der den Charakter des nationalsozialistischen Erlösungsantisemitismus und seiner apokalyptischen Paranoia darlegt. Vgl. auch Funke 2019a sowie die frühere Darstellung in Brumlik/Funke/Rensmann 2000.

Aus den singulären Tatbeständen des NS-Vernichtungsantisemitismus resultiert indes keineswegs, sich in der Erinnerung und Aufarbeitung allein auf diese zu beziehen. Ganz im Gegenteil: Gerade unter dem Eindruck des Entstehens, der Radikalisierung und des Ausmaßes dieser Verbrechen ginge es im historischen Vergleich darum, die jeweilige Entstehung und den Verlauf anderer mörderischer Verbrechen in ihrer Spezifität angemessen wahrzunehmen.

Schon gar nicht wäre es erwünscht, die jeweilige Erinnerung an solche Verbrechen und ihre traumatische Wirkung gegeneinander aufzubieten, gar aufzurechnen, da es in einer angemessenen Erinnerung um eine Erinnerung an die Taten und vor allem an die Betroffenen, um ihrer selbst willen, um ein Innewerden geht, aus dem dann jeweils, individuell und gesellschaftlich, eigene ethische und praktische Folgerungen gezogen werden können. Michael Rothberg (2000) zeigt, inspiriert nicht zuletzt von den Analysen Saul Friedländers (1992), dass der Holocaust als traumatisches Ereignis drei grundlegende Anforderungen an die Repräsentation stellt: eine Forderung nach Dokumentation, eine Forderung nach Reflexion über die Grenzen der Repräsentation und eine Forderung nach Auseinandersetzung mit der Öffentlichkeit.

Dies ist der Sinn einer gemeinsamen Erinnerung.

Literatur

Ackerman, Bruce (2019): Revolutionary Constitutions. Charismatic Leadership and the Rule of Law. Cambridge/Mass.

Adorno, Theodor W. (1973): Studien zum autoritären Charakter. Frankfurt a.M.

Adorno, Theodor W. (1969): Erziehung nach Auschwitz, in: Ders.: Stichworte. Kritische Modelle 2. Frankfurt a.M.

Adorno, Theodor W./Ackermann, Nathan W./Bettelheim, Bruno/Frenkel-Brunswik, Else/Jahoda, Marie/Janowitz, Morris/Levinson, Daniel J./Nevitt, Sanford, R. (1969): Der autoritäre Charakter, Band 2, Studien über Autorität und Vorurteil, Vorwort: Max Horkheimer, Amsterdam.

Albig, Jörg-Uwe (2014): Das Herz der Finsternis, in: Geo Epoche Nummer 66. Afrika. Hamburg.

Albright, Madeleine (2018): Faschismus. Eine Warnung. Köln.

Alexander, Michelle (2010): The New Jim Crow. Mass Incarceration in the Age of Colorblindness. New York.

Arendt, Hannah (1986): Elemente und Ursprünge totaler Herrschaft. München.

Arendt, Hannah (1972): Wahrheit und Politik, in: Wahrheit und Lüge in der Politik. München.

Asseburg, Muriel (2019): Die deutsche Kontroverse um BDS: Eine Einordnung, in: diAK: Deutschland Israel Palästina. Über die Komplexität einer Dreiecksbeziehung. Berlin.

Baldwin, James (1993): Nobody Knows My Name. New York. 1993.

Balibar, Étienne (1990): Gibt es einen Neo-Rassismus? in: Balibar, Étienne/Wallerstein, Immanuel (Hrsg.): Rasse, Klasse, Nation. Ambivalente Identitäten, Berlin/Hamburg, S. 23-38.

Battegay, Caspar (2020): Postkolonialismus und jüdisches Denken. Anmerkungen zur Debatte um Achille Mbembe, 13.5.; online: https://geschichtedergegenwart.ch/postkolonialismus-und-juedisches-denken-anmerkungen-zur-debatte-um-achille-mbembe/

Benoist, Alain de (1999): Aufstand der Kulturen. Berlin.

Benz, Wolfgang (Hrsg.) (2020): Streitfall Antisemitismus. Berlin.

Bergmann, Werner/Erb, Rainer (1991): Antisemitismus in der Bundesrepublik Deutschland. Opladen.

Berhorst, Ralf (2014): Ein Reich jenseits des Meeres, in: GEO Epoche 2014.

Bericht (2017) des Unabhängigen Expertenkreises Antisemitismus, Deutscher Bundestag, Drucksache 18/11970.http://dip21.bundestag.de/dip21/btd/18/119/1811970.pdf

Bernstein, Reiner (2021): Allen Anfeindungen zum Trotz. Deutschland – Israel – Palästina. Meine Bilanz, in israel & palästina. Berlin 1/2021.

Betz, Joachim (2007): Epochen der indischen Geschichte bis 1947. Von den Hindu-Königreichen über Mogul-Herrschaft und Kolonialzeit zur

Republik, online: www.bpb.de/internationales/asien/indien/44384/geschichte-bis-1947?p=all
Böhm, Omri (2020): Israel – Eine Utopie. Berlin.
Böhm, Omri/Stein, Shimon/Zimmermann, Moshe/Brumlik, Micha (2021): Israel – welche Utopie? »Blätter«-Gespräch mit Omri Boehm, Shimon Stein und Moshe Zimmermann, moderiert von Micha Brumlik. März.
Böhme, Jörn/Christian Sterzing (2018): Kleine Geschichte des israelisch-palästinensischen Konflikts. Schwalbach.
Braml, Josef (2020): Amerikas Apartheid. Der neue alte Exzeptionalismus und seine außenpolitischen Folgen, in: DGAP (Deutsche Gesellschaft für Auswärtige Politik), Policy brief, 9. Juli.
Browning, Christopher R. (2018): Weimar in Washington: Die Totengräber der Demokratie, in: Blätter für deutsche und internationale Politik 11: 41-50.
Brumlik, Micha (2021): Postkolonialer Antisemitismus? Achille Mbembe, die palästinensische BDS-Bewegung und andere Aufreger. Bestandsaufnahme einer Diskussion. Hamburg.
Brumlik, Micha (2020): Antisemitismus. Ditzingen.
Brumlik, Micha (2019): Unter BDS-Verdacht: Der neue McCarthyismus, Blätter für deutsche und internationale Politik 8/2019.
Brumlik, Micha/Funke, Hajo (2020): Offener Brief. Stoppen Sie den geplanten Völkerrechtsbruch durch Netanjahu! 27.5.2020; hajofunke.wordpress.com
Brumlik, Micha/Hajo Funke/Lars Rensmann (2004): Umkämpftes Vergessen. Berlin.
Bundesamt für Verfassungsschutz (BfV) (2019): Gutachten zur AfD vom 15.1.2019 (Online: netzpolitik.org).
Césaire, Aimé (1968): Über den Kolonialismus. Berlin.
Churchwell, Sarah (2020): Der amerikanische Faschismus: Vom Ku-Klux-Klan zu Trump, in: Blätter für deutsche und internationale Politik, Heft 9.
Clarke, Richard (2004): Against All Enemies. Der Insiderbericht über Amerikas Krieg gegen den Terror. Hamburg.
Coates, Ta-Nehisi (2017): Zwischen mir und der Welt. Frankfurt a.M.
Coates, Ta-Nehisi (2014): Slavery made America. The case for reparations: a narrative bibliography. The Atlantic, 24.6.
Coates, Ta-Nehisi (2014a): The Case for Reparations. The Atlantic, June 2014.
Cohen, Tsafrir (o.J.): Lösungsmöglichkeiten aus heutiger Sicht. Rosa Luxemburg Stiftung, Israel Office (online: www.rosalux.org.il/losungsmoglichkeiten-aus-heutiger-sicht/)
Därmann, Iris (2020): Undienlichkeit. Berlin.
Decker, Oliver/Brähler, Elmar (2020): Autoritäre Dynamiken. Gießen.
Deutscher Bundestag (2017): Drucksache 18/11970. Unterrichtung durch die Bundesregierung. Bericht des Unabhängigen Expertenkreises Anti-

semitismus. Berlin.

Deutsches Institut für Menschenrechte (2018): Rassismus und Menschenrechte. Materialien für die Fortbildung in der Strafjustiz. Berlin.

Dlf (Deutschlandfunk Kultur) (21.4.2020): Die Causa Achille Mbembe. Schwere Vorwürfe und Streit um einige Textpassagen. René Aguigah im Gespräch mit Felix Klein und Andrea Gerk.

Drieschner, Frank (2003): Starr vor Angst. Das lange Gezerre um den Irak hat einen Nebeneffekt: Es ermöglichte die erste kinderpsychologische Vorkriegsstudie. Zeit-online, 6. März.

Dröscher, Daniela (2020): Empathie als politische Kraft, Zeit-online, 3.4.

Du Bois, W.E.B. (1998/1935): Black Reconstruction in America, 1860-1880. New York.

EUMC (European Monitoring Center on Racism and Xenophobia) (2001): Attitudes 2000: Attitudes towards minority groups in the European Union. Special analysis of the Europe Barometer 2000 Survey. Wien.

EUMC (2000): Annual Report 1999. Wien.

Fanon, Frantz (1966/1961): Die Verdammten dieser Erde. Frankfurt a.M.

Fanon, Frantz (2013/1952): Schwarze Haut, weiße Masken. Wien.

Feagin, Joe (2020): The white racial frame. Centuries of racial framing and counter-framing. New York.

Fredrickson, George M. (2004): Rassismus. Ein historischer Abriß. Hamburg.

Friedländer, Saul (1998): Das Dritte Reich und die Juden. München.

Friedländer, Saul (1992): Probing the Limits of Representation: Nazism and the »Final Solution«. Cambridge.

Friedländer, Saul (1987): Die Shoah als Element in der Konstruktion israelischer Erinnerung. In: Babylon. Beiträge zur jüdischen Gegenwart. Heft 2. Juli. Frankfurt a.M.

Funke, Hajo (2021): Die Höcke-AfD. Eine rechtsextreme Partei in der Zerreißprobe. Aktualisierte Ausgabe. Eine Flugschrift. Hamburg.

Funke, Hajo (2020): Trumps Mobilmachung – Faschistoide Gefahr für die Demokratie, in: Sozialismus.de 11/2020.

Funke, Hajo (2019a): Der Kampf um die Erinnerung. Hitlers Erlösungswahn und seine Opfer. Hamburg.

Funke, Hajo (2019b): Was ist Populismus?, in: Zentralrat der Juden in Deutschland: Perspektiven jüdischer Bildung. Bd. 2 (Konzept Professor Dr. Doron Kiesel). Leipzig.

Funke, Hajo (2018a): Sicherheitsrisiko Verfassungsschutz. Hamburg.

Funke, Hajo (2018b): The Radicalization of the Extreme Right: Charlottesville August 2017 and Chemnitz August 2018, in Publications of AICGS (American Institute for Contemporary German Studies)/John Hopkins University, Washington 12/2018.

Funke, Hajo (2017): Sicherheitsrisiko Verfassungsschutz. Staatsaffäre NSU: das V-Mann-Desaster und was daraus gelernt werden muss, Hamburg.

Funke, Hajo (2016): Von Wutbürgern und Brandstiftern: AfD – Pegida – Gewaltnetze. Berlin.
Funke, Hajo (2007): Gott Macht Amerika. Berlin.
Funke, Hajo (2003): Der amerikanische Weg. Berlin.
Funke, Hajo (2002): Paranoia und Politik. Berlin.
Funke, Hajo (1989): Die andere Erinnerung. Frankfurt a.M.
Funke, Hajo (Hrsg.) (1988): Von der Gnade der geschenkten Nation. Berlin.
Funke, Hajo/Nakschbandi, Walid (2017): Die herausgeforderte Demokratie. Frankfurt a.M.
Funke, Hajo/Rensmann, Lars (2003): Der neue Rechtspopulismus in der FDP, in: Weisberg-Bob, Nea (Hrsg.): »Was ich den Juden schon immer mal sagen wollte …« Berlin.
Funke, Hajo/Rhotert, Alexander (1999): Unter unseren Augen. Berlin .
Funke, Hajo/Sterzing, Christian (Hrsg.) (1989): Frieden jetzt. Frankfurt a.M.
Funke, Hajo: Blog Politik & Zeitgeschehen. https://hajofunke.wordpress.com
Geiss, Imanuel (1988): Geschichte des Rassismus. Frankfurt a.M.
Geo Epoche (2014): Afrika 1415-1960.
Hagemann, Steffen (2010): Die Siedlerbewegung. Fundamentalismus in Israel. Schwalbach/Ts.
Hagemann, Steffen (2009): Messianismus in der Krise? Zur Dynamik der religiösen Siedlerbewegung, in: israel & palästina, 1/2009, S. 23-28.
Heer, Hannes/Streit, Christian (2020): Vernichtungskrieg im Osten. Judenmord, Kriegsgefangene und Hungerpolitik, Hamburg.
Heitmeyer, Wilhelm (2007): Deutsche Zustände. Frankfurt a.M.
Hochschild, Arlie Russell (2016): Strangers in their own land. New York (dt.: Fremd in ihrem Land. Eine Reise ins Herz der amerikanischen Rechten. Frankfurt a.M./New York).
Horkheimer, Max/Adorno,Theodor W. (1987): Dialektik der Aufklärung. Frankfurt a.M.
Kerner, Ina (2012): Postkoloniale Theorien. Hamburg.
Institut für Interkulturelle Forschung und Bildung (1997): Rassismus und Nationalismus in West- und Osteuropa. Hannover.
Keyes, William (2020): Rassismus, Stolz und das weiße Amerika. University of Virginia. Unv. Mskr.
Klose, Fabian (2016): Koloniale Gewalt und Kolonialkrieg, in: Bundeszentrale für politische Bildung. Berlin.
Kramer, Katherine (2016): The Politics of Resentment: Rural Consciousness in Wisconsin and the Rise of Scott Walker. Chicago.
Krell, Gert (2020): Achille Mbembes »Politik der Feindschaft« und der Vorwurf des Antisemitismus, in: Wolfgang Benz (Hrsg.), Streitfall Antisemitismus. Berlin.
Leonhard, Jörn (2001): Vom Nationalkrieg zum Kriegsnationalismus, in: Ulrike von Hirschhausen/Jörn Leonhard: Nationalismen in Europa.

Göttingen.
Lepsius, Rainer (1993): Nation und Nationalismus in Deutschland, in: Michael Jeismann, Grenzfälle. Über neuen und alten Nationalismus, Leipzig.
Leutner, Mechthild/Bräuner, Harald (1990): »Im Namen einer höheren Gesittung«. Die Kolonialperiode, 1897–1914, in: Mechthild Leutner/Dagmar Yü-Dembski (Hrsg.), Exotik und Wirklichkeit. China in Reisebeschreibungen vom 17. Jahrhundert bis zur Gegenwart, München 1990, S. 41-52.
Löwenthal, Leo (1982): Falsche Propheten (Prophets of Deceit). Studien zur faschistischen Agitation. Studien zum Autoritarismus. Schriften Bd. 3. Frankfurt a.M.
Mbembe, Achille (2017): Politik der Feindschaft. Berlin.
Mbembe, Achille (2016b): Postkolonie. Zur politischen Vorstellungskraft im zeitgenössischen Afrika. Berlin.
Mbembe, Achille (2016a): Ausgang aus der langen Nacht. Berlin.
Mbembe, Achille 2014: Kritik der schwarzen Vernunft. Berlin.
Memmi, Albert (1987): Rassismus. Frankfurt a.M.
Miles, Robert (1991): Rassismus. Hamburg (engl. Originalausgabe London 1989).
Minkenberg, Michael (1998): Die neue radikale Rechte im Vergleich. Opladen.
Mommsen, Wolfgang (1992): Der autoritäre Nationalstaat. Frankfurt a.M.
Mosse, George L. (1991): Die völkische Revolution. Frankfurt a.M.
Mosse, George L. (1978): Rassismus. Königstein.
Murray, Charles (1984): Losing Ground: American Social Policy, 1950–1980, New York.
Murray, Charles/Herrnstein, Richard J. (1994): Bell Curve. Intelligence and Class Structure in American Life, New York.
N'Diaye, Tidiane (2010): Der verschleierte Völkermord: Die Geschichte des muslimischen Sklavenhandels in Afrika. Berlin.
Neiwert, David (2017): Alt-America. New York.
Niederland, William (1980): Folgen der Verfolgung: Das Überlebenden-Syndrom, Seelenmord. Frankfurt a.M.
Nolte, Ernst (1963): Der Faschismus in seiner Epoche. Action française – Italienischer Faschismus – Nationalsozialismus. München.
Nolting, Uwe (2003): Formen des Rassismus und »Neue Rechte«. Die besondere Bedeutung des kulturellen Rassismus. Unv. Diplomarbeit. Otto Suhr Institut. Berlin.
Peri, Yoram (2000): The Assassination of Yitzhak Rabin. Stanford.
Perlstein, Rick (2012): Exclusive: Lee Atwater's Infamous 1981 Interview on the Southern Strategy. In: The Nation, 13.11.
Rabin, Lea (1998): Ich gehe weiter auf seinem Weg. Erinnerungen an Jitzchak Rabin. München.
Reinhard, Wolfgang (2016): Die Unterwerfung der Welt. Globalgeschichte der europäischen Expansion 1415-2015. München.

Rensmann, Lars (1998): Kritische Theorie über den Antisemitismus. Berlin.
Rensmann, Lars/Hagemann, Steffen/Funke, Hajo (2011): Autoritarismus und Demokratie. Schwalbach i.Ts.
Rietz, Christina (2014): Angola, 1624. Die Herrin von Matamba, in: GeoEpoche.
Roth, Klaus (2003): Genealogie des Staates. Prämissen des neuzeitlichen Politikdenkens. Berlin.
Rothberg, Michael (2000): Traumatic Realism: The Demands of Holocaust Representation. Minnesota/USA.
Savoy, Bénédicte (2021): Afrikas Kampf um seine Kunst. Geschichte einer postkolonialen Niederlage. München.
Schmitt, Carl (1950): Der Nomos der Erde im Völkerrecht des Jus Publicum Europaeum. Berlin (West).
Shalicar, Arye Sharuz (2018): Der neu-deutsche Antisemit. Gehören Juden heute zu Deutschland? Eine persönliche Analyse. Berlin.
Sharansky, Natan (2005): 3D Test of Anti-Semitism: Demonization, Double Standards, Delegitimization, in: Jewish Political Studies Review 17: 1-2/Spring 2005.
Shauls, Jehuda (2020): Implications of Annexation for Israel's Rule Over Palestinians, in: Breaking the Silence, Mai 2020.
Simmel, Ernst (1993): Antisemitismus und Massen-Pathologie, in: Ders.: Antisemitismus. Frankfurt a.M.
Sinclair, Lewis (2017): Das ist bei uns nicht möglich. Berlin.
Sprinzak, Ehud (1991): The Process of Delegitimation: Towards a Linkage Theory of Political Terrorism, in: Terrorism and Political Violence 3, 1, S. 50-68.
Sprinzak, Ehud (1998): Extremism and Violence in Israel: The Crisis of Messianic Politics, in: ANNALS, AAPSS, 555, S. 114-126
Sprinzak, Ehud (1999): Brother Against Brother. Violence and Extremism in Israeli Politics from Altalena to the Rabin Assassination. New York.
Steinberg, Guido (2020): Krieg am Golf. München.
Suda, Kimiko u.a. (2020): Antiasiatischer Rassismus in Deutschland, in: (Anti-)Rassismus. Aus Politik und Zeitgeschichte 42-44.
Taguieff, Pierre-André (1991): Die Metamorphosen des Rassismus und die Krise des Antrassismus, in: Uli Bielefeld (Hrsg.): Das Eigene und das Fremde: Neuer Rassismus in der Alten Welt? Hamburg.
Taylor, Keeanga-Yamahta (2017): Von #BlackLivesMatter zu Black Liberation. Münster.
Terkessides, Mark (2019): Wessen Erinnerung zählt? Koloniale Vergangenheit und Rassismus heute. Hamburg.
Thadden, Rudolf von (1989): Nicht Vaterland, nicht Fremde. München.
Ullrich, Peter (2021): BDS-Debatte: Wider die falschen Eindeutigkeiten, in: Blätter für deutsche und internationale Politik 2/21. Berlin.

Ullrich, Peter (2019): Gutachten zur »Arbeitsdefinition Antisemitismus« der IHRA, Rosa Luxemburg Papers. Berlin.

Vance, J.D. (2016): Hillbilly Elegy. A Memoir of a Family and Culture in Crisis. London (deutsch: Die Geschichte meiner Familie und einer Gesellschaft in der Krise. Berlin 2017).

Weiss, Yfaat (2018): Verdrängte Nachbarn. Hamburg.

Zerger, Johannes (1997): Was ist Rassismus? Göttingen.

Zertal, Idith (2011): Nation und Tod. Göttingen.

Zick, Andreas/Küpper, Beate/Krause, Daniela (2016): Gespaltene Mitte – Feindselige Zustände. Rechtsextreme Einstellungen in Deutschland 2016. Bonn.

Micha Brumlik
Postkolonialer
Antisemitismus?

Achille Mbembe, die palästinensische
BDS-Bewegung und andere Aufreger

Hajo Funke bei VSA:

Hajo Funke
Die Höcke-AfD
Eine rechtsextreme Partei
in der Zerreißprobe
Aktualisierte Ausgabe
Mit einem Exkurs von Gertrud Hardtmann
Eine Flugschrift
136 Seiten | € 10.00
ISBN 978-3-96488-093-2
Eine zunehmend zerrüttete Alternative für Deutschland macht – außer mit der Unterstützung von Corona-Leugnern und geschmacklosen Provokationen im Bundestag – hauptsächlich noch durch ihre tiefe, selbstzerstörerische Spirale wachsender Spannungen auf sich aufmerksam.

Hajo Funke
Der Kampf um die Erinnerung
Hitlers Erlösungswahn und seine Opfer
280 Seiten | € 24.80
ISBN 978-3-89965-842-2
Die Erinnerung an die nationalsozialistischen Verbrechen muss tragendes Merkmal des Geschichtsverständnisses dieser Republik bleiben – nur so kann sie als sozialer und demokratischer Rechtsstaat weiterentwickelt werden.

Hajo Funke
Sicherheitsrisiko Verfassungsschutz
Staatsaffäre NSU: das V-Mann-Desaster und was daraus gelernt werden muss
240 Seiten | € 16.80
ISBN 978-3-89965-774-6
Der Mord an Generalbundesanwalt Siegfried Buback im April 1977, das Oktoberfestattentat 1980, die Mordserie des NSU, das Attentat von Anis Amri am 19. Dezember 2016. What's next? Eine Zwischenbilanz.